# 心理咨询与治疗伦理学

赵静波 编著

Ethics of Psychological Counseling and Therapy

中山大学出版社
SUN YAT-SEN UNIVERSITY PRESS

·广州·

版权所有　翻印必究

### 图书在版编目（CIP）数据

心理咨询与治疗伦理学/赵静波编著. —广州：中山大学出版社，2023.1

ISBN 978 - 7 - 306 - 07707 - 3

Ⅰ. ①心… Ⅱ. ①赵… Ⅲ. ①咨询心理学—教材 ②精神疗法—医学伦理学—教材　Ⅳ. ①C932 ②R749.055

中国国家版本馆 CIP 数据核字（2023）第 020679 号

XINLI ZIXUN YU ZHILIAO LUNLI XUE

出　版　人：王天琪
策划编辑：徐诗荣　井思源
责任编辑：井思源
封面设计：曾　斌
责任校对：林梅清
责任技编：靳晓虹

出版发行：中山大学出版社
电　　话：编辑部 020 - 84110283，84113349，84111997，84110779，84110776
　　　　　发行部 020 - 84111998，84111981，84111160
地　　址：广州市新港西路 135 号
邮　　编：510275　传　真：020 - 84036565
网　　址：http://www.zsup.com.cn　E-mail：zdcbs@mail.sysu.edu.cn

印　刷　者：广东虎彩云印刷有限公司
规　　格：787mm×1092mm 1/16 17 印张 287 千字
版次印次：2023 年 1 月第 1 版 2024 年 10 月第 2 次印刷
定　　价：45.00 元

如发现本书因印装质量影响阅读，请与出版社发行部联系调换

# 前　言

时光荏苒，距离2006年出版国内第一部心理咨询与治疗伦理专著《心理咨询和心理治疗的伦理学问题》已经过去16年之久。当时，国人对于心理咨询与治疗中的伦理还不大熟悉。幸而恰逢心理咨询与治疗在国内飞速发展，加之中国心理学会临床心理学注册工作委员会的大力推动，这些年心理咨询与治疗的伦理意识已经深入专业工作者的内心，本教材便是在这样的时代背景下创作而成的。这些年，笔者通过大量的实践与研究，不断深化对心理咨询与治疗专业伦理的理解，对此想用五个"为"来阐述。

第一，为所当为。基本原则是专业伦理的灵魂。无论做什么工作，人品都是最根本和最重要的基础。心理咨询师与治疗师要努力做一个正直、善良和诚实的人，应该不断地问自己：我在为谁的利益而工作？在《中国心理学会临床与咨询心理学工作伦理守则》（第二版）中，伦理规范的五项基本原则包括善行、责任、诚信、公正和尊重，这五项原则是实践工作的灵魂。如果不遵守伦理规范或没有有意识地培养这些品质，我们就很有可能在工作中对来访者造成伤害。因此，在实践工作中，要以来访者利益最大化为原则，以最高的伦理规范标准为准则，而不是仅仅局限于不违反伦理规范。

第二，为所能为。情境性是心理咨询与治疗及其专业伦理的特征。每个人都是独一无二的，每种咨询情境都具有其独特性。伦理规范是前人通过不断地努力和探索总结提炼出来的内容，我们一定要遵守，并且一定要有遵守伦理规范的专业意识和素养。但是，同时也要觉察伦理规范在每一种情境下的适用性，并根据具体情况具体分析，明晰伦理问题的实质和关键。面对伦理问题时，要用伦理决策模型来思考问题，什么可为？什么不可为？在查阅伦理规范和文献、咨询同行和督导的建议并深入思考后，再进行伦理决策。伦理无处不在，贯穿于专业实践的始终，是一个动态和发展的过程。例如，知情同意原则远远不只是"咨询开始前的协议"这一句话就能够涵盖的，而是在咨询的每一个阶段都需要与来访者讨论咨询的进程和方向，并取得来访者的知情同意。

第三，为当慎为。敏感性是专业伦理的警报器。很多伦理问题是在不知不觉中发生的，所以，在心理咨询与治疗过程中，心理工作者要不断地觉察和意识到正在发生的事情。就像在高速公路上驾驶车辆时，一定要有敏感性和预判能力，才可能预防事故的发生。心理咨询与治疗的过程中会不断出现涉及生命安全和心理危机的状况，这就要求我们有敏锐的觉察力，能够迅速、果断地判断是否要突破保密原则并谨慎处理。而且，即使需要突破保密原则、实施保密例外，也要尽可能地保护来访者的隐私。

第四，为能久为。胜任力是专业伦理的基石，心理咨询师与治疗师需要持续提升专业胜任力，并终身学习。胜任力是专业工作最重要的基础和保障，尤其是多元胜任力。来访者可能来自不同种族、民族、文化、性别、阶层和职业，我们需要具备文化敏感性和为不同的咨询对象提供专业服务的能力。要做到这一点非常不容易，因此，我们需要接受继续教育，不断提高专业技能。时代在飞速发展，心理咨询与治疗流派层出不穷，对于在现今背景下出现的新的心理咨询和治疗方法，我们要秉持兼容并蓄的态度，努力学习、终身学习，在前人的文献和著作中学习，在心理咨询与治疗实践中学习。同时，也要在来访者身上学习，来访者是最好的老师。每一个生命都值得尊重，每一位来到我们身边寻求帮助的人都有他们的生命故事，我们要以谦虚的心态，认识到自己的弱点和盲点，从而不断总结和提升。

第五，为其能为。本土化是专业伦理的黏合剂，"百里不同风，千里不同俗"——伦理这颗种子在不同的国度会开出不同的花。虽然"世界上的水都是相通的"，但是源头各异，且各地人的饮水、用水方式也不尽相同，因而无须强求一致。中国是一个关系社会，是否应该为熟人做咨询，是我们经常遇到的伦理两难问题，我们需要结合每一个情境，做出既符合专业伦理原则又符合我国社会文化特点的决策。从心理咨询与治疗的效果来说，中国的传统文化——儒家思想和道家智慧都是我们可以运用的宝藏：运用精神分析疗法时，可以用"道可道，非常道；名可名，非常名"来解释运用的方法；运用认知疗法时，可以用"曲则全，枉则直，洼则盈，敝则新，少则得，多则惑"来转变来访者的认知，让其用动态发展的眼光看待发生的一切；运用行为疗法时，可以用"天下难事，必作于易；天下大事，必作于细"来促使来访者去行动；运用人本主义疗法时，可以用"功遂身退，天下之道""衣养万物而不为主"来鞭策来访者。我们可以运用这些传统文化"润物细无声"地帮助来访者。

本教材共包括十一章，涵盖心理咨询与治疗伦理的主要议题。第一章是概述，重点介绍心理咨询与治疗伦理学的定义、学科界定、基本原则和基本问题；第二章是伦理困境与伦理决策模型，介绍心理咨询与治疗过程中可能遇到的伦理困境及相关的伦理决策模型、道德行为的要素以及伦理理论；第三章是专业胜任力，主要介绍胜任力的概念、不同水平、所包含的内容，以及获得和保持胜任力的途径；第四章是知情同意，详细阐述心理咨询与治疗中有关知情同意的内容及其影响因素；第五章是保密原则，重点介绍在心理咨询与治疗过程中的保密原则、保密例外及相关内容；第六章是关系与界限，探讨界限与利益冲突、多重关系、界限跨越和界限侵犯等内容；第七章是多元文化心理咨询与治疗，着重讨论社会文化、民族和种族等差异对心理咨询与治疗的影响，并探讨积极有效的解决办法；第八章是心理咨询与治疗的设置，主要阐述在心理咨询与治疗过程中的时间设置及紧急情况的处理原则；第九章是心理评估和心理测验的伦理，主要介绍心理评估诊断的重要性及其影响力，以及心理测验的伦理规范；第十章是心理督导中的伦理，主要介绍督导中关于胜任力、知情同意、保密原则、界限与关系等伦理规范；第十一章是心理学研究和教学的伦理，主要介绍心理学研究和教学研究过程中应该遵守的伦理原则。

本教材是笔者多年研究、实践和广泛阅读学习的结晶，不仅致力于反映心理咨询与治疗伦理的内涵及进展，而且在形式上尽量结合实践和案例以呈现教学内容，突出专业性、实践性、系统性与严谨性。本教材借鉴和参考了国内外大量文献资料，在此谨向所有相关的编者、著者和出版者表示深切的谢意，同时向协助笔者整理和校对过书稿的研究生们表示感谢。

本教材可作为高等院校应用心理学、精神病与精神卫生等相关学科学生及专业工作者学习心理咨询与治疗伦理的专业教材，也可供心理学、教育学、社会学专业学生和广大心理咨询与治疗从业者参考使用。由于笔者自身能力和水平的局限，尽管在编写过程中几易其稿，不断完善，付出了很多努力，但仍存在很多不够满意之处。我们诚挚地邀请同行专家和使用本教材的每一位读者提出宝贵意见，以便本教材今后做进一步的修订和完善。

最后，愿大家学有所思、学有所获、学有所成！

赵静波

2022 年 5 月于广州

# 目录

## 第一章 概述 ... 1
- 第一节 核心概念界定 ... 2
- 第二节 伦理学思想的发展 ... 10
- 第三节 心理咨询与治疗伦理学的发展与研究 ... 15
- 第四节 心理咨询与治疗伦理学的基本原则 ... 22

## 第二章 伦理困境与伦理决策模型 ... 30
- 第一节 心理咨询与治疗中的伦理困境 ... 31
- 第二节 道德行为的要素 ... 36
- 第三节 心理咨询与治疗的伦理理论 ... 40
- 第四节 伦理决策模型 ... 49

## 第三章 专业胜任力 ... 58
- 第一节 胜任力及相关概念 ... 59
- 第二节 不胜任及其原因 ... 72
- 第三节 获得并保持胜任力 ... 76

## 第四章 知情同意 ... 82
- 第一节 概述 ... 83
- 第二节 知情同意的相关规定及实施方式 ... 91
- 第三节 特殊人群及特定情境的知情同意 ... 97

## 第五章 保密原则 ... 103
- 第一节 概述 ... 103
- 第二节 保密的伦理基础和脑科学研究 ... 108
- 第三节 保密相关伦理规定及保密问题 ... 112

第四节　保密例外 …… 120

**第六章　关系与界限** …… 134
　　第一节　概述 …… 134
　　第二节　界限侵犯和界限跨越 …… 137
　　第三节　心理咨询与治疗中的亲密关系 …… 150
　　第四节　非性的双重关系 …… 163

**第七章　多元文化心理咨询与治疗** …… 171
　　第一节　多元文化差异的表现和影响 …… 172
　　第二节　多元文化心理咨询与治疗的伦理守则 …… 179
　　第三节　多元文化胜任力 …… 181
　　第四节　东方文化在心理咨询与治疗中的作用 …… 184

**第八章　心理咨询与治疗的设置** …… 193
　　第一节　心理咨询与治疗的时间设置 …… 193
　　第二节　对设置的澄清和说明 …… 197
　　第三节　紧急情况的处理 …… 201

**第九章　心理评估和心理测验的伦理** …… 205
　　第一节　心理评估的伦理 …… 205
　　第二节　心理测验的伦理 …… 210

**第十章　心理督导中的伦理** …… 221
　　第一节　概述 …… 222
　　第二节　督导伦理规范 …… 229

**第十一章　心理学研究和教学的伦理** …… 244
　　第一节　心理学研究的伦理 …… 245
　　第二节　心理学教学的伦理 …… 253

**参考文献** …… 264

# 第一章 概 述

**学习目标**

1. 了解心理咨询与治疗伦理学的发展和研究。
2. 掌握心理咨询与治疗伦理学的学科界定、基本问题和基本原则。

**关键词**

伦理学（ethics）；心理咨询（psychological counseling）；心理治疗（psychotherapy）；心理咨询师（counselor）；求询者/来访者（client）；治疗师（therapist）；患者/病人（patient）；伦理（ethics）；普通伦理（general ethics）；应用伦理（applied ethics）；专业（profession）；专业人员（professional）；专业伦理（professional ethics）；心理咨询与治疗伦理学（ethics of psychological counseling and therapy）；理论伦理学（theoretical ethics）；描述伦理学（descriptive ethics）；规范伦理学（normative ethics）；比较伦理学（comparative ethics）；实践伦理学（practical ethics）；美国心理协会（American Psychological Association，APA）；伦理原则（ethical principles）

伦理学（ethics）又称道德哲学，是以道德作为研究对象，研究道德的本质和发展规律的科学，也是研究道德行为和道德决策以及如何构建美好生活的哲学学科，是现代哲学的学科分支之一。在人类的知识宝库中，伦理学是一门古老的、有着悠久历史的科学。在长期的历史发展中，人类为了维持自己的生存和发展，为了在社会生活中不断完善自身、完善他人和完善社会，在人类社会的风俗与规范的基础上，思考人的关系，从而形成了道德观念和道德认识，并发展成为系统的伦理思想，进而产生了伦理学。伦理学以社会关系的产生为前提，并与社会关系紧密联系在一起。

随着现代社会的发展，人与人、人与社会，甚而人与自然之间的关系变得越来越复杂，其中的伦理道德问题也越发突出。在心理咨询与治疗过程中，伦理问题几乎贯穿全程，可以这样说，随着心理咨询与治疗的普及和推广，相关的伦理及道德问题将成为制约疗效和声誉的关键点，其将逐步褪去神秘的面纱成为大众关注的热点问题之一。本章基于伦理学概念，重点介绍心理咨询与治疗伦理学的定义、学科界定、基本原则和基本问题。

## 第一节 核心概念界定

### 一、心理咨询与心理治疗的定义

**1. 心理咨询的实质**

心理咨询（psychological counseling）是助人的服务形式之一，指专门向他人提供心理帮助的人利用心理学的理论和方法，通过与来访者建立相互信任的人际关系，为来访者提供帮助的过程。

心理咨询的对象主要是心理健康的人和心理健康状况欠佳的但没有精神障碍的人。心理咨询所提供的全新"环境"可以帮助人们重新认识自己与社会的关系，学会处理各种关系，逐渐改变不合理的思维、情绪和反应方式，并通过与外界相适应的方法提高工作效率，改善生活品质，以便更好地发挥内在潜力，实现自我价值。

**2. 心理治疗的实质**

心理治疗（psychotherapy）是指以心理学的理论系统为指导，以良好的治疗关系为桥梁，运用心理学的技术与方法治疗来访者的心理疾患的过程。按照给各类事物下定义的科学原则，心理治疗是治疗师对来访者的心理与行为问题进行矫治的过程。

广义的心理治疗泛指可以影响个体心理状态、改变个体行为的方式和方法。父母与子女之间、夫妻之间、同学或同事之间、邻里之间、亲朋好友等之间的解释、说明、指导、交往与沟通等，对来访者都具有一定的心理影响和心理治疗作用。而狭义的心理治疗则是指在确立了良好的治疗关系的基础上，由经过专业训练的治疗师运用心理治疗的相关理论和技术，对来访者提供帮助，消除或缓解来访者的心理问题或与人格、行为等相关的心理障碍，促进其人格向更健康且更协调的方向发展的过程。

由上述定义可知，无论是心理咨询还是心理治疗，都是在心理咨询师或治疗师与来访者建立了关系（以下简称"咨访关系"）的基础上起作用的，如果没有良好的咨访关系作为基础，则谈不上疗效和来访者状态的好转。伦理是人们在处理关系时应当遵守的道德准则。可以这样说，心理咨询与治疗的伦理问题是贯穿于整个心理咨询与治疗过程的最基础、最关键也是最重要的问题。

### 3. 心理咨询与心理治疗的关系

心理咨询和心理治疗都属于临床心理学的范畴。虽然心理咨询与心理治疗的名称不同，对于帮助者与求助者也有不同的称呼，但心理咨询与心理治疗之间是否有本质的不同仍存在争议。一些学者不赞成对二者进行严格区分，即提倡把心理咨询与心理治疗当作同义词来看待；另一些学者则认为二者是有区别的，但关于二者究竟有何不同的意见往往大相径庭。美国学者哈恩（M. E. Hahn）的一段话经常被人们所引用："据我所知，极少有咨询工作者和心理治疗专家对已有的咨询与治疗之间的明确区分感到满意……意见最一致的几点是：心理咨询与心理治疗是不能完全区别开的；咨询者的实践在心理治疗家看来是心理治疗；心理治疗家的实践又被咨询者看作是咨询；尽管如此，心理咨询和心理治疗还是有所区别的。"

尽管心理治疗与心理咨询的关系非常密切，在实际应用中也常常结合在一起使用，但两者还是有区别的，主要体现在以下四个方面。

（1）心理治疗的对象一般是患者或病人，即患有符合相关诊断标准的心理和精神障碍、心身疾病、生理疾病，或者存在明显的社会适应问题等；而心理咨询的对象一般是普通人，并不是严格意义上的病人，即接受心理咨询的个体其精神状态基本正常，但其心理可能处于存在冲突的亚健康状态。

（2）心理治疗的目的在于解决问题，这需要通过治疗程序来实现；而心理咨询的目的在于帮助来访者发现问题，通过发掘来访者自身的能力（或潜能）来解决其心理困扰。

（3）多数情况下，心理治疗师与来访者的关系是医者与患者的关系，即患者须听从医者的劝告、建议并服从治疗，才能取得良好的疗效；而多数情况下，心理咨询师与来访者的关系是平等的关系，即通过相互讨论、各抒己见等共同参与的方式和来访者一起解决其所面临的困境。

（4）心理治疗师需要收集系统的信息，包括诊断与鉴别诊断所需的症状学表现、成长经历、人格特征与人际适应等信息，并确立靶问题、可能的"前因后果"关系，从而选择并实施相应的治疗方案；而心理咨询师则需要掌握大量的信息，比如来访者个人、家庭、社会环境等多方面的情况，才能帮助其发掘自身的潜能。

心理咨询与心理治疗的背景也有明显的不同之处，如心理咨询与心理治疗虽然同属于帮助过程，但在这两种帮助过程中，帮助者与来访者有不同的称谓。在心理咨询中，帮助者被称为咨询师（counselor），来访者被称为求询者或求助者（client）；而在心理治疗中，帮助者被称为治疗师（therapist），来访者被称为患者或病人（patient）。

当然，心理咨询与心理治疗之间也有许多相似之处，具体而言，两者的相似之处表现在以下四个方面。

（1）二者所采用的理论方法常常是一致的，如心理咨询师对来访者采用的来访者中心疗法的理论与技术或合理情绪疗法的理论与技术，同心理治疗师所采用的理论与技术如出一辙、别无二致。

（2）二者处理的问题常常是相似或重叠的，如心理咨询师与治疗师都可能会面对来访者的婚姻问题、家庭问题等等。

（3）在强调帮助来访者改变和成长方面，二者是相似的。心理咨询与心理治疗都希望通过帮助者和求助者之间的互动，最终达到使求助者改变和成长的目的。

（4）二者都注重建立帮助者与求助者之间的良好的人际关系，并认为这是帮助求助者改变和成长的必要条件。

## 二、心理咨询与治疗伦理学的学科界定

（一）心理咨询与治疗伦理学的相关概念

（1）伦理（ethics），即人伦道德之理，指人与人的关系和处理这些关系的规则。从学术角度来看，人们往往把伦理看作对道德标准的寻求。

（2）普通伦理（general ethics）旨在为所有个体提供一个道德纲领，而并不是仅仅针对那些处于团体和专业领域中的人们。普通伦理专注于更

具有全面性的伦理事件，其概念性纲领通常建立在宏观抽象的层面上，而几乎不植根于具体的事件。

（3）应用伦理（applied ethics）是指伦理与现实世界相交的部分。与普通伦理不同，应用伦理始于案例或情境，并通过这些案例或情境来理解和发展规则和理论。典型的应用伦理分支包括专业伦理、组织伦理、环境伦理，以及社会和政治伦理。更具体地说，有些伦理的起源涉及专业问题，便被称为专业伦理，而有些伦理来自我们对环境的关注，则被称为环境伦理，以此类推。

（4）专业（profession）即某类人群的集合体，他们可以获取并运用专业知识和技能服务他人，以称职和符合伦理的方式行事。该集合体通常会拥有一个自治组织，为所提供的服务建立胜任力和伦理的评判标准，并进行实践指导。从技术上讲，一种专业的标志是一群个体致力于获取专门的知识和技巧，以便通过有胜任力和符合伦理的方式为有需要的人提供服务。

（5）专业人员（professional）是指一个专业中的成员，基于行业标准应用其专业知识和技能，旨在满足来访者的需求，而非满足专业人员的个人需求和谋取其个人利益。换言之，他们会以极高的标准将自己的专业知识和技能用于满足来访者的需要，而不是追求个人利益。他们忠于这个专业，该专业有全面且自治的组织，该组织为提供专业服务建立了胜任力标准、伦理守则和从业指南。

（6）专业伦理（professional ethics）是当专业人员面对案例或情境中的伦理问题或道德问题时，可帮助他们决定如何去做的一种伦理形式。专业伦理会考虑一个人专业选择的道德性，其形式是特别针对某个专业的伦理守则或标准。有些案例和情境所面对的问题仅仅涉及特定的一部分专业人员，如业务主管或组织顾问，而另一些则涉及所有专业人员都要面对的伦理或道德问题。专业伦理可以划分为法律伦理、医药伦理、商业伦理和工程伦理等。简而言之，专业伦理考虑一个人专业选择的道德性。一般来说，绝大多数专业都会通过专业组织（如美国咨询协会和美国心理学会）建立伦理守则以指导专业成员的伦理实践工作。

（二）心理咨询与治疗伦理学的内涵

根据上述定义，心理咨询与治疗属于专业范畴。1997年，美国咨询协会（American Counseling Association，ACA）将专业咨询定义为"运用心理健康、心理学和人类发展的原则，通过对认知、情感、行为和系统的干预和策略促进身心健康、个人成长和职业发展"。这个专业催生了许多和咨询相关的心理健康专业组织，这些组织为专业的咨询和治疗服务提供了胜任力标准、伦理守则和从业指南。专业培训的经历和资格证书可以证明个体拥有专业技术和最低标准的胜任力，同时专业人员要将来访者的需要置于心理咨询师的个人需要和利益之上。

心理咨询与治疗伦理学（ethics of psychological counseling and therapy）属于应用伦理学范畴，指在心理咨询与治疗的情境中，如何实施道德行为和道德决策以及如何进行有效的心理咨询与治疗实践的学科。

同时，心理咨询与治疗同临床实践有关，从这个角度来说，心理咨询与治疗的伦理学也属于医学伦理学的范畴，医学伦理学强调的是医务人员在为社会和患者服务的过程中应当遵守的职业道德。在心理咨询与治疗实践过程中无时无刻不发生着心理咨询师和治疗师与来访者、患者、同行、社会之间的各种复杂关系，其大致可以概括为三类：心理咨询师和治疗师与来访者、患者及其家属的关系，心理咨询师和治疗师同行之间的关系，心理咨询师和治疗师与社会的关系。在这些关系互动过程中，如何实施道德行为和道德决策，如何以来访者利益最大化为原则进行有效的心理咨询与治疗实践，是每一位心理咨询师和治疗师都需要认真思考的根本问题。

确切地说，心理咨询与治疗专业伦理的内容主要包括四个方面：有效运用专业知识、技能和判断力对来访者进行干预；尊重来访者的权利和自由；负责任地使用心理咨询师或治疗师固有的权力；提升公众对心理咨询和治疗的信心。

也可以将心理咨询与治疗伦理学的要点简洁明了地概括为以上这四个方面，其中，良好的教育是首要因素，它可以使人有丰富的专业知识。在实践中，确定哪些因素可以使咨询更有效，如何对来访者表现出更尊重的态度，如何能维持专业的良好声誉是非常重要的内容，但是真实情况往往要复杂得多。有时，我们并不知道哪种干预措施是真正有效的，况且很多已经被证明有效的干预措施有时也可能在某些人身上失效。在这个发展和变化都十分迅速的专业领域中，专业工作者需要持续不断地学习和接受教育，以保持知识和技术的与时俱进。

（三）心理咨询与治疗伦理学的核心问题

心理咨询与治疗伦理学的核心问题是：我们应该做什么？更具体地说，有这样几个具体问题需要思考：什么事情是我们有义务（obligatory）去做的，什么事情是我们不能（prohibitive）去做的，什么事情是我们可以做也可以不做（permissive）的。从以下三个方面进行阐述。

**1. 由于实践中的利益冲突而提出的"应该"问题**

案例 1-1

今天是你休假的第一天，到达机场的时间离飞机的起飞时间很近，险些错过登机时间。节假日期间，乘客很难再订到后面班机的票。这时，你却突然接到医院的紧急电话，得知一个正在由你进行心理治疗的来访者自杀未遂，虽然已经入院，但目前仍有强烈的自杀想法。该来访者十分绝望，拒绝电话交谈，只想立即同你面谈，声称他有非常重要的秘密要对你说。

请思考：
- 对此你有什么样的感受？
- 对于该来访者和电话告知你的急诊室工作人员，你会出现怎样的情绪反应？
- 你打算怎么做？
- 你认为自己应该怎样做？
- 如果不回医院，则可能会面临被投诉的风险，你的决定是回还是不回？

上述实践情境中描述的情况在心理咨询与治疗的临床实践中其实并不少见，这是临床实践的需要与个人主观愿望和利益之间的冲突。在这种冲突下，是否可以满足一种需求（或价值）而不牺牲另一种需求（或价值）？如果不能做到，应该做何种选择？美国学者罗尔斯（John Rawls）认为伦理学的主要功能就像一种客观的程序，可以帮助个体在利益冲突中做出判定，其作用是对利益优先次序和情况的轻重缓急进行排序。① 有学者主张用利益最大化的原则来排列利益的优先次序，并依此选择解决问题的轻重缓急的方法，这反映了后果论或效用主义的观点。②

2. 由伦理学难题引发的"应该"问题

> **案例 1-2**
>
> 你已经对一个 14 岁的来访者进行了为期 12 个月的心理治疗。在一次会谈中她突然告诉你，在过去 4 年中，她一直遭受到继父的性骚扰，因而长期患有慢性抑郁症。她还对你说："如果你把这件事告诉其他人，我就会自杀。"显然，这不是一个轻松的抉择。
>
> 请思考：
> - 对此你有什么样的感觉？
> - 在什么情况下，你会把这件事情告诉你的督导、同事或其他人？
> - 有哪些客观事实或因素会制约你的干预措施？
> - 有哪些法律和伦理规范会影响你的情感及行动？

上述实践情境中的矛盾是关于伦理道德要求和义务的冲突，这种冲突产生于某种特定的情况。在这种情况下，人们对一种义务的履行必然会影响另一种义务的履行。与利益冲突中的行为不同的是，这些行为都是合乎道德规范的，所以是伦理难题。在这个案例中，保密的义务与救人的义务产生了冲突，构成了一个伦理难题。在这个难题中做出选择是比较困难的，因而人们又称这种选择为"悲剧性选择"——任何一种选择都会带来一定的消极后果。于是，人们只能"两害相权取其轻"。

---

① 参见罗尔斯《罗尔斯论文全集：上册》，陈肖生等译，吉林出版集团有限责任公司 2013 年版，第 466 页。
② 参见彭聃龄《普通心理学（第 5 版）》，北京师范大学出版社 2019 年版，第 288-296 页。

### 3. 由伦理观点或理论不一致产生的"应该"问题

> **案例 1-3**
>
> 一个正在接受你的心理治疗的来访者与你及你的督导的民族和性取向完全不同。一天，该来访者迟到了15分钟，你花费了一些时间与其讨论迟到的原因。但当你对督导谈及此事时，督导说："那次迟到在心理学上并不意味着什么，仅仅是他那个民族的人的行为方式而已。"
>
> **请思考：**
> - 对此你有什么样的感觉？
> - 对于督导的评价，你会有什么样的反应？
> - 请你想象自己可能会对督导说什么？
> - 请你猜测一下这个来访者的民族和性取向？你为什么会这样认为？

不同的文化、意识形态和宗教难免会产生不同的伦理判断和选择。心理咨询与治疗有很多流派，不同的流派对人的本质的理解、对人的心理问题的形成原因的认识，以及咨询与治疗的理念和操作方法会有很大的差异，如精神分析流派会更看重早年的经历对个体心理所造成的影响，并以此为路径帮助来访者把潜意识的内容意识化，从而解决心理问题。但是，后现代心理治疗的焦点在于解决短期心理咨询与治疗，叙事疗法则认为"事出未必有因"，不需要探寻问题产生的原因就可以达到使来访者变得轻松、快乐的目的。面对这样的差异时，我们很难去区分对错。因此，需要综合考虑文化、语言、流派等多种因素，对具体问题进行具体分析，找到一个相对来说能够被普遍接受的办法。

## 第二节 伦理学思想的发展

伦理学思想包括西方近现代伦理思想和中国传统伦理思想等多个不同的体系，它们经过长期的交汇融合，逐步发展演变成当代伦理学。

## 一、西方近现代伦理思想

在西方，伦理的英文 ethics 一词源于希腊语的 ethos，意为风尚、习俗和德性等。从古希腊、古罗马时期到 19 世纪末，西方伦理思想的发展主要以德性论和幸福论的交替或平行发展为特征，其理论成果主要有规范伦理学（normative ethics）。约公元前 4 世纪，古希腊哲学家亚里士多德（Aristoteles）对古希腊城邦社会的道德生活进行了系统的思考和研究，亚里士多德和其弟子们撰写的《尼各马可伦理学》探讨了人的道德生活、道德品质和道德行为问题，集德性论和幸福论这两种矛盾的观点于一书，之后又撰写了《大伦理学》和《优台谟伦理学》，由此形成了西方伦理学的雏形。

20 世纪 70 年代以后，由于人类社会在经济发展、科学进步、生态环境变化等方面取得了较大的进展，传统的伦理思想开始面临严峻的挑战。因此，伦理学开始转向人类生活的各个领域，并逐渐形成众多应用伦理学分支学科，如理论伦理学（theoretical ethics）、描述伦理学（descriptive ethics）、规范伦理学（normative ethics）、比较伦理学（comparative ethics）、实践伦理学（practical ethics）、应用伦理学（applied ethics）等。

### 1.《希波克拉底誓言》

古希腊著名医学家希波克拉底（Hipporates）被尊称为"西医之父"，同时也是西方古代医德的奠基人。他不仅创立了医学体系，而且确立了医学道德规范体系。其代表作是《希波克拉底文集》，这部典籍收录了《誓言》《原则》《操行论》等医学伦理学文献。

《希波克拉底誓言》（Hippocratic Oath）是一部经典的医德文献，主要内容包括：阐明行医的宗旨——"遵守为病家谋利益之信条"；强调医生的品德修养——"无论至于何处，遇男遇女，贵人奴婢，我之唯一目的，为病家谋利益，并检点吾身，不做各种害人及恶劣行为，尤不做奸诱之事"；强调尊重同道——"凡授我艺者敬之如父母，作为终身同业伴侣，彼有急需我接济之，视彼儿女，犹如兄弟，如欲受业，当免费并无条件传授之"；提出为病家保密的道德要求——"凡我所见所闻，无论有无业务关系，我认为应守秘密者，我愿保守秘密"。这些医学伦理思想为当今的医学伦理思想奠定了基础。

古代西方医生在就任时都要宣读一份有关医务道德的誓词，其内容就取自《希波克拉底誓言》："我以阿波罗及诸神的名义宣誓……我要竭尽全力，采取我认为有利于患者的医疗措施，不给患者带来痛苦和危害……我要清清白白地行医和生活。无论进入谁家，都只是为了治病，不为所欲为，不接受贿赂，不勾引异性。对看到或听到不应外传的私生活，我绝不泄露。如果我违反了上述誓言，请神给我以相应的处罚。"

**2. 世界上第一部《医学伦理学》**

1772年，英国学者格里高利（John Gregory）在其撰写的《关于医生的职责和资格的演讲》一文中率先对医学伦理学的本质进行了探索。1791年，英国医生帕茨瓦尔（Thomas Percival）为曼彻斯特医院起草了《医院及医务人员行动守则》，并于1803年出版了世界上第一部《医学伦理学》。

帕茨瓦尔的《医学伦理学》与前人的著作相比，其最大的特点是专门为医院而写，涉及医际关系、医院的管理等内容，而不只是集中于医患关系，这是医学伦理学作为一门独立学科所必备的条件之一。《医学伦理学》一书共有四章：第一章论述医院或其他医疗慈善机构的职业行为；第二章论述私人医生和一般医疗机构的医疗行为；第三章的内容涉及医生对药剂师的行为和态度；第四章涉及法律方面的内容。

1847年，美国医学会成立，该学会以帕茨瓦尔的《医院及医务人员行动守则》为基础，制定了医德教育标准和医德守则。其内容包括医生对患者的责任，患者对医生的义务，医生对同行的责任，医务界对公众的责任，公众对医务界的义务，等等。

**3.《日内瓦宣言》**

1948年，世界医学大会以《希波克拉底誓言》为蓝本，对誓言加以修改并将其命名为《日内瓦宣言》。后来又通过决议将其作为国际医务人员道德规范。《日内瓦宣言》的第一条内容就是提供人道主义服务，这表明人道主义伦理观是其理论基础，也可以说，生命神圣论、人道主义义务论是其核心理论。第四条内容是首先考虑患者的健康，这表明医学的目的是保护患者的利益、增进患者的健康，这构成了医学伦理学的一个永恒内容。此后，各个国家也相继制定了全国性的医德法规与文件。1995年，首届东亚生命伦理学研讨会在北京召开，会后成立了东亚生命伦理学会组织。

**4. 精神科医生道德原则——《夏威夷宣言》**

1977年，在夏威夷召开的第六届世界精神病学大会上，学者们一致通过了关于精神科医生道德原则的《夏威夷宣言》（*The Declaration of Hawaii*）。该宣言除了重申医学良心和慎独外，还为精神科医生制定了在医疗、教学和科研实践中应遵循的道德准则，以规范精神科医生的行为。该宣言共有十条基本原则，具体内容如下。

第一，精神医学的目的是治疗精神疾病以及促进精神健康。该宣言要求精神医学工作者的理念与其所接受的科学知识和伦理学原则相一致，以患者的最大利益为准则。同时也要关注健康服务人员、患者和公众的利益和资源分配。

第二，每一位精神医学工作者都应该尊重他人的权利，为患者提供最好的服务。精神医学工作者必须先确保自己有能力进行督导和教育，之后才能承担起培训其他同行的责任。

第三，在精神科临床实践中，治疗关系需要得到多方人士的同意（如患者和相关人员），也涉及保密、合作和多种责任的分配。如果在当时无法与患者建立这种关系，那就需要与相关人员（亲属或与患者关系密切的人）签订合同。如果一种关系的建立不是出于治疗目的，而是有其他目的，如司法精神医学，则必须向当事人解释清楚。

第四，精神医学工作者必须告知患者治疗的本质、治疗的过程、治疗方案的选择以及可能会造成的后果。知情同意的过程必须是正式和完整的，要让患者有机会去选择合适的方法。

第五，不能违反患者自己的意愿或没有得到患者的同意便进行治疗，除非患者不能对自己有权的利益情况做出判断，并且要保证该治疗不会对患者或其他人造成严重的损害。

第六，一旦结束强制性治疗，应该给患者更大程度的自由，如果有进一步治疗的必要，则必须得到患者的同意。精神医学工作者应该告知患者、亲属或其他有关人员他们有权提出停止治疗的申诉或其他投诉。

第七，精神医学工作者不能使用自己的权利去损害任何个体和群体，侵害个体和群体的权利，不能让自己不恰当的想法、情感、偏见或信念干扰治疗效果。如果患者没有精神疾病，则精神医学工作者不能以自己的专业为由，对其进行治疗。如果患者或第三方人员要求的行为与科学知识或伦理原则不相符，则精神医学工作者有权拒绝合作。

第八，在精神检查或治疗的过程中，精神医学工作者对所获取的任何资料都应该践行保密原则，除非得到了患者的允许或是为了防止对患者或其他人造成严重的伤害。因此，也要告知患者保密原则的局限性。

第九，要求患者作为精神医学研究项目和学术讨论项目的参与者前，必须做到知情同意。在公布某个案例报告前，应该采取合理的措施以保护患者的隐私，并确保信息的匿名性且该信息不会损害患者的名誉。确保患者在得知所有的信息，如目的、过程、风险以及可能会有的不舒适体验等内容后，仍同意自愿参加治疗。对于儿童和其他不能自己进行知情同意过程的患者，应取得其监护人的知情同意。每一个患者或研究对象都可以在任何阶段因为任何原因从自愿参加的治疗、教育或研究项目中退出，而且，精神医学工作者不能因为患者退出或任何原因而拒绝继续提供帮助。

第十，如果违反了宣言的原则，精神医学工作者必须立即停止所有的治疗、教育或研究。

## 二、中国传统伦理思想

在中国，伦理思想可以追溯到2000余年前，它对中华民族的生活与历史发展有着巨大的影响，其独特的理论已成为人类理论或思想宝库中不可或缺的部分。伦理二字始见于我国春秋战国时期的《礼记·乐记》："凡音者，生于人心者也；乐者，通伦理者也。"东汉郑玄注释："伦，犹类也；理，分也。"即伦理是指将不同的事物、类别区分开来的原则和规范。西汉贾谊提出"以礼义伦理教训人民"，进一步明确了伦理与人伦的相通，伦理即人伦之理。

记录西周（公元前1046—前771年）重要政治事件的文献《尚书》中便有"民为邦本，以德治国"等文字，并记载了大量的伦理思想。之后的《论语》《孟子》《大学》《中庸》等著作中也多次强调了道德修养，提出了"生善说""民贵君轻"等观念，逐步形成了以孔子、孟子为代表且影响中华民族数千年之久的儒家伦理思想。此外，历史上还有以墨子为代表的"兼爱、尚贤、非攻"的墨家伦理思想，以老子、庄子为代表的"无为而治"的道家伦理思想，以及以商鞅、韩非为代表的"任其力不任其德""不贵义而贵法"的法家伦理思想，等等。秦汉时期，董仲舒继承孔子思想，创立了以"三纲五常"为核心的神学伦理思想体系，该思想后其成为中国古代伦理思想的主流。

从总体上来看，中国传统伦理主要有四个特点：重视人伦关系，重视民本思想，重视道德教育和道德修养，重视理想和志向。

### 1. 重视人伦关系

战国末期的《尚书·尧典》中就已经有关于人和人之间应该如何相处的记载，即要在五种关系的基础上教导人们的言行。这五种关系就是以家族为本位的父、母、兄、弟、子。后来，儒家把这种家庭伦理延伸到社会层面。孔子曾说："贤贤，易色；事父母，能竭其力；事君，能致其身；与朋友交，言而有信。"这句话涉及了夫妇、父子、君臣、朋友四种人伦关系。同时他还主张"仁者爱人""四海之内，皆兄弟也"。孟子继承了孔子的思想，提出了"父子有亲，君臣有义，夫妇有别，长幼有序，朋友有信"的理论，并从各方面论证了"父慈、子孝、兄友、弟恭"的合理性，认为"爱人者，人恒爱之"。虽然儒家这套重视和谐相处的人伦关系及"爱人"的思想是为维护封建等级秩序而服务的，而且这在剥削阶级占统治地位的社会中是很难真正实现的，但是他们这种探讨和追求和谐的人伦关系以及"爱人"的美好愿望，是我们中华民族的传统美德。

### 2. 重视民本思想

孔子提出"因民之所利而利之"，孟子主张"民为贵，社稷次之，君为轻"，随后许多思想家也提出"民为邦本"或"民为水、君为舟"的观点，认为"水能载舟，亦能覆舟"，主张"先天下之忧而忧，后天下之乐而乐"。这些民本思想虽然不可能摆脱宗法思想的制约，也并不属于民主思想，但却是中国古代富有民主性和人民性的一种思想。

### 3. 重视道德教育和道德修养

孔子不但主张"导之以德，齐之以礼"，而且反复强调统治者的榜样作用——"其身正，不令而行，其身不正，虽令不从"。孟子也提出"善教得民心"的主张。在修养问题上，中国不少伦理思想家都强调要"修身""操身""洁身""省身""正身""诚身",并且强调"养心""养性""良知""良能"的重要作用。

**4. 重视理想和志向**

理想和志向是人生的最高目标,是激励人们进步的精神动力。中国传统道德对此十分重视。孔子把"仁"作为最高道德理想,提倡"志士仁人,无求生以害仁,有杀身以成仁"。孟子甚至主张为了"仁"的理想,每个"大丈夫"都应立志做到"富贵不能淫,贫贱不能移,威武不能屈"。正是在儒家这种追求道义的人生理想和志向的影响下,不少志士仁人都追求"为天地立心,为生民立命,为往圣继绝学,为万世开太平"。

# 第三节 心理咨询与治疗伦理学的发展与研究

## 一、萌芽阶段(1950—1979年)

自心理咨询与治疗诞生之日起,伦理问题就相伴而生。20世纪上半叶,人们并没有意识到伦理问题制约着这个行业的发展;而自20世纪50年代初起,与伦理问题有关的研究开始萌芽并不断发展。

**1. 伦理问题引起关注的契机**

伦理问题引起关注的契机有以下三个。其一,人们普遍开始反思"二战"中无道德的、残酷的行为,并于1946年分别发布了重视人权和人性的《纽伦堡法典》和《赫尔辛基宣言》。这一趋势同样波及了心理咨询与治疗领域。其二,即使在民主社会,人们发现自己也没有办法获取充分的信息和拥有足够的自由,从而做出对自己有益的决定。例如,父母不经过儿女的同意就将他们送去社会福利机构;同性恋群体被研究者随意观察、研究,并在没有得到当事人允许的情况下将他们的研究结果公之于众。因此,无论是学术界还是普通公众都开始重视个人的隐私权和知情权。其三,随着心理咨询与治疗的理论和技术的迅速发展,新理论从产生到应用间隔的时间越来越短,导致人们无法充分验证这样的技术是否会对来访者和实验参与者造成伤害;同时,心理学工作者也希望自己在日常工作和研究中碰到伦理两难的困境时,能有相应的法规和守则指导自己做出合适的决策。

在以上三个契机的推动下，自20世纪中期开始，国外出现有关心理咨询与治疗伦理问题的研究，心理学工作者也开始关注日常工作中可能会对来访者或患者造成伤害的一些不恰当行为，以及相关从业者在日常工作中会遇到的一些伦理学上的两难困境。

### 2. 第一部心理咨询与治疗伦理学规范的诞生

美国心理治疗师和心理咨询师的专业协会是根据自愿原则组成的民间团体，会员资格不需要被国家认可。也就是说，一名心理医生可能被国家承认并可以从事专业实践工作，却可能不是美国心理协会（American Psychological Association，APA）或其他协会的会员。专业协会通过其伦理学委员会，监督其成员遵守法典中规定的伦理学原则。

APA成立于1892年，于1938年成立了第一个科学及专业伦理学委员会（简称"美国伦理委员会"）。当时，由于投诉的数量日益增多，引起了社会的广泛关注，美国伦理委员会决定处理那些投诉问题。但当时并没有正式且明确的伦理学标准，因而委员会只能使用舆论引导和劝说的方式来解决问题。1947年，该委员会的大多数成员都认为没有书面的规则和标准导致了工作的成效不如人意，因而决定制定一个正式的伦理学法典，随即成立了一个制定伦理学标准的委员会。

经验研究是心理学研究的基本方法之一。伦理学标准委员会认为，法典应以经验研究为基础，由此总结出了APA成员的临床实践经验。1948年，郝布（Donald Hobb）提出"伦理学法典产生于真正的本土心理学才有生命力"[①]。同年，APA成立了一个专门负责经验研究及起草法典的下属部门。

该部门给当时APA的7500名会员都寄送了一封信，请他们通过对具体情况的描写反应得出解决伦理问题的经验，以便确定伦理学主题。之后，该部门陆续收到了1000多份反馈意见，在认真分析、归类、总结的基础上，根据这些意见与附加评论在第二年初拟了法典草稿，并于1951年发表在《美国心理学家》（American Psychologist）杂志上。此标准可归纳为六个方面：伦理学标准与公共责任；专业关系的伦理学标准；医患关

---

① 赵静波、季建林：《美国心理治疗和咨询的伦理学规范及其管理》，载《中国心理卫生杂志》2003年第4期，第236–237页。

系的伦理学标准；科学研究的伦理学标准；专业写作与出版的伦理学标准；教学的伦理学标准。上述资料通过广泛而深入的讨论并几经修改，最终在1953年正式定稿，即"心理学工作者的伦理学标准"（ethical standards of psychologists）。

20世纪60年代后，心理治疗师和心理咨询师愈发重视来访者的隐私权和保密原则的问题。1972年发生的"水门事件"和1976年的塔拉索夫（Tarasoff）案件引起了公众对隐私权的极大关注。这些事件使得研究者对于知情同意和保密原则的关注度在20世纪70年代持续上升。如果心理治疗师和心理咨询师在社会的压力下将来访者的信息透露给第三方，或者在第三方的压力下对来访者进行心理治疗，那么他们就成为了"双重间谍"。

综上所述，在1950—1979年，心理咨询与治疗中暴露出的伦理问题与后期的研究相比显得较为简单，研究形式也多以探讨为主，调查类的实证研究比较少见，这是伦理问题研究初期无法避免的状况。

## 二、发展阶段（1980—1989年）

20世纪80年代后，随着社会的发展，伦理问题的相关研究的数量突增，主要涉及心理咨询与治疗中的伦理困境、心理咨询师的伦理辨别能力、双重关系、知情同意、伦理决策、伦理教育等问题。

**1. 社会发展引起了新的伦理两难困境**

在这一时期，心理咨询与治疗领域的从业者都面临着许多由于社会发展而出现的伦理两难困境。例如：人类免疫缺陷病毒携带者开始出现并且数量日趋增多，为其进行心理咨询是否还要遵守保密原则的困境；乡村心理咨询师需要面对双重关系的伦理两难困境；司法和军警系统的心理咨询师时常面临是保护来访者隐私还是遵从公共系统命令的两难困境；少女来访者未婚怀孕，治疗师却不清楚告知她们父母的行为是否正确。这些两难困境涉及保密、知情同意、胜任力等问题，这些问题也相应地成为心理咨询与治疗伦理研究者的关注点。

**2. 双重关系成为新的研究热点**

在这一时期，心理咨询与治疗伦理研究的热点是双重关系，渎职案件的数量急剧增加，保险业协会信托处理的每十个医疗事故中就有一个涉及指控心理咨询师或治疗师性行为不端的内容。

从业者和实习生或者来访者之间的性吸引和接触的实质是什么？这种行为的发生对二者会有什么影响？潜在的法律责任是什么？美国的研究者提出了上述问题，且就此双重关系问题进行了持续的研究。针对不断出现的关于来访者与治疗师、督导与实习生之间多重关系的伦理报道，有研究者建议应对从业者和实习生加强监督的力度，在研究生实习期间增加对其的伦理问题教育，并向其传授解决伦理问题的技术。也有学者开始尝试建立在面临两难困境时使用的伦理决策模型。

### 3. 研究方法的发展——实证研究的出现

在这一时期，关于伦理学问题的研究从数量和质量上都有了明显的进步，并出现了实证调查研究：治疗师的伦理意识和行为的全国调查；心理学家对于治疗行为认知的全国调查；从业者和来访者之间的双重关系的全国调查。调查结果显示：心理学家对良好的治疗行为的要求会高于对符合伦理行为的要求，即一些没有违反伦理规定的行为并不一定就是良好的伦理行为。同时，心理治疗师的伦理意识无法准确地反映出他们的伦理行为，如三分之二的受访心理学家都表明他们曾在无意中泄露来访者的信息，而四分之三的受访者认为这种行为是不符合伦理道德的。

这些调查为伦理学研究提供了翔实可信的数据，伦理学问题的研究不再局限于研究者运用逻辑推理思考、直觉性判断和业内人士之间互相探讨等方式。

## 三、成熟阶段（1990年—21世纪初）

20世纪90年代，越来越多的国家开始重视心理咨询与治疗伦理问题的研究，相关研究的数量和质量较从前都有了显著的变化，可以说是伦理问题研究逐渐走向成熟的阶段。

### 1. 相对成熟完善的规范的出现

1992年，美国学者肯尼恩·蒲柏（Kenneth Pope）和瓦莱尔·维特尔（Valerie Vetter）针对APA会员日常工作中遇到的伦理两难困境进行了全国范围的调查，调查结果发现保密原则、多重关系和收费问题占据两难困境榜单中的前三位，其他问题依次为：法庭上的伦理两难困境、科学研究、举报同事的伦理行为、测量评估、胜任能力等。其他国家如加拿大（1996）、芬兰（1996）、瑞典（1996）、挪威（1997）、英国（1995）的研究者分别在其国家重复了蒲柏和维特尔的调查,最终得出了类似的结论。以上调查均发现保密原则是最困扰心理学工作者的两难问题。

1992年APA根据其对会员进行的调查修订了伦理学标准,2002年,又对1992年的版本进行了修订,最终出台了《美国心理学工作者的伦理学原则和行为规范》,包括简介、前言、总则以及具体的伦理标准。前言及总则包括能力、正直、专业及科学的责任、尊重人的权利和尊严、关注他人的利益以及社会责任等内容,期望心理学工作者能够达到最理想的专业水平。而具体的伦理学标准则是心理学工作者必须遵守的行为规范,该标准成为心理学工作者日常工作的参考性文件。其他发达国家和地区,如加拿大、澳大利亚、新西兰、英国等的心理学会也都相继制定了适用于自己国家和地区的伦理学准则,以便指导和监督本国和本地区的心理咨询与治疗从业者。

**2. 心理咨询与治疗行业伦理问题研究的全面发展**

从20世纪90年代初到21世纪初,除多重关系研究之外的研究内容有:如何针对不同人群(如青少年、智力缺陷患者、人格障碍患者)区别使用知情同意原则;心理咨询师与治疗师和特殊人群来访者之间的双重关系;多元文化下的伦理问题;心理咨询师与治疗师在实际工作中运用伦理学规范的体会、困惑和改进建议。

针对越来越多由于伦理守则和实际工作中不断涌现的问题不一致而造成的伦理冲突,伦理决策过程和伦理决策模型逐渐成为研究者的关注点。许多研究者认为,伦理两难困境在实际工作中是不可避免的,但心理咨询师和治疗师在遇到伦理两难困境的时候,使用适当的伦理决策方式可以将对来访者的伤害程度降到最低。

这一时期的研究不仅在研究内容、研究范围、研究数量上有所进步,还制定了一系列法典、法规、守则,说明西方伦理学的研究已经进入一个较为成熟的阶段。从伦理学研究的议题中,我们依然可以清晰地看到社会环境对其产生的重要影响。

# 四、继续发展阶段(21世纪初至今)

伦理学是个历久弥新的话题。随着心理咨询与治疗的发展,伦理问题的研究也在不断演进。

**1. 研究主题全面深入且多样**

2007年，美国伦理委员会的年度报告显示，在2006年中，心理咨询与治疗伦理问题的研究内容包括向来访者公布心理测量数据、通过互联网向来访者提供心理咨询与治疗服务、利用代理机构收取心理咨询与治疗的费用、当咨询或治疗对来访者不再有益时适当地结束咨访关系、心理咨询师和治疗师的多重角色、突破保密原则的特殊情况等等。

美国各州的心理学会则面向心理咨询师和治疗师举办了一系列工作坊，主要探讨他们在履行《美国心理学工作者的伦理学原则和行为规范》（1992年版和2002年版）时所拥有的特殊权力。其他工作坊的主题通常是多重关系、超越治疗界限、个体差异、督导伦理问题、对人道主义灾难的应对、在大学心理咨询中心出现的伦理两难困境等等。

除了APA等协会的研究报告外，保密原则、知情同意、胜任力始终是心理咨询与治疗伦理问题的研究重点。同时，学界也开始强调心理咨询与治疗的手段、环境和关系正在不断发生变化，因而面对某些过于教条的伦理规定时，心理咨询师和治疗师需要灵活地处理问题，不能因恪守伦理规范而忽视心理咨询与治疗的个性化特点，如认为适当的与性无关的多重关系有利于治疗联盟的建立。

**2. 新的研究热点——网络心理咨询的伦理问题**

进入21世纪以后，国外关于心理咨询与治疗伦理问题的研究有了新的方向——除了传统的研究重点之外，出现了很多新兴热点，如网络心理咨询。

网络心理咨询是伴随网络的发展而出现的新型咨询途径，由于发展时间较短，相关伦理问题的研究较少。有研究者将《美国心理学工作者的伦理学原则和行为规范（2002）》运用到网络心理咨询领域并对其进行阐释。阐释集中于伦理行为规范的六个方面：胜任力、知情同意、隐私权和保密问题、利益冲突、公开的声明和广告情况、测试的选择和评分。APA下属伦理委员会在信息管理部门的支持下开发了一套程序，以便心理咨询师通过访问这个安全网站来咨询自己所遇到的伦理两难困境。

## 五、西方国家伦理问题研究的述评

纵观国外心理咨询与治疗伦理问题的研究史，主要有以下两个特点。

其一，心理咨询与治疗伦理问题的研究范围广泛，该领域涉及的任何人和任何关系都有可能成为研究的对象。其中，保密原则、知情同意、胜任力、多重关系一直都是研究的热点和重点问题，因为它们反映了伦理学本质，体现了伦理规范的总则——善良、无伤害、正直、诚实和公平。其二，心理咨询与治疗伦理问题的研究明显反映出社会的变化和发展。当隐私权引起了公众的注意时，对保密原则和知情同意的研究也就进入了研究者的视野；当艾滋病（AIDS）和人类免疫缺陷病毒（HIV）携带者成为社会的热点话题时，心理咨询师和治疗师接待这样"特殊"的来访者时面临的伦理两难困境便会成为研究的课题；随着世界上不同国家和地区人员的流动越来越频繁，文化的多样性又成为研究的新宠。诸如此类的例子不一而足。

西方国家关于心理咨询与治疗的伦理研究和教育对促进我国心理咨询与治疗的理论、方法和技术研究，促进心理咨询与治疗的本土化研究，规范我国日益发展的心理咨询与治疗事业，促进心理咨询与治疗的职业化和专业化，保障接受心理咨询与治疗服务的来访者、心理咨询与治疗从业者的权益，以及开展心理咨询与治疗的法律问题研究，都具有重要的理论和实践意义。

## 六、我国心理咨询与治疗伦理问题的研究与培训

我国的心理咨询与治疗行业相对起步较晚，20世纪80年代后，心理咨询与治疗行业有了较快的发展，20世纪90年代后，尤其是近年来的发展势头迅猛。21世纪初，心理咨询与治疗中的伦理问题引起了业内人士的关注。2001年，《中国心理卫生杂志》推出专栏，讨论心理咨询与治疗的相关伦理问题，对心理咨询与治疗中的咨访关系、心理咨询师和治疗师的能力、会谈中的录音、录像资料如何保管等问题进行了讨论。2006年8月，复旦大学出版社出版了由季建林教授和赵静波教授撰写的国内第一部心理咨询与治疗伦理学专著《心理学咨询和心理治疗的伦理学问题》。2007年，中国心理学会临床心理学注册工作委员会制定并发布了第一版《中国心理学会临床与咨询心理学工作伦理守则》，于2018年进行了修订，并于同年7月1日起实施《中国心理学会临床与咨询心理学工作伦理守则》（第二版）和《中国心理学会临床与咨询心理学专业机构和专业人员

注册标准》(第二版)。

从 2000 年开始,钱铭怡教授、赵静波教授等学者分别牵头进行了关于我国心理咨询与治疗专业伦理状况的研究,并发表了系列研究论文。这些论文在一定程度上反映出我国心理咨询与治疗专业伦理的状况。在培训方面,比较系统且正式的形式是中国心理学会临床与咨询心理学专业机构和专业人员注册系统要求的申请注册人员必须接受至少 16 个学时的心理咨询与治疗伦理学培训,这个要求极大地推动了心理咨询与治疗伦理培训的普及,对心理咨询师和治疗师伦理意识的提升和伦理行为的规范都起到很重要的作用。

## 第四节 心理咨询与治疗伦理学的基本原则

心理咨询与治疗伦理学研究的主要目的是保护接受心理咨询与治疗服务的个体和人群的利益。每位心理咨询师和治疗师都有责任践行最高的行为规范,尊敬和保护人们的权利,不能故意参与不公平、有区别对待的实践活动。每个心理学工作者都可以把个人的价值观、文化和经验中有益的方面应用到对伦理规范的操作中,但不能违反伦理规范的原则。

伦理原则(ethical principles)是更高水平的标准或方针,与道德原则一致,构成了更高标准水平的道德行为和态度。这些原则建立于一个或多个伦理价值观之上,并赋予这些价值观以意义,对价值观的建立起指导作用。心理咨询师和治疗师在服务过程中必须遵守六个最主要的伦理原则,包括胜任原则、自主性原则、无伤害原则、善行原则、公正原则以及诚信原则。

1. **胜任原则**

心理咨询师和治疗师在工作中要努力追求高标准的专业水平,认识自己的能力及专长的局限性;仅能提供和应用通过教育、培训和实践获得的服务和技术;要判别在服务、教学或研究中与普通人群有明显差异的个体的特征,并具有为这类人群服务的能力;要熟练掌握与所从事工作有关的科学和专业知识,理解继续教育的必要性;要适当地应用科学、专业、教育及管理资源,并在胜任的领域中进行实践,同时要注意保护来访者的利益。

心理咨询师和治疗师要拥护专业行为标准，知晓专业责任和义务，承担自己的行为责任，对不同的人群和需要，使用恰当的服务方法。有时，可以向其他专业人士及机构咨询甚至与之合作，以保障来访者或其他接受服务对象的最大利益。虽然心理咨询师和治疗师的道德和行为准则是个人的事情，但却可能影响他人的生活，如果逃避专业责任，则会降低公众对心理学及专业人士的信任。心理咨询师和治疗师应该关心和留意同事遵从科学和专业伦理学规范的情况。为了防止或避免非伦理行为的发生，必要时可向同事或专业人士咨询。

**2. 自主性原则**

自主性原则是指要尊重人类与生俱来的自由和尊严。换句话说，由于人们生而拥有尊严，从而所有个体都有自由选择的权利。这一原则来自哲学家康德的观点，他认为人是自身的目的，而不应被视为是他人达到目的的手段。自主性的意思是人应该为自己负责。自主性的对立面是"家长作风"，即在对待他人时会以其父母自居，并且为他人判断什么才是最有利的。

心理咨询师和治疗师要充分尊重人类的基本权利、尊严和价值。尊重个人的隐私、自我判定、自主权等，留意法律和其他规则与这些权利之间的冲突。心理咨询师和治疗师也要意识到文化、个体和角色差异，包括年龄、性别、种族、民族、国籍、宗教、性取向、身体健全与否、语言和社会经济地位等方面的差异，要努力消除这些因素对工作的影响。

当然，尊重自主性原则也会有一定的限制。一个人的行为不能干涉另一个人的自由，自主性必须建立在完全理解个人选择的意义和内涵的基础之上。儿童和存在严重心理缺陷的人，以及无法理解自身选择对自己和别人的意义的人，都不具备自主行事能力。在这种情况下，其他人可以代表这些人做出选择。隐私权也包含着尊重自主权中的自由选择的权利。一个人有权决定关于自己的哪些信息可以被分享，掌控自己的私生活可以在多大程度上暴露给他人的权利。

在伦理守则中，对个人自主权的尊重几乎无处不在。心理咨询师的职责是在征得知情同意的情况下进行咨询，并且对于咨询过程中的所有内容都应保密。同时，研究伦理和诊断与测验伦理的许多方面也与对自主性的尊重有关。自主性原则还意味着，为了达到被人们认为有益的其他目标，人们同样有权利放弃或暂时搁置他们的自主权。例如，一个成年人可放弃自主权而同意由父母安排的婚事，因为这一行为被认为是符合他所在的文化环境或社会信念的。在应用自主性原则解决伦理难题时，心理咨询师可以询问自己，哪一个备选方案更符合这一原则。

### 3. 无伤害原则

无伤害原则主要源自医学伦理，并且经常与医生必须遵守的《希波克拉底誓言》联系在一起。《希波克拉底誓言》训诫医生要以救死扶伤为目的，绝不伤害生命。这一誓言就是无伤害原则的体现。无伤害原则被认为是医学和助人专业的行业之本，这一原则还包含了要避免风险的含义。专业人员的职责是采用他们确知对来访者无伤害的方法进行干预，这一职责要求心理咨询师必须熟知并且评估治疗手段可能对来访者造成的风险，并做出相应调整。无伤害原则同样适用于心理健康行业的其他领域。例如，研究人员不得采用伤害参与者的研究手段，教育者不能采用对学生有害的教学方式，顾问也不可以使用伤害性手段对其服务者进行干预，等等。由于种种偶然因素，专业人员无法全部预见到他们的服务结果。无伤害原则并非要求心理咨询师和治疗师全知全能，而是要求其结合专业知识谨慎地做出判断。

心理咨询师和治疗师应关心与其专业行为有关的人的利益，重视来访者、学生、被督导者、研究参与者及其他受影响的人的利益和权利，以及实验研究动物的利益。当他人的利益与心理学工作者的义务发生冲突时，应努力解决这些冲突，以负责任的态度履行自己的职责，避免对他人造成伤害或把伤害降至最低。心理咨询师和治疗师对自己与他人之间权利的差异要保持高度敏感，不得在专业服务期间及结束服务之后侵害或误导他人。

无伤害原则还要结合具体情况来看，因为许多心理咨询与治疗都可能在起效前给来访者带来暂时的不适感。例如，对于童年遭受过身体虐待的来访者来说，在咨询中挖掘这些经历对他们现在的生活所造成的影响，极有可能给他们带来比未做咨询时更多的困扰。甚至可能在一段时期内，他们会有难以入睡、想哭、工作效率下降等一系列不适的症状。从长期的效果来看，这种干预方法对来访者并没有产生积极的效果，来访者会拒绝给他们带来短暂消极作用的治疗手段，这就可以说是对来访者造成的伤害。如果心理咨询师对其所使用的治疗方式有信心，确知这种方式会带来积极的疗效，并且评估过使用这一方法后的疗效，那么心理咨询师就是在遵守无伤害原则。专业人员的职责就是监控来访者心理状态的发展进程，并且在咨询过程中对意料之外的消极影响及时采取行动。

无伤害原则的另外一层意思是，如果采取某些行为极有可能对来访者造成伤害，则不应选择实施这些行为。例如，一个没有接受过心脏外科训练的家庭医生绝不能尝试为病人进行心脏搭桥手术，即使病人需要进行手术且拒绝找其他医生。其中包含的伦理意义不言自明，在没有经过培训的情况下进行手术很有可能造成严重的后果。况且，由于可以找到其他受过训练的医生，这一危害是可以避免的。这个医生唯一的明智选择是拒绝病人的请求。除非是在极端紧急的情况下，否则由一个无经验的医生进行外科手术所造成的死亡风险比不做手术的风险更大。同样，心理咨询师和治疗师不应该从事已知的可能会造成伤害的活动，即使是来访者或同事请求他们这么做，即使这意味着心理咨询师的不作为。这类行为带来的伤害可能不像医疗案例中那么直接和明显，但心理层面的伤害却是真实存在的。无伤害原则要求从业人员不应该随意在未经训练的领域内进行干预，并且不能在任何情况下做出伤害来访者的事情。

### 4. 善行原则

善行原则的内涵是要做好事，既然心理咨询师和治疗师宣称他们是专业的助人者，那么他们就有责任为那些来求助的人们提供真正意义上的帮助。善行意味着从事对社会发展有所促进作用以及帮助所有潜在的来访者的行为。善行原则同样强调了心理咨询师和治疗师应在其胜任范围之内进行工作，并致力于推动公众福祉。失职的工作意味着心理咨询师和治疗师接受了来访者所支付的费用，却未能给予他们所允诺的帮助。

当然，并非所有心理咨询师和治疗师都会为来访者带来益处。有时，心理咨询与治疗也可能是无效的，甚至可能会带来更坏的结果。此外，心理咨询只能帮助那些有意愿主动接受帮助的来访者。伦理守则中对善行的规定并不是要求咨询或治疗过程必须产生积极的结果；事实上，善行原则是要求一个人应该竭尽全力地提供帮助，并且在治疗效果不乐观时提供其他备选方案。如果心理咨询师和治疗师从始至终都未能使来访者的状况有所好转，但仍然坚持对其进行治疗，那么这就是对善行原则的违背。

善行原则还要求心理咨询师和治疗师投身于促进社会福利的专业活动。因此，在对伦理难题做出决策时，考虑行为会对各个方面带来的利益是至关重要的。善行原则规定,心理咨询师和治疗师仅仅做到避免对来访者造成伤害是远远不够的,这只是最基本的要求,而更进一步的要求是干预行为还应该对来访者产生积极的结果。

5. 公正原则

公正原则就是要平等地做事,该原则要求心理咨询师和治疗师在从事专业活动时要维护所有人的尊严并避免偏见。亚里士多德的一句话可以很好地概括公正的含义:"公正就是按照事物的公平性,公平地对待公平,不公平地对待不公平。"公正原则的内涵是公平而不歧视,而对这个原则的破坏在于对某个群体的刻板印象。心理咨询师和治疗师不应该因为种族、年龄、性别、文化以及其他任何不相关因素而对来访者产生偏见,因为这是非常不公正的。

公正原则不仅仅意味着避免歧视,它还意味着对某些差异给予额外的关注。例如,一位教育心理学家需要采用同样的测量标准对所有学生的表现进行评估。如果其中一个学生存在听力障碍,而这位教育心理学工作者对该学生一视同仁,那么他同样导致了不平等的后果。与之相反,公正原则要求研究者要及时发现这个学生的听力问题,并采取相应措施让学生了解正在发生的事情。但是,只做到了这些还不够,公正原则还要求采取平等的评价标准。如果教师在打分时出于对这名同学的怜悯而放宽要求,这同样是不符合伦理规范的。

公正原则还要求心理咨询师和治疗师为全体公民提供服务。如果由于穷人付不起咨询或治疗费用就拒绝为他们服务,或者由于来访者不使用母语就拒绝提供帮助,那么这就是违反伦理规范的。公正原则并不是要求心理咨询师和治疗师无原则地接待贫困来访者甚至使自己入不敷出,或者是要其精通多种语言,但它确实要求心理咨询师和治疗师要采取相应的措施,以避免让人们因毫无关系的因素而无法从心理咨询中获益。

6. 诚信原则

诚信原则是指承诺的兑现以及承诺的真实性,诚信原则意味着忠诚。在工作中,心理咨询师和治疗师要诚实、公正并尊重他人,如实地介绍或报告自己的资格、服务类型、取得的成绩、治疗费用、科研和教学情况,不能伪造、误导或欺骗他人,认清自己的信念体系、价值观、个人需要及所从事工作的局限性和有效性,在可能的情况下,要向有关人群解释自己所担任角色的责任以及相应的作用和功能,而且要避免与来访者建立不恰当和有潜在伤害作用的双重关系。

心理咨询师和治疗师必须将来访者的利益放在自己的利益之上，并且对来访者保持忠诚，即使这种忠诚会给心理咨询师和治疗师带来不便或不舒服的感觉。诚信原则衍生自心理咨询师和来访者之间最核心的关系——信任。如果心理咨询师的言语或行为给来访者带来不可靠的感觉，则没有信任可言。另外，基于心理咨询师固有的权力和来访者本身的脆弱性，信任就更成为建立咨访关系的基础。在心理咨询与治疗中，语言是最主要的沟通媒介，真实性是诚信原则的本质体现。来访者期待可以相信心理咨询师所说的话，如若来访者不信任心理咨询师，那么整个咨询过程都将变得举步维艰。专业人员可能会发现某个来访者的说话风格令人生厌，或者他们并不赞同来访者的观点，此时这位心理咨询师其实没有必要跟来访者分享这些感受。心理咨询师首先要衡量这些信息会对来访者造成的影响，真诚也应该有限度。

诚信原则还意味着要对这个行业和其他从业人员保持忠诚，这要求心理咨询师和治疗师需要尽力去完成已经答应的事。既然他们通过职业身份获得了利益，就应该遵循职业的相关规定并且尊重其他从业人员。在伦理守则中，关于咨访关系的规定都建立在诚信原则的基础之上。诚信原则同时还规定了心理咨询师和治疗师不应在研究设计中采取欺骗手段。当心理咨询师和治疗师在伦理难题中感到左右为难时，应该自问这些备选方案中的哪一个更符合他们最初的承诺。

伦理守则从不同的角度定义了道德行为的核心本质。在最为复杂的伦理难题中，心理咨询师和治疗师可能会被整个过程折磨得痛苦不堪，因为每个方案看起来都有其负面影响。这时，反思一下道德的最基本定义可能会有助于问题的解决。同时，在分析道德理论和具体个案之间的关系时，心理咨询师和治疗师也可以寻求伦理学家的帮助。

## 本章要点

（1）伦理学又称道德哲学，是以道德作为研究对象、研究道德的本质和发展规律的科学，也是研究道德行为和道德决策以及如何度过美好生活的哲学学科，是现代哲学的学科分支之一。

（2）在心理咨询与治疗实践中，伦理问题不可避免，几乎贯穿在整个心理咨询与治疗过程之中。

（3）应用伦理是指伦理与现实世界相遇的部分。与普通伦理不同，应用伦理始于案例或情境，并通过运用这些理论来理解和发展规则。典型的应用伦理分支包括专业伦理、组织伦理、环境伦理以及社会和政治伦理。更具体地说，有些伦理的起源涉及专业问题，称为专业伦理。

（4）专业即某类人群的集合体，他们以专业知识和技能服务他人的需要，以称职和符合伦理的方式行事，拥有一个自治组织，为所提供的服务建立胜任力、伦理和实践指导的标准。从技术上讲，专业的标志是一群个体致力于获取专门的知识和技巧，以便为有需要的人提供服务，并且以有胜任力和符合伦理的方式进行服务。

（5）专业人员是指一个专业中的成员，基于行业标准应用其专业知识和技能，旨在满足来访者的需求而非满足专业人士的个人需求。即他们将自己的专业知识和技能应用于满足来访者的需要，而不是追求他们自己的个人利益。他们忠于这个专业。该专业拥有全面且自治的机构，该机构为提供专业服务建立了胜任力标准、伦理守则和从业指南。

（6）专业伦理是当专业人员面对案例或情境中的伦理问题或道德问题时，帮助他们做出决策的一种伦理形式。

（7）心理咨询与治疗伦理学（ethics of psychological counseling and therapy）属于应用伦理学范畴，指在心理咨询与治疗的情境中，如何实施道德行为和道德决策以及如何进行有效的心理咨询与治疗实践的学科。

（8）心理咨询与治疗专业伦理的内容主要包括四个方面：对使用的干预方式有足够的知识、技能和判断力；尊重来访者的权利和自由；负责任地使用心理咨询师或治疗师角色中固有的权力；致力于提升公众对心理咨询与治疗的信心。

（9）心理咨询与治疗伦理学的核心问题是：我们应该做什么？更具体地说，什么事情是我们有义务去做的，什么事情是我们不能去做的，以及什么事情是我们可以做也可以不做的。

（10）伦理原则是更高水平的标准或方针，与道德原则一致，构成了更高标准的道德行为和态度。这些原则建立在一个或多个伦理价值观之上，并赋予这些价值观以意义，对价值观起指导作用。心理咨询与治疗过程必须遵守的六个最主要的伦理原则包括：胜任原则、自主性原则、无伤害原则、善行原则、公正原则以及诚信原则。

**思考题**

1. 心理咨询与治疗伦理属于什么伦理范畴？为什么？
2. 心理咨询与治疗专业伦理主要包括哪几个方面的内容？
3. 心理咨询与治疗过程中必须遵守的六个最主要的伦理原则是什么？
4. 伦理规范在心理咨询与治疗中起到怎样的作用？请谈谈你的理解。

# 第二章 伦理困境与伦理决策模型

**学习目标**
1. 了解心理咨询与治疗的伦理理论和道德行为的要素。
2. 掌握并能在实际案例中应用伦理决策模型。

**关键词**

伦理困境（ethical dilemma）；个人伦理（personal ethics）；伦理理论（ethical theories）；美德伦理（virtue ethics）；关怀伦理（care ethics）；叙事伦理（narrative ethics）；结果伦理（consequential ethics）；权利伦理（rights ethics）；职责伦理（duty ethics）

心理咨询与治疗旨在帮助精神上受到困扰并需要帮助的人群。如果心理咨询与治疗有效，那么来访者的生活会发生持久而深刻的改变：他们能够重新领悟、认识和理解自己及其生活；能够面对创伤和灾难，并采用某种办法从这些负性事件中恢复过来，而不至于陷入麻木和呆滞状态；能够变得更快乐、更满意，或者至少可以使痛苦和悲伤的程度减轻；能够学习并采取新的行为方式；能够学会信任或更主观地相信别人；更清楚地意识到自己的价值观和生活的意义所在；可以产生一种幸福的体验，精神状态会变得更好，即如弗洛伊德（Sigmund Freud）所说的："去爱和工作。"但是，心理咨询师和治疗师在从业过程中必须承担相应的责任，如果其不能最大限度地关心来访者和履行伦理责任，那么来访者就可能会受到伤害。本章重点介绍在心理咨询与治疗过程中可能遇到的伦理困境及伦理决策模型、道德行为的要素以及伦理理论。

# 第一节 心理咨询与治疗中的伦理困境

在现实的心理咨询与治疗工作中,心理咨询师和治疗师在认真履行职业责任,保护来访者不受潜在的非伦理伤害的同时,也面临着潜在的压力和可能的危机。有时心理咨询师和治疗师所要担负的责任与自己的能力、资历、待遇等似乎并不匹配,例如,社会或司法部门可能会认为心理咨询师和治疗师对预见及防止自杀或谋杀负有责任,但准确预见某人是否会有自杀或杀人的倾向,已超出心理卫生工作的职责范围,况且现实社会中也无人能做到这一点。因此,在面对这些责任的复杂性、不确定性并承受巨大的压力时,心理学从业者在工作中时刻保持对伦理学问题的警惕性显得尤为重要。

## 一、伦理困境

伦理困境(ethical dilemma)是指在心理咨询与治疗过程中,令心理咨询师和治疗师感到左右为难且难以做出抉择的伦理情境。即由于情境的复杂性,心理咨询师和治疗师难以参考某些具体的伦理标准,或是有其他因素妨碍了心理咨询师和治疗师运用伦理标准。临床实践中的伦理决策两难困境包括:判断来访者是否丧失信心,意欲自杀;刚刚经受灾难性事件的夫妻是否已经找到解决办法,或是仍处在有潜在危险的环境中;对于处在情绪危机中的来访者,治疗性会谈从每周两次增加到每周四次,对他来说是有益还是有害的;等等。

在职业生涯的开始阶段,心理咨询师和治疗师在工作中往往会遇到上述决策的两难情境,这些问题在书本上没有具体而清晰的答案,这就要求心理咨询师和治疗师根据实际情况,对临床实践中复杂的问题给予明确而专业的判断之后再做决定。换句话说,心理咨询师和治疗师需要不断实践、积累和总结。

一般而言,身为助人者,绝大多数心理咨询师和治疗师都是负责任的,不会对想要自杀的来访者无动于衷。例如,当来访者痛哭流涕地诉说创伤性事件时，心理咨询师和治疗师大多会受到触动，因为心理咨询师和治疗师需要有共情的能力，同时，被另一个人的不幸和抗争所感动，也是人的一种本能反应，随即产生去帮助他们的责任感。此时，心理咨询师和治疗师会感觉到自己肩上的担子很沉、很重，需要他们思考的是，如何在帮助过程中减少或避免治疗性、无意的伤害和危险。这亦是非常重要的。

## 二、伦理守则的作用与局限

伦理守则中列出了一系列伦理学标准或原则，要求心理咨询师和治疗师铭记在心，并要求其在实践中通过不断查阅和探讨，思考应该怎样把握所有的"能"与"不能"。这些标准或原则非常重要，它不仅告知临床工作者，同时也告知来访者和公众，使其确认专业人士的行为在伦理学范围内是否被允许，以及被要求负有何种责任。

但是，如果过分强调伦理规范，把它看成不容挑战或不用思考的规则，且在工作中只是简单地服从和遵守，墨守成规地根据"能做"和"不能做"的原则来指导实践的话，则可能出现心理咨询师和治疗师对伦理学持否定态度的现象。实际上，伦理学的法典、标准或规则并不能取代富于思考、有创造性、有意识的工作方法，因为生命是真实的且十分复杂的，每个生命都是独一无二的。心理咨询师和治疗师对伦理学困境的反应，怎样决定自己的行为，怎样评估自己及他人的行为，怎样解释心理治疗的结局及原因等，均充分说明了心理咨询师和治疗师与具体的窘境、价值观、目的以及背景之间相互作用的复杂性。

### 1. 伦理守则的作用

伦理守则是国家专业协会通过并采纳的标准，该标准界定了协会成员的伦理行为以及对违反伦理情况的处罚。伦理包括了伦理思想以及核心价值观。遵守伦理意味着把来访者的利益作为首要考虑因素，合理使用权利以提升专业声誉。制定守则的目的是引导专业人员应对工作实践中最常见的问题，并且确定本专业的伦理目标。美国咨询协会的第一版伦理守则出台于1961年，美国心理协会的第一版伦理守则颁布于1953年，两个守则出台之后均经过多次修订。

对于心理学从业者来说，伦理守则的一个主要作用就是在专业人员面临伦理问题时为其提供支持。一个谨慎的心理咨询师和治疗师通常会参考守则，而对于这一标准的回顾，也是其对工作负责任的表现。伦理守则是同行对常见问题的共识判断和专业价值观的共识体现，伦理守则的出现和颁行也表明了心理咨询师和治疗师对公众利益的负责态度，有助于增强专业人员的社会声望，减少了不负责任的心理咨询师和治疗师所造成的破坏性影响。对伦理守则进行修订的过程，以及针对修订内容对其成员进行继续教育的过程，都能够保证伦理守则的内容持续受到公众的关注，也会使成员持续意识到其重要性。

### 2. 伦理守则的局限性

伦理守则也存在着局限性，没有任何一个守则能够提供解决所有伦理问题的标准程序。首先，心理咨询师和治疗师需要与不同背景的来访者打交道，工作内容也有所不同，这种差异性要求伦理守则涵盖的范围要足够广泛；其次，由于专业领域发展迅速，新的实践方式和新的人群持续出现，因此，尽管伦理守则制定者竭尽全力，但还是会有一部分准则过时甚至失效，如网络咨询的兴起使伦理守则的适用范围面临挑战，因而需要扩充关于网络伦理的规范。因此，并不存在放之四海而皆准的守则。伦理守则只为部分行为提供指导，如所有伦理守则中都强调与正在接受心理咨询的来访者发生性关系是被严格禁止的，但对于其他问题，便很少有如此明确的指导。

### 3. 伦理和法律

从根本上来说，同心理咨询与治疗相关的伦理守则和法律的绝大部分内容都是重叠的。法律旨在消除问题行为，而伦理守则是界定心理咨询师和治疗师的良好行为。按照伦理行事是心理咨询师和治疗师避免法律纠纷的最好措施。

伦理守则的范围比法律更广，它的制定在一定程度上是为了鼓励心理咨询师和治疗师尽其所能地做到最好。专业伦理不仅是为诉讼提供依据，更重要的是激励心理咨询师和治疗师更好地工作，增加公众对他们的信心，获得工作对象的尊重；而法律只涉及"能做"或"不能做"的标准，规定了专业工作者的行为基线。一般来说，针对心理咨询师和治疗师的法律和伦理内容大致相同。如果心理学工作者的伦理责任与法律发生冲突，应该明确自身对伦理守则的承诺，并设法解决冲突。如果不能解决，即使心理咨询师和治疗师认为自己的行为是一种良知的表现，也应遵守法律规范或其他相关法律权威的要求。

## 三、实践中逃避伦理责任的托辞

在心理咨询与治疗工作中，心理咨询师和治疗师应该对涉及伦理的问题保持警觉并履行伦理责任，如果心理咨询师和治疗师把个人的因素始终放在首位，则不可能很好地履行伦理责任，容易否定或歪曲伦理学问题。例如，指责和排斥"治疗棘手"的来访者或提出伦理问题的同事，而把自己看成弱者或受冤枉者，以必要或被迫为借口做出非伦理行为。因此，对于一名心理治疗师、心理咨询师、督导师或接受培训者来说，经常反思和评估个人在实践中的行为是非常必要的，这有助于减少伦理困境对伦理学发展的不利影响。

在心理咨询与治疗工作中，心理咨询师和治疗师逃避伦理责任的行为可能对来访者造成二次伤害，理应受到一定的惩罚或处理。虽然从表面上看，逃避伦理责任的行为有时似乎符合伦理规范或并不是严重的违反行为，甚至许多心理咨询师和治疗师有时也会赞同类似的行为，但这类行为其实是不合理的、不符合伦理规范的。在这些借口或托辞中，有些明显是荒谬或不合理的，比较容易识别；有些虽然是狡辩或荒谬之辞，但看起来或听起来还有一定的道理，因而可能难以受到处罚。

下述列举一些常见的不合乎伦理标准的言论。

（1）只要你和同事在实践工作中都不提出伦理学问题，你们的行为就不属于不道德行为。

（2）只要你不清楚或不知道法律、伦理及专业标准中的禁止事项，你的行为就不属于不道德行为，毕竟不知者无罪。

（3）只要能列举出至少另外五个心理咨询师和治疗师也有类似的行为，你的行为就不属于不道德行为，因为法不责众。

（4）只要没有来访者投诉你，你的行为就不属于不道德行为。

（5）只要是来访者要求你去做的，该行为就不属于不道德行为。

（6）如果来访者的情况很难得到治疗，如边缘型人格，那么治疗师的不胜任行为就不属于不道德行为，因为这是世界难题。

（7）如果心理咨询师和治疗师状态不佳，以致治疗效果不能达到预期的目标，那么该不胜任行为就不属于不道德行为，因为"老虎也有打盹的时候"。

（8）有人说，如果伦理学委员会已在某处称赞你的某种治疗行为是非常好的，那么你的所有行为都不属于不道德行为。

（9）如果确信制定法律、伦理、专业标准的人并不理解心理学实践的复杂本质，那么心理咨询师和治疗师的行为就没有不道德的情况，因为隔行如隔山。

（10）如果你认为有人是不诚实、愚蠢、偏激或对你有偏见的，那么你对其所做的行为就不属于不道德行为。

（11）如果你的行为最终使你得到了更高的收入或赢得了更高的荣誉，那么该行为就不属于不道德行为，因为结果比过程更重要，"人往高处走，水往低处流"。

（12）只要比其他方法更简便可行，该行为就不属于不道德行为。

（13）只要没有其他人发觉，或即便有人发现也不会计较和当真，则该心理咨询师和治疗师的行为就不属于不道德行为，因为"人不知，鬼不觉"，无须小题大做。

（14）只要遵守了大多数伦理学标准，其小部分治疗行为就不属于不道德行为。因为只要遵守了更重要的标准，就可以忽略或取消一或两个不重要的伦理学标准，要抓大放小。

（15）只要心理咨询师和治疗师不是故意的，某些会对来访者造成伤害的行为就不属于不道德行为，因为难免会好心办坏事。

（16）只要是人们普遍接受的和经过科学研究证实的方法，就可以被应用，即使会对来访者造成伤害，该行为也不属于不道德行为。

（17）只要你以后不再做，曾经做过的事情就不属于不道德行为，因为既往不咎。

（18）只要没有证据或没有人能证实不道德行为的发生，心理咨询师和治疗师的行为就不属于不道德行为。

（19）只要你是有名望或有地位的人物，你的行为就不属于不道德行为，因为自古以来就有"刑不上大夫"的言论。

（20）因为工作繁忙而出错时，你的行为就不属于不道德行为。因为谁都无法期望获得所有来访者的知情同意、保持所有来访者完整的病例记录而不疏漏，或遵守每一条法规，毕竟人无完人、金无足赤。

上述的这些借口实际上是一种自我心理防御或合理化掩饰，虽然虚伪的狡辩不能完全保护自己，但至少可对自己的非道德行为找一些解释,以减轻内心的自我谴责程度。有些心理咨询师和治疗师用不合乎伦理学标准或否定的防御机制来有意识地使自己的伦理学意识变得迟钝和模糊,让自己的判断力及敏感度下降,从而减少伦理问题带来的烦恼,让自己的心情变得平和与怡然自得。然而,伦理学责任要求心理咨询师和治疗师必须正直、坦然,否则有违职业道德。因此,心理咨询师和治疗师有时会面临两难的选择:要么正视伦理问题,承担责任,面对名誉、地位和职业等社会因素带来的挑战;要么否认或忽视伦理问题,逃避责任,但又会对逃避责任的行为感到十分内疚、烦恼和痛苦。心理咨询与治疗的伦理问题非常复杂,对具体的案例要进行具体的分析,因而无论是心理咨询师还是治疗师,都应该时刻保持伦理学意识,并以此来处理或应对实践中出现的任何一种新情况。

# 第二节 道德行为的要素

当一个人面临道德或伦理决策时,是什么因素驱使他表现得道德或不道德呢?国外学者雷斯特(James Rest)提出了道德行为的四个要素,并认为它们会与道德行为相伴而生。

## 一、道德敏感

第一个道德行为要素是道德敏感,即觉察自己涉及他人福祉的过程。在心理咨询与治疗专业伦理中,道德敏感意味着心理咨询师或治疗师可以意识到其行为会对来访者、同事和公众等产生影响。如果某位心理咨询师在社交场合重复讲述某个来访者的滑稽故事,而在讲述之前并没有考虑来访者的利益,那这位心理咨询师就忽视了自己行为中的道德含义,不具备道德敏感性。他并非怀有不良意图,但是却出现了这样不符合伦理的行为。这个例子说明,很多不道德的行为经常源于当事人没有注意到行为中的道德含义。

> **案例 2-1**
>
> ### 说明保密例外是"形式主义"吗?
>
> 心理咨询师给15岁的小汪做咨询,在咨询开始时,心理咨询师没有解释保密原则的限制,因为他认为那是"形式主义",没有必要说明,而且会使来访者分心。他不是有意想要伤害来访者,而是出于聚焦当下问题的良好意愿。
>
> 小汪以为她对心理咨询师说的任何话都是保密的,在一次咨询中,她透露出她有自杀的想法。事实上,如果心理咨询师确信来访者处在严重的自杀风险中,那么根据伦理守则,心理咨询师就不能再为其保守秘密。小汪是未成年人的情况迫使心理咨询师必须考虑是否要把这种状况告知其父母。在小汪已经脱口而出她的秘密后,心理咨询师向她解释了保密原则的限制。小汪感到很震惊,感觉自己被出卖了。由于缺乏对保密原则以及保密例外原则的了解,小汪感到自己被剥夺了是否或何时暴露个人隐私的选择权。

由上述案例可知,心理咨询师认为向来访者解释保密原则的限制是"形式主义",表明他缺乏道德敏感,进而导致了其违背伦理的行为。一般来说,对心理咨询师吐露自杀念头对来访者而言是有益的。出于伦理责任,心理咨询师应该鼓励来访者表达这种想法。然而,如果来访者不理解保密例外原则的含义,错误地认为所有信息都会被保密,那么在被告知保密例外时会感到自己的信任被辜负,有被出卖的感觉,冲动自杀的可能性反而会增加。如果来访者与一个专业技能娴熟、富有同情心的心理咨询师建立了信任,并对表露之后可能会发生的情况有所了解,那么在来访者透露这些信息之后就不易产生消极的结果。

## 二、道德推理

第二个道德行为要素是道德推理。道德推理是指某个情境被认为有道德含义后,思考备选方案并得出结论的过程。道德推理是评估、选择和确定哪个选择最好的过程。起初，道德推理像是一个系统的、逻辑的过程，但这个过程通常发生得很快，没有太多时间让参与者可以深思熟虑。这个过程既有认知方面的原因，也有情绪方面的原因。

> **案例 2-2**
>
> ### 面对同事的不当行为，究竟应该怎样做才符合伦理？
>
> 一位心理咨询师发现同事对来访者有不当行为，如这位同事会忘记已预约好的咨询或者有迟到行为、敷衍地撰写记录、在工作中有酗酒迹象等等。该心理咨询师意识到这是一个道德两难状况，因为来访者的福祉和咨询服务此时都陷于危险之中。该心理咨询师权衡解决方案，认为此时最正确的方式是与同事当面交谈，让其调整对来访者的行为。但这位心理咨询师可能又会自问："我会选择做自己认为正确的事情吗？"如果她做出肯定回答，那她与道德行为之间的距离便又接近了一些，但如果不是这样，那便不会有监督行为的发生。
>
> 此时，竞争性价值观可能会对当事人产生干扰。专业伦理价值观不是唯一作用于人的价值观，与伦理相竞争的其他价值观可能占据上风。个人利益便是这样一种竞争性价值观，如挣足够的工资以尽抚养孩子的责任。这位心理咨询师或许会意识到，如果那位同事的情况进一步恶化，那其可能就会离开实践工作领域，这样自己可能会有更多的来访者或更多的收入；或许会珍视工作场所的和谐度，于是决定不冒同事间发生冲突的风险。简而言之，这是心理咨询师的伦理价值观面对其他价值观并与之发生冲突的过程。如果伦理价值观取胜，那么心理咨询师就会决定采取负责任的行为。

不是所有人在道德问题上都会用同样的方式进行道德推理，或是具备同样的成熟度，只有处于较高道德发展水平的心理咨询师和治疗师才会做出与专业标准更为一致的伦理决定。

## 三、道德动机

第三个道德行为要素是道德动机。一旦一个人衡量了各种选择且确定了哪种方式是最有道德的行为后,他就要决定是否要付诸行动。当然,心理咨询师和治疗师在做出伦理决策时并不总是完全有意识的,但他们更倾向于认为自己的选择是符合伦理的,那么,他们面临的困难就变成了如何在做出有悖伦理的选择时还能保持积极的自我评价。为了减少这种心理上的不适感,他们可能会重新界定所发现的问题。

> **案例 2-3**
>
> **面对同事的不当行为,究竟应怎样做才符合伦理规范?**
>
> 在案例2-2中,心理咨询师可能会重新解释她所看到的行为,并假设她的同事并不是真的喝醉了,或者错过约定好的咨询会面的情况并不是经常发生。这位心理咨询师甚至可能会说服自己:同事是受到药物的作用而影响了自己的行为。当然,这些假设可能是真的,但如果这位心理咨询师的目的是摆脱伦理责任,那假设就没有得到验证,真相也就没有被发掘出来。相反,这位心理咨询师将整个事件进行了合理化处理,也改变了对自身伦理责任的界定。通过对事实的歪曲,这位心理咨询师避免了可能的、因和同事对峙而产生的痛苦,而且还可以认为自己是一个符合伦理标准的心理咨询师。

如果心理咨询师和治疗师的工作环境对伦理的要求非常高,那么这种自我欺骗的情况发生率就会降低。如果督导师可以让他们的下属知道伦理问题确实至关重要,并且如果下属选择做出符合伦理的行为,不仅不会被处罚,而且还会受到奖励,那么就会促进心理咨询师和治疗师做出负责任的行为。如此,价值观冲突也就不再像之前那么强烈,那些遵从伦理行为的心理咨询师和治疗师可能会得到更多的支持,而不是被孤立。在心理健康领域,如果伦理方面的法律或规则不够明晰的话,心理咨询师和治疗师背离伦理价值的行为就会有所增加。如果心理咨询师和治疗师的工作环境对符合伦理的行为有抵触的话，那么就会出现组织文化导致个体压抑自己采取伦理行为的情况。

## 四、道德特质

第四个道德行为要素是道德特质。可以使用"坚定不移"这个词来说明道德特质，即一个人必须贯彻其道德行为，做到始终如一。要做到这一点，主要依靠个人的品质，如刚正不阿、道义、勇气等，缺少这些品质的人可能会在采取行动或面对阻抗时改变主意或者畏缩不前。

> **案例 2-4**
>
> **面对同事的不当行为，究竟应该怎样做才符合伦理？**
>
> 在案例2-2中，这位心理咨询师可能会表达其对同事的关切之情，但如果得到的是愤怒的回应，或者同事向其大吐苦水，这位心理咨询师可能就会退回原地，并不再阻止其同事在工作时酗酒。一个没有被贯彻始终的行为不能称之为道德行为。有时，坚持道德行为可能会让人感到不舒服，并会付出个人代价，而这也是保持正直和"坚定不移"如此珍贵的原因。

心理咨询师和治疗师不顾压力地始终关注来访者的福祉和最终的目标并不是一件容易的事。但是，如果工作环境中的其他专业人员能够坚持这种伦理理想，那么实施道德行为的难度就会相应降低。

# 第三节 心理咨询与治疗的伦理理论

心理咨询师和治疗师的行为受其所秉持的伦理观念的指导，这些伦理观念反映着一个或多个伦理理论。无论心理咨询师和治疗师是否理解自己所秉持的伦理理论，这些理论都会影响他们的伦理决策。对大多数人而言，其所持有的伦理理论是内隐的，也就是说，虽然这些理论影响着个体的行为，但个体并不能在意识层面上认识并理解它们。在心理咨询中做决策时，心理咨询师和治疗师应该认识、理解和重视这些影响他们思维和行为的伦理理论，并让这些理论成为自己重要的伦理标准。许多人认为伦理理论是学术的、无形的，与日常的个人生活和专业生活无关，但实际上，伦理理论影响着心理咨询师和治疗师日常的思维和决策。

## 一、伦理理论的定义和作用

### 1. 伦理理论的定义

个人伦理（personal ethics）反映了个体关于自己应该如何生活，或是应该为何而奋斗的内在感觉，它是道德决策或道德判断的基础，也是指导道德行为的基础。

伦理理论（ethical theories）为伦理情境提供导向性观点，也是诠释其个人选择实践及价值观的方式。与心理咨询与治疗伦理相关的理论主要包括结果伦理、权利伦理、职责伦理、美德伦理、关怀伦理和叙事伦理等等。

伦理理论是引导个体选择并诠释其行为价值观的方式。伦理理论涉及个体潜在的价值观，同时也反映个体在任一特定情境中的优先价值观。换句话说，伦理理论是指引一名专业人士在其专业领域内将其所认为有价值的选择付诸实践的方式。

### 2. 伦理理论的作用

伦理理论有两个作用，第一个作用是为伦理情境提供一个导向。理论针对应该如何重视伦理情境、伦理情境中的哪个部分应该被优先考虑等问题有一系列假设。第二个作用是解决行业标准与个人价值观的冲突。当标准之间存在冲突或者对立的价值观无法同时存在时，伦理理论会对价值观进行排序并评估冲突的严重性，为伦理决策提供基本的依据和支持。

简而言之，伦理理论能帮助个体解决伦理两难困境，并为解决方案提供理论支持。伦理理论以个人认同的价值观为基础，同时加入其伦理经验、个人生活和专业生活等更为广泛的观点。

## 二、伦理理论的类型

伦理理论有两种类型：存在理论和行动理论。存在理论在道德层面上表现为个体的特征、关系或生活轨迹，包括美德伦理、关怀伦理和叙事伦理理论。行动理论是规范行为的规则，包括结果伦理、权利伦理和职责伦理理论。以下将对每个理论的来源、正确行为的假设、伦理决策中的应用以及优势和不足进行阐述。

### （一）存在理论

存在理论包括美德伦理、关怀伦理和叙事伦理三种伦理理论。

**1. 美德伦理理论**

美德伦理理论（virtue ethics）认为伦理主要在于内在特质和性格，而非外在表现和行为。基于该理论，可以假定美德能促使一个人成为道德层面上的"好人"。

美德指的是积极、良好的品质或性格。美德的反面是恶行，指消极的品质或行为。如勇气是一种美德，公正、仁爱亦如是；与之相反，不公平、恶意便是恶行。根据美德伦理理论，如果行为能够反映美德或良好的品质，即这一行为是有道德的个体会做出的，那么该行为就是正确的。

（1）基于美德伦理理论的决策。

美德伦理理论坚持好人会做出正确的行动，因而如果要知道什么是正确的，就需要知道一个好人是什么样的，再从中推断一个好人会有什么行为。据此，美德伦理理论的唯一要求就是个体的行为必须合乎道德，必须是为了美德而做的，或者必须像有道德的个体那样去行事。因此，有伦理的行为的标准与结果、动机、权利、关系等特点无关，只与有道德的个体或者美德本身有关。美德伦理理论学家的任务相当简单：列出当下情境中什么是美德，考虑每个选项是否能实现美德，同时选出能够表现更多美德或更重要的美德的行为。一个能体现许多美德的行为，会比仅能体现几个美德的行为更佳。美德伦理理论学家可以对美德进行排序，例如，美德伦理理论学家主张个体应该在给朋友送礼前先还清贷款，或者要先使自己的父母受益，再让自己或朋友受益。

（2）美德伦理理论的优势和缺点。

美德伦理理论是富有吸引力的，因为它关注的是个体而非规则。它从整合的、人道的视角来评估一个人的整体，而非独立的行为。这也是一个灵活的理论，因为它允许个体对家人和朋友采取不同的行为方式。另外，该理论不要求所有的个体和情境都被同等对待。

但是，美德伦理理论并不是特别实用的，因为并没有简单或清晰的方式可将品质转换成具体的行为。在一个复杂的情境下，当所有人都期待能拥有好的品质时，个体时常不知道该做些什么。而美德的普遍性也是一个棘手的问题，哲学家和伦理学家在什么是最重要的美德这一问题上至今仍未达成共识，也可能永远都无法达成共识。而且，不同的文化背景对于美德的诠释也不同，比如两种文化无法列出同样最重要的美德。因此，美德伦理理论在处理伦理问题时依据的是一个主观的视角。

**2. 关怀伦理理论**

关怀伦理理论（care ethics）是植根于人和人际关系的伦理理论，其指出个体在做出道德决定时考虑得更多的是人际关系，而不是行动、职责或行为的结果。如果一个行为可以表达出关怀或是可以维持一段关心他人的关系，就会被认为在道德层面上是好的和正确的行为。

关怀伦理理论强调个体在亲密关系、朋友、家庭和社会中相互支持、关怀的方式。根据关怀伦理理论，行为的正确与否取决于个体、情境和关系。在某一特定情境下，个体只能做关怀他人的事情，即关怀他人的行为是正确的，而不关怀他人的行为是错误的。个体的行为正确与否取决于其是否体现了对他人的关怀。简而言之，向他人表达关心，或者维持、促进互相关怀的关系，便是一个正确的行为。

（1）基于关怀伦理理论的决策。

在特定的情境中，采用关怀伦理理论意味着个体要想办法表达对他人的关怀，以维持稳定的关系；个体要避免为难、忽视和伤害别人，要向尽可能多的人表达关怀，包括那些最需要或最值得关怀的人。显然，与美德伦理理论一样，关怀伦理理论植根于人与关系。该理论看似是利他的，但和其他理论不同的是，基于关怀伦理所做出的伦理决策关注的是人，尤其是他们之间的关系，而不是关注他们的行为、职责、结果或美德。这是最人性化的、针对个体的决策方式。

（2）关怀伦理理论的优势和缺点。

关怀伦理理论会考虑人们生活中的情绪、精神和关系，并认为所有伦理行为的基础都是与他人之间互相关怀的关系。关怀伦理理论将这些维度整合在一起，因而很有说服力。

但从消极的一面来说，关怀伦理理论存在着和美德伦理理论一样的缺陷。直至今日，关怀伦理理论仍无法将关怀清晰、具体地转换为实际的操作，即无法使关怀具体化。普遍性是关怀伦理理论的另一个主要问题，对于各种不同文化背景的人们来说，关怀没有也不应该有通用的标准。关怀伦理其他方面的问题还有个体是否只应该关心那些关心他们的人？个体是否应该关心那些他们不在乎的人？个体是否应该关心他们不认识的人？

### 3. 叙事伦理理论

叙事伦理理论（narrative ethics）强调来访者的叙述或者故事及其背景在伦理决策中的重要性。一种行为如果能够反映出个体生活环境中的文化和传统文化，那么，从道德的角度，这个行为就会被认为是好的和正确的。

叙事伦理理论认为，伦理决策是以个体独特的过去、目标、文化和情境为基础，由正在经历生命故事的决策者做出的。因此，根据这一观点，决策者在做决策时要参照个体生活、被抚养的方式、其他相关人员的过去、传统文化等信息。

（1）基于叙事伦理理论的决策。

叙事伦理理论强调伦理可以展现文化中的生活，与个体的特征和特定的关系无关。该理论是情境性的，关注个体的过去和社会传统。叙事伦理理论的目标是让决策者在了解了他们是谁、他们关心什么和他们在做什么的情况下再做出决定，而不是要求为了美德或职责而采取行动。叙事伦理学家运用故事让伦理情境和决策富有意义。在实际运用叙事理论时，叙事伦理学家会努力理解情境、个体的过去及个体对自我的认识。在做决策时，决策者需要重点考虑的要点包括个体孩童时期的经历、教育和培训经历、家庭和专业角色、职业抱负、成败史、信念和核心价值观、法律意识、传统文化、个体所属环境的文化等等。这些伦理情境的背景信息有助于决策者理解个体的生命故事。在叙事伦理理论看来，决策者越了解个体的生活和文化传统，越能做出最符合个体需求和情况的决定。

(2) 叙事伦理理论的优势和缺点。

叙事伦理理论是以人为中心的理论，它将行动和决策看作生活和文化连续体的一部分，即个体所做的决策是其生活和文化的一部分。作为一个伦理理论，它促使个体及其文化更加完整且连续。因此，该理论可以对其他理论进行矫正。

叙事伦理理论在应用上还存在一定的问题，因为我们还不清楚要怎样建立一个叙事的伦理标准。换言之，在了解个体的过去及其目标后，我们仍然不清楚个体在伦理情境中应该做些什么。这一问题在涉及多人时变得更为复杂，因为每个人都有各自的过去和经历。此外，叙事伦理理论如何普及也是一个待研究的问题。如果该理论认为要考虑独特的个体及其过去，那应该如何设立通用的规则？

在面对伦理两难困境时，个体无法通过将自己的生活看作故事来决定下一步的行为。叙事伦理理论没有设立伦理标准，因此，叙事伦理理论更像是描述伦理情境的一种伦理技术，而不是解释如何应对伦理情境的理论。个体需要设立某个独立于"如故事般的生命"的标准或目标作为决策的基础。此外，叙事理论强调叙事的独特性，而这必然会限制其可推广性。因此，虽然叙事理论是重要的、必不可少的理论，但仍不能算作完整的伦理理论。

## （二）行动理论

行动理论包括结果伦理、权利伦理和职责伦理三种伦理理论。

### 1. 结果伦理理论

结果伦理理论（consequential ethics）是以达到最佳结果为目标的伦理理论，它是未来导向的，力图达成最佳的结果。某种行为只有在对所有涉及的个体趋向于产生更多积极的结果而不是消极的结果时，才会被认为是好的和正确的行为。结果主义者会分析、比较做与不做某一行为相应的利弊。结果主义的观点认为，只有在某一行为结果的好处大于坏处时，该行为才是正确的。换言之，实施某一行为的基本原则是使所有相关人员的利益最大化。

（1）基于结果伦理理论的决策。

结果伦理的操作相对简单：第一，考虑可行的选项；第二，就每个选项列出受影响的人群，包括积极的和消极的影响；第三，评估每个选项中个体的收益及损失并对其进行量化,或者对个体带来的利弊进行评分,如采用计分的方法,1分代表极糟糕,10分代表极好,对每个人的每个选项都进行评分;第四,评估所有人的评分,选择那些利大于弊的正确的行为。

这个操作方法虽然看似简单,但在实际操作中还存在一些复杂的因素。如决定某个选项是否会对个体产生积极或消极的影响,评估某个选项对个体的利与弊是否具有挑战性。尽管结果伦理理论采用了貌似客观和量化的操作方法,但仍然包含了主观的评估因素,所以对未来的预测也不得而知。

(2) 结果伦理理论的优势和缺点。

结果伦理理论的主要优势在于其系统性、包罗万象、富有逻辑的决策过程,这是一个公平的过程。在决策过程中,每个涉及的个体都会被平等地对待,每个个体的利益和损失也都得到了权衡和计算,并被考虑在内。但从另一个角度来说,结果伦理理论也存在一些问题,比如,它要求决策者预测结果,而结果本身是很难明确的;结果伦理理论为整个群体的利益服务,因而会忽视甚至牺牲个体的利益和权利;结果伦理理论要求决策者要全面、综合、优先达成集体利益,而不关心个体的利益。

### 2. 权利伦理理论

权利伦理理论(rights ethics)假定个体是被赋予了一些权利,是权利的载体。当一种行为维护权利时,它就被认为在道德上是好的和正确的,反之,当它侵犯权利时就被认为是错的。

与结果伦理理论形成鲜明对比的便是权利伦理理论,该理论认为如果某一行为没有侵犯个体的权利,那么这就是道德的行为。如果某一行为侵犯了个体的权利,那么这就是不道德的行为。权利是指道德或法律上合理的要求或是个体对他人或社会有所要求的权利。据此,隐私权要求心理咨询师和治疗师对来访者的隐私进行保密;平等治疗权要求诊所、学校、机构不得对少数族裔、无家可归者等患者区别对待。权利伦理理论认为,个体的权利是伦理问题中最应该考虑的因素。简而言之,某一行为只有维护了个体的权利才会被视为正确的。

(1) 基于权利伦理理论的决策。

权利伦理学家会如何处理伦理问题呢?首先,考虑有哪些人的权利存在争议。其次,决定如何保留和维护这些权利。如果暂时没有最佳选择,权利伦理学家将会评估哪些权利可以忽略,而哪些权利需要优先考虑;最后,权利伦理学家在考虑了当时的情况及相关人员之后,会做出最能维护当事人权利的选择。他们需要决定哪个个体的公正或隐私应该更多地被考虑，哪些权利更为基础。但这种决策做得并不容易，因为这需要考虑一系列的问题：公平权和平等对待权，哪个应该优先得到满足？个体真正拥有的是哪种权利？是否有些人可能声称他们拥有实际上并没有的权利？谁能决定个体拥有什么权利？权利从何而来？这些都是权利伦理学家所要面对的难题。

（2）权利伦理理论的优势和缺点。

从正面来看，权利伦理理论认可个体固有的价值，认为个体所拥有的某些权利是与生俱来的。权利理论主张个体是自然或社会赋予人类的权利的承载体，伦理决策就是基于这一信念而来的，这也是美国宪法中的权利法案提到过的内容。

从反面来看，权利伦理理论在其合理性和应用上也存在一些问题。伦理学家们在哪些是基本权利、个体拥有什么权利以及这些权利的起源等问题上很少能达成一致。另外，学者在个体是否会被剥夺权利这一问题上也存在一些争论。许多伦理学家包括结果主义者对这一理论的主要批评在于，权利理论尤为关注个体的权利而忽略了整个群体的利益。与结果伦理理论不同的是，权利伦理理论根据个体的伦理特权而不是所有人的利益来决定行为的正确性。因此，该理论主张以牺牲群体的利益来确保个体的权利。

**3. 职责伦理理论**

职责伦理理论（duty ethics）是关注个体选择意图、行为方式及行为本质的伦理理论。如果个体是出于职责和良好的动机而做出某种行为，行为的方式是可以被接受的，且行为的本质良好，则认为该行为在道德上是良好的、正确的。

但是，运用职责伦理理论的个体不一定会得出具体的结论。一个职责伦理学家可能会采取某个行动，也可能不采取行动。我们无法知道职责伦理学家会做出何种决定，但我们会知道他们为何做出这样的决定，因为他们在做出决定前会考虑职责，而不是结果或权利。职责伦理学家可能会与结果伦理学家及权利伦理学家采取一样的行动，但是，他们的动机是不同的。职责伦理理论认为，行动的正确与否不只是依赖于结果的好坏，即不管结果如何，他们都要采取正确的行动。而且，职责伦理学家相信某些事情，如遵守以往的承诺和义务是正确的，无论这么做的结果是好的还是坏的。

(1) 基于职责伦理理论的决策。

职责伦理理论的独特之处在于它看重个体选择的动机或意图、行为完成的方式以及行为的本质。因此，职责伦理理论会考虑道德情境的多个方面——动机、方式、行为、权利和结果，绝不会仅根据结果或权利来做出决策。根据职责理论，至少满足以下一个条件的行为才是正确的：该行为是为了职责而做出的；行为有良好的动机；行为方式是可被接受的；行为本身是好的。

从某个角度来说，基于职责的决策过程比基于结果的决策过程更为容易；但从另一个角度而言，这一过程又会变得更为困难。更为容易是因为基于职责的决策不是一个复杂的、需要计算的过程，个体在做决策时不需要经历计算、评估和综合各个结果的优劣等冗长的过程，故而较为简单。但是，这也是导致这一决策过程较为复杂的原因，因为并没有一些简单的方法可以用来比较各种冲突的职责和行为的本质。简而言之，基于职责的决策过程更依赖于直观的或不言而喻的主张。

(2) 职责伦理理论的优势和缺点。

职责伦理学家认为，道德情境中的许多方面都是相关的，如动机、方式、行为本质，而有些职责伦理学家甚至认为结果也是相关的。职责理论也尊重个体的尊严及其所拥有的职责，它并不支持将集体的利益置于个人利益之上。职责伦理理论认为，某个职责或者对某人的承诺在道德上要优先于集体的利益。职责伦理认可个体利益比群体利益更重要的观念，如精神病学家及调查人员会拒绝泄露来访者的信息，即使他人认为了解这些信息对研究该群体非常有利。

职责伦理理论存在两个方面的问题。其一，该理论不强调决策的结果。这似乎有点极端，因为道德情境有其复杂性，将结果与其他变量一起考虑更为合理。从我们的经验来看，有些决策的结果是较为清晰、确定且可预测的，如果没有考虑这些因素就做出决策，其实并不明智。其二，职责伦理理论似乎不够重视对公众的职责部分，认为个体的职责和承诺会高于行为对他人的影响。职责伦理理论允许个体有确定职责、收回承诺等行为，但不要求个体评估其行为对他人的影响。这是该理论的一个明显的缺点，对那些坚信人与人之间有联结、信奉我们是社会人的群体而言更是如此。

如上所述，伦理理论提供了一个伦理上的心态来处理和解决道德问题。每个理论都提供了思考和解决伦理问题的方法，同时，所有的伦理理论都有其优缺点，没有一个伦理理论是完美的。伦理理论的优劣取决于个体是否同意该理论对人及其行为的本质的假设。每一位心理咨询师和治疗师都可以有偏爱的伦理理论，如果在某一情况下选择另一个理论更好，个体也可以选择另一个理论，或者在不同的情境中选择不同的理论。我们应该以开放的心态来整合几种理论，这样某一理论的缺点就能被另一个理论的优势所弥补。

## 第四节 伦理决策模型

### 案例 2-5

#### 给熟人做咨询符合伦理规范吗？

丽丽和心理咨询师都在同一个单位工作，丽丽因为抑郁的困扰想寻求心理咨询师的帮助。丽丽觉得平时和心理咨询师相处得很融洽，自己对他也很了解，而且该心理咨询师有很好的口碑。作为工作在同一个单位的同事，心理咨询师可以为丽丽进行心理咨询吗？

任何国家的心理咨询与治疗伦理准则对于此类问题都有所表述，但做出最终决定并不容易。如果多重关系可能会阻碍心理咨询师和治疗师的客观性、能力或工作表现，或是有可能对自己的工作对象造成剥削或伤害，心理咨询师和治疗师就要避免发生此类多重关系。

心理咨询师必须对相关伦理守则加以理解并合理应用，考虑这种关系是社会关系还是亲密的个人关系，心理咨询师是否可以避免伤害。如果不可以，那么心理咨询师在可能还会不时地在其他环境中见到来访者的这种情况下，应该如何保持客观性？伦理守则可能会对相关问题给出建议。然而，归根结底，咨询师还是需要进行伦理思考，并运用自己的判断力。该咨询师必须对他和丽丽的关系进行慎重考虑，评估两人的关系可能会受到怎样的影响，来访者的利益是否会受到损害以及受损的程度，还应该考虑来访者和其他有资质的心理咨询师建立咨询关系的可能性。

正如上面这个案例一样，伦理守则并不能简化伦理决策过程，也不会为复杂的问题提供一种较为简单的答案。如果心理咨询师和治疗师忽略伦理决策过程，那么就会把自己置于违背伦理的风险之中。伦理实践与专业实践就同一枚硬币的两面一样，彼此之间相互联系。同时，二者中的决策过程也很相似，无论心理咨询师和治疗师的决策过程是源于直觉瞬间发生的，还是刻意花了几分钟或更多时间完成的，都会经历某种类似决策的过程（详见表2-1）。

表2-1 专业伦理决策的步骤

| 步骤 | 具体内容 |
| --- | --- |
| 一 | 增强伦理敏感性 |
| 二 | 界定问题，辨识相关事实和当事人 |
| 三 | 思考可能的行动方案，评估行动方案的利益与风险 |
| 四 | 参阅专业伦理标准、法律法规和伦理文献 |
| 五 | 与同事和督导进行商讨 |
| 六 | 独立思考并做出决策 |
| 七 | 执行决策并评估和记录全过程 |
| 八 | 反思执行过程 |

专业伦理决策的具体步骤如下。

(1) 步骤一：增强伦理敏感性。

伦理敏感性是指心理咨询师和治疗师在实际工作中感受和预见各种专业和伦理问题的能力，促使其在问题发生之前便主动做出应对。例如，保护来访者隐私与保证来访者及时了解知情同意书中关于保密例外的内容，都是心理咨询师和治疗师必须履行的职责。具有伦理敏感性的心理咨询师和治疗师可以意识到这是一种持续的责任，这有助于他们主动回应和考虑这些问题。这样的主动意识可以避免伦理问题和两难困境的出现。因此，对于刚入门的心理咨询师和治疗师来说，其面临的挑战在于培养这种敏感性和主动性。

如果心理咨询师和治疗师缺乏伦理敏感性，则可以通过继续教育，或者与同事交流来促进其伦理敏感性的发展。除此之外，还需要采取相应的措施以避免由工作带来的倦怠感和情感耗竭，因为这些因素都可能降低心理咨询师和治疗师对来访者的共情程度，并使其对专业伦理的要求变得不敏感甚至麻木，这极有可能导致其违反行业的专业标准。

此外，心理咨询师和治疗师还需要对自己进入心理健康行业的价值取向和动机进行反思。个体的伦理敏感性不仅依赖于专业的伦理知识和背景，还依赖于与专业伦理相一致的个人准则和处世哲学。对人类困境持有真正的悲悯之心和奉献之心的心理咨询师和治疗师才能拥有真正的伦理敏感性，因此，心理咨询师和治疗师应该持续进行自我反思。

在实践中，伦理困境是很复杂且很容易发生的。如果无法时刻保持警觉的状态，即使是善良、富有良知的心理咨询师有时候也会不小心伤害到来访者。培养伦理敏感性的一个简单易行的办法是，每当心理咨询师和治疗师接受新的来访者或者其对正在进行的咨询有异样的感觉时，便在个案记录中及时加入是否存在潜在的伦理问题的思考，这样可以提醒心理咨询师和治疗师反思是否忽略了某些伦理问题。

（2）步骤二：界定问题，辨识相关事实和当事人。

专业伦理决策过程始于信息的收集与问题的界定。在心理咨询与治疗实践中，一旦心理咨询师和治疗师发觉存在伦理两难问题，则需要界定和正视问题的发生，并且需要整理与个案有关的全部信息。有必要澄清这个问题主要是属于伦理的、法律的、专业的，还是多者的结合。

其中，至关重要的一点是辨识关键的当事人，也就是因这个两难问题而受到影响的人。这表明，需要注意心理咨询师和治疗师、来访者以及其他相关人士（如来访者的家人、心理咨询师和治疗师的督导、机构或学校的工作人员，或是其他人）。还要注意该问题以及随后的决策会如何直接或间接地影响心理咨询师和治疗师、来访者和其他相关人士。

（3）步骤三：思考可能的行动方案，评估行动方案的利益与风险。

当个案的资料和相关当事人都足够清晰时，心理咨询师和治疗师应努力尝试澄清伦理问题的本质及其类型，这样有助于与之前的实践经验相联系，从而更有效地使用伦理守则。由于伦理问题并非独立存在，专业人员还需要考虑问题发生的背景，因为这些背景可能会影响到问题的决策。例如，对于与学生相关的案例，在组织相关信息时，应将学生所在学校的心理咨询师的角色考虑在内。

当心理咨询师和治疗师在对可能采取的行动进行思考时，可以采用头脑风暴法写下出现在脑海中的所有信息，在不做出任何评判的状态下列出所有选择。这一头脑风暴过程之所以重要，是因为它可以确保心理咨询师和治疗师在其道德直觉所迸发出的一到两个选择的基础之上，进行更加深入的分析。在这个过程中，心理咨询师和治疗师可以了解哪个选择更具有直观吸引力，并反思其个人道德价值对专业决策过程的影响。一个问题可能有多种解决方案，也会有几种现实或可能的行动方向。头脑风暴的过程可以帮助心理咨询师和治疗师找出可能的解决方法，而对每种方法的现实性评估则会将选择范围缩小到最有可能性的行动方案上。

此外，决策过程的核心是列出对于关键当事人来说，每一种方法所要承担的风险和获得的利益。在这一阶段，心理咨询师和治疗师将伦理守则背后所蕴含的基本伦理原则应用于具体的情境，即在具体情境中贯彻基本伦理原则。

(4) 步骤四：参阅专业伦理标准、法律法规和伦理文献。

在心理咨询师和治疗师确定了伦理问题和行动方案之后，下一步就是参阅伦理守则并决定实施方案。如果遇到伦理困境，心理咨询师和治疗师有四种主要的资源：一是专业文献资料，包括有实证基础的研究、最佳实践方案，还有咨询理论及临床知识等等。通过专业文献资料了解一些曾遇到过类似伦理问题的临床实践者和学者的观点，心理咨询师和治疗师可以从中获得理解道德行为要素的框架；二是专业协会的伦理守则，涵盖了这个专业对某些行为所设定的标准；三是关于哲学的文献资料，这些资料能帮助心理咨询师和治疗师理解伦理守则背后的规则和理论；四是专业伦理书籍。这些资源包括在实践中可能出现的各种伦理维度，以及具有争议的伦理议题，可以指导心理咨询师和治疗师摆脱令人烦恼的伦理困境。研读相关资料可以使心理咨询师和治疗师获得更广阔的视野，帮助他们察觉原先没有注意到的问题，还可以帮助他们消除在伦理决策过程中产生的情感层面的孤独感。

然而，对文献的查阅并不能解决所有伦理问题，每种情境都有独特性，咨询师还需要对问题进行更为具体而深入的思考。

(5) 步骤五：与同事和督导进行商讨。

对来访者、心理咨询师和治疗师来说，伦理难题都会让其伤神费力。在日常工作中，经常与他人进行探讨的方式可以使心理咨询师和治疗师对伦理决策的过程重新进行思考，比如从同事那里得到的客观反馈可以为心理咨询师和治疗师解决问题提供更广阔的思路。与他人进行探讨的过程也会为心理咨询师和治疗师带来一些心理层面上的安慰,并缓解其在道德或情感上的孤立感与无助感。有时,同事可能无法够提供准确的答案,但他们却可以带来不同的观点、经验以及心理咨询师和治疗师所需的共情与支持。心理咨询师和治疗师可以在决策过程中的任何时刻寻求同事的帮助,而非仅局限在这一阶段。

但需要注意的是,心理咨询师和治疗师与同事分享某一案例的具体信息时,应事前征得来访者的同意。在来访者允许,或者尽管未征得来访者的许可,但法律允许的情况下,心理咨询师和治疗师可以将一定范围内的信息与同事或督导分享。如果未经来访者许可,心理咨询师和治疗师只能在保护来访者身份不暴露的前提下讨论个案,不仅是采用化名的方式,还需要对其他可能泄露来访者身份的信息进行一定的处理。

心理咨询师和治疗师与同事进行探讨时应描述个案的真实情况、对相关伦理标准的理解,以及他们如何理解伦理文献中的概念并将其应用于个案和每个备选方案的评估层面。换句话来讲,心理咨询师和治疗师应概括介绍整个伦理决策过程,并且向同事请教以下问题:

1)在你看来,个案的哪些情况对伦理决策来说最为重要?
2)我还忽略了哪些内容?你认为我的盲点是什么?关于社会文化方面的因素,我还有哪些没有注意到或者有误解的地方?
3)我对于伦理守则的解读是否准确?
4)伦理守则中还有哪些是我没有发现,但也可以应用其中的内容?
5)你是否还知道其他与我的决策相关的书籍或文章?
6)我对于伦理原则的分析是否恰当?
7)我对于备选方案的分析是否和你的判断一致?
8)你会如何解决这个难题?为何要做此选择?

对于正在接受督导的心理咨询师和治疗师来讲,更应该向督导师寻求帮助。在最终的决策过程中,与和同事的探讨相比,来自督导师的反馈对心理咨询师和治疗师来说更为重要。在实践过程中,督导师应该给予心理咨询师和治疗师更多的鼓励和支持,并提供切实可行的建议。

除了与同事和督导师进行商讨外,心理咨询师和治疗师还可以与伦理委员会成员、律师和专家进行商讨。心理咨询师和治疗师或是因为与个案太过亲近,或是因为存在盲点,可能会遗漏一些重要信息,而这种商讨会给当下这个情境提供一个新的视角,还能为相关当事人提供一些支持和鼓励。

（6）步骤六：独立思考并做出决策。

在这一阶段，资料收集过程已经基本完成，开始进入个人化信息组织阶段。在思索过程中，心理咨询师和治疗师需要确定最符合伦理标准的备选方案，并且制订出相应的实施计划。个体独立思考的过程实质上是在审视那些将伦理选择复杂化和具有竞争性的价值观。具有竞争性的价值观是指会影响个人行为方式的价值观。所有人都有自己的价值观，这本身无可非议，如有些人认为自己具有养家糊口的责任，或者认为自己应该与人为善，这些都是积极的价值观。但是，当这些个人价值观影响了心理咨询师和治疗师对专业伦理价值观的判断时，便会相应地出现一些负面的影响。在不同个案中，致使心理咨询师和治疗师没有执行伦理决策的原因千差万别，如害怕出现不利于自己的消极后果、担心得不到同事和督导的支持，或者担心这种选择可能会对自己的生活造成影响，这些都是最常见的具有竞争性的价值观。如果心理咨询师和治疗师对这些可能会把他们引导至其他方向的因素有所觉察，那么他们便更有可能找到应对这种压力的方法。

心理咨询师和治疗师还应了解伦理决策的代价。有时，选择符合伦理标准的方案意味着要付出更多的努力，面临更多的压力和焦虑。如果心理咨询师和治疗师能够坦诚地面对可能要付出的代价，那么就有可能会发现减少或消除这些代价且符合伦理的方法，或者至少可以保护自己免受不必要的伤害。同时，心理咨询师和治疗师也可以鼓起勇气来面对由伦理带来的不良后果。由于关系维度在伦理决策过程中处于核心位置，应该考虑让来访者以及一位或更多的关键当事人加入其中。来访者可以参与讨论，与心理咨询师和治疗师共同审视可能的行动方案，也可以仅限于讨论已经通过决策的行动方案对来访者可能造成的后果。但无论如何，在这个过程中，心理咨询师和治疗师要及时记录决策、决策制定的过程以及决策的依据，并且应当将决策告知督导或行政主管。

（7）步骤七：执行决策并评估和记录全过程。

伦理决策一旦被确定，心理咨询师和治疗师就需要与当事人进行沟通。及时告知来访者这是出于尊重来访者自主性的考虑。例如，有些来访者有暴力倾向，那么心理咨询师和治疗师就需要打破保密原则，及时警告潜在的受害者。如果来访者是儿童，则应该告知其父母或监护人。需要注意的是，只有那些真正与来访者相关的人群才有权利获得信息，虽然有保密原则例外的情况,但心理咨询师和治疗师仍然应该最大程度地尊重来访者的隐私权。

当心理咨询师和治疗师执行决策后,有必要从公开、普遍、道德和公正四个常见的"伦理检验"角度来回顾决策和决策的制定过程。

1)公开检验需要思考的问题:"如果我的行动被媒体报道,我会觉得不舒服吗?"

2)普遍检验需要思考的问题:"我会把自己的行动方案推荐给一个面临相似困境的人吗?"

3)道德检验需要思考的问题:"那些尽责的和有良心的专业人员在做决策之后,是否有时仍会残存怀疑或不适的感觉?"

4)公正检验需要思考的问题:"你在相似情境中是否会做出同样的反应?"

这些"检验"可以为心理咨询师和治疗师提供全新的思考视角,促进他们的个人成长和专业成长。最后,心理咨询师和治疗师要做好正式文件的记录工作,包括个案笔记、决策过程或其他相关文件。对于这些内容的书面信息记录是心理健康专业人员未来面对个案质疑时的最佳保障。

(8)步骤八:反思执行过程。

反思过程给心理咨询师和治疗师一个可以深刻领悟自己行为背后所包含的责任的机会,同时也给他们一个对自己的错误思维和行为中的纰漏进行重新评估的机会,以便在以后出现伦理难题时,可以更好地应对。心理咨询师和治疗师重新审视整个决策的过程,即反思的过程可以增强其伦理敏感性。当下一次出现伦理问题时,心理咨询师和治疗师便可以更快地察觉,并且更有效地对其进行界定。心理咨询师和治疗师需要在这一阶段询问自己如下问题:

1)我是否在伦理问题一出现时就关注到它?

2)我是否具有充足的伦理规范知识,进而有效地将其应用在工作中?

3)我应该保存哪些伦理文献以备不时之需?

4)我进行的咨询是否有效?我还有哪些可以改进之处?

5)我是否能够发现竞争性的价值观以及影响决策的其他因素?我还可以在哪些方面做得更好?

6)我是否还可以有其他选择?

7)在这个过程中,有哪些经历是值得我自豪的?对我作为一位心理咨询师或作为一个人而言，这个经历在哪些方面会对我有影响？

8）我该如何利用这一经验去帮助其他面临类似问题的心理咨询师或治疗师？

在实践中，并非所有伦理问题的决策过程都必须经过这八个步骤，有时，问题的解决过程也可能会很简短。如果心理咨询师和治疗师对伦理守则或法律条款没有存疑之处，那么可以直接进入本模型的最后三个阶段，即独立思考并做出决策、执行决策并评估和记录全过程，以及反思执行过程。及时更新伦理知识、积累先前解决伦理问题的经验也可以促进这个阶段的发展。

# 本章要点

（1）伦理困境是指在心理咨询与治疗过程中，令心理咨询师和治疗师感到左右为难且难以做出抉择的伦理情境。即由于情境的复杂性，心理咨询师和治疗师难以参考某些具体的伦理标准，或是有其他因素妨碍了心理咨询师和治疗师运用伦理标准。

（2）伦理守则中列出了一系列伦理学标准或原则，要求心理咨询师和治疗师铭记在心，并在实践中要求其要不断查阅、探讨并思考怎样把握所有"能"与"不能"的情况。但是，伦理学的法典、标准或规则并不能取代富于思考、有创造性、有意识的工作方法，因为生命是真实的且十分复杂的，每个生命都是独一无二的。

（3）心理咨询师和治疗师对伦理困境的反应、如何决定自己的行为、如何评估自己及他人的行为、如何解释心理治疗的结局及原因等等，均充分说明了心理咨询师和治疗师与具体的困境、价值观、目的以及背景之间相互作用的复杂性。

（4）道德行为的四个要素包括：道德敏感、道德推理、道德动机以及道德特质。

（5）个人伦理反映了个体关于自己应该如何生活，或是应该为何而奋斗的内在感觉。它是道德决策和判断的基础，也是指导行为的基础。

（6）伦理理论为伦理情境提供导向性观点，也是个人选择实践及诠释其价值观的方式。与心理咨询和治疗伦理相关的理论主要包括存在理论和行动理论两大类，共有六种理论。存在理论在道德层面上表现了个体的特征、关系或生活轨迹，包括美德伦理、关怀伦理和叙事伦理。行动理论是规范行为的规则，包括结果伦理、权利伦理和职责伦理。

（7）伦理决策模型包括八个步骤，分别是：①增强伦理敏感性；②界定问题，辨识相关事实和当事人；③思考可能的行动方案，评估行动方案的利益与风险；④参阅专业伦理标准、法律法规和伦理文献；⑤与同事和督导进行商讨；⑥独立思考并做出决策；⑦执行决策并评估和记录全过程；⑧反思执行过程。

（8）当心理咨询师和治疗师执行决策后，有必要从公开、普遍、道德和公正四个常见的"伦理检验"角度来回顾决策和决策的制定过程。

**思考题**

1. 伦理困境指的是什么？当心理咨询师和治疗师遇到伦理困境时，可以从哪些方面进行考虑？
2. "无论在什么情况下，都必须严格遵守伦理守则的规定"，你同意这种观点吗？为什么？
3. 伦理规范在心理咨询与治疗中起到怎样的作用？请谈谈你的理解。
4. 道德行为的四个要素是什么？
5. 伦理决策模型包括的八个步骤是什么？
6. 如果一位心理咨询师或治疗师意识到自己做了一个糟糕的伦理决策，那么下一步该怎么做？

# 第三章　专业胜任力

**学习目标**

1. 了解胜任力的概念、内容和评估标准。

2. 了解获得和保持胜任力的途径,以便采取措施避免无法胜任的情况出现。

**关键词**

胜任力(competence);工作倾向(job orientation);专业能力(professional competence);情感能力(affective competence);敬业(dedication);不胜任(incompetence);倦怠(burnout);疏忽(dereliction);玩忽职守(neglect of duty);自我关怀(self-caring)

伦理实践和专业实践紧密相连,要想做一位具有伦理敏感性的心理咨询师和治疗师,就必须在发展治疗关系、增强个案概念化、完善治疗计划、实施干预以及应对移情和反移情等方面具有胜任力,并逐渐达到熟练水平。对伦理保持较强的敏感性且工作富有成效的心理咨询师和治疗师在熟知伦理守则和法律条例的同时,通常也会追求个人和专业上的卓越表现。本章重点介绍胜任力的概念、不同水平、所包含的内容以及获得和保持胜任力的途径。

## 第一节　胜任力及相关概念

> **案例 3-1**
>
> ### 致命的误诊
>
> 大明，男，35 岁，某高校副教授。一年前晋升为现在的副教授，但与此同时，他的婚姻也遇到了危机，他的妻子以性格不合为由提出要与其离婚，并且带着孩子搬到了娘家。大明感到很难过和沮丧，紧接着出现了焦虑、烦躁、注意力难以集中等表现。大明的生活和工作开始变得没有规律，个人生活也懒得自理。虽然他想改变，但却感到力不从心。
>
> 半年前，大明开始接受心理治疗，以期缓解自己症状。他与心理治疗师约定每周进行两次心理治疗。几次会谈后，大明感觉一些情绪得到了缓解，能够坦白地说出自己的心事，但仍然感到十分焦虑。在接下来几个月的心理治疗中，他开始谈及童年的一些创伤性经历，但此时却发现注意力更加难以集中，甚至症状也有所加重。心理治疗师认为这不足为怪，因为来访者开始回忆痛苦记忆的时候，也偶尔会出现注意力短暂性难以集中等现象，并且建议将心理治疗改为每周三次，大明同意了。但在此次会谈后的第三天，大明突然死亡，尸体解剖后发现其脑内一个尺寸较小，但正在逐渐增大的肿瘤压迫了血管，导致其脑血管破裂，出血而亡。
>
> **请思考：**
> - 阅读以上这个真实案例后，你有什么样的感觉？
> - 你认为心理治疗师应该对大明的死承担责任吗？
> - 在心理治疗的过程中，心理治疗师应该做何处理，大明的结局才可能会有所不同？

这位心理治疗师因为没有考虑到大明注意力难以集中的症状有可能是器质性因素引起的，并且没有建议来访者转诊或请神经科、精神科医生会诊，也没有请内科医生进行医学检查，最终导致误诊。这个案例表明该心理治疗师无法胜任其工作，缺乏对器质性精神障碍的识别和处理的知识和技能，同时也违反了临床心理评估的基本原则。

通过以上案例，我们深刻地认识到：胜任力是从事心理咨询与治疗的基础，也是心理咨询师和治疗师最基本的伦理责任，因为不具有胜任力的心理咨询师和治疗师的行为会对来访者造成相当大的伤害。这就要求心理咨询师和治疗师必须具备一定的处理、控制和驾驭心理咨询与治疗的知识和技能，即有责任和义务胜任本职工作，并且拥有一定的专业知识、技能和能力。当来访者决定接受心理咨询与治疗时，他们最基本的要求就是心理咨询师和治疗师能够胜任自己的工作，并且不会滥用其权利。对于自己所从事的本职工作能否胜任，是能否做好工作的最重要和最基本的要素。如果不能做到这一点，其他方面则无从谈起。在美国的心理学从业者伦理规范中，第一个强调的重点就是心理咨询师和治疗师是否具备专业能力和情绪感知能力。

当然，这并不是要求心理咨询师和治疗师无所不知、无所不能或永远不能犯错误。心理咨询与治疗是由现实生活中的个体来操作完成的，心理咨询师和治疗师也会有弱点和缺点，以及人格和洞察力方面的盲点，有时也会被沮丧、愤怒和害怕等情感所左右。如果心理咨询师和治疗师对这些情况不加以警觉，并没有采取相应的应对策略，则会误导来访者并影响心理咨询与治疗的效果。

## 一、胜任力的定义和发展阶段

胜任力是指心理咨询师和治疗师在其从业范围内，具备能有效使用心理咨询与治疗技能的能力。胜任力是一个连续体——一端是无法胜任，另一端是非常胜任。图3-1描述了胜任力发展的五个阶段及相应的专业实践水平，水平坐标上依次是"缺乏""最低""中等""较高""最高"，代表了专业实践水平，即成为一位具有胜任力的专业心理咨询师或治疗师是一个持续发展的过程，水平坐标下的数字代表了专业实践水平发展的五个阶段。将胜任力的发展阶段分为从初阶受训者到资深专业人士五个水平，从最低水平开始，随着新的发展和要求的出现，以及专业领域的变化，心理咨询师和治疗师先获得基本的胜任力，随后保持并逐渐增强其胜任力，从而不断达到更高的胜任水平。

图3-1 胜任力和专业实践水平的连续体

1. **初阶受训者**

在此阶段，受训者多数是在校就读临床心理学、应用心理学等相关专业的学生，他们难以把书本知识与实践有机结合，可能会秉持某一种心理咨询与治疗的理论和方法，难以兼顾来访者的需求、具体状况或期望，难以兼顾问题发生的情境，因而其在工作中可能会比较墨守成规。根据执业要求，这些初阶受训者还无法具备胜任力，因为他们缺乏相关知识、技能和经验，以及把知识和技能运用到实践中的能力。

2. **高阶受训者**

在此阶段，受训者表现出有限的能力，他们可以考虑到来访者的主观因素和情境因素，但仍然主要依照某一种心理咨询与治疗的理论或方法来指导思考和实践。他们可以一定程度地整合理论和实践，以及来访者的需求、心理状况和期望。这个阶段的受训者在应用具体的心理咨询与治疗的技巧和策略时，会表现出最低水平的胜任力，因而他们仍然需要接受继续教育和督导，即高阶受训者接受进一步的学习和应用专业技能可以使自己的专业胜任力不断得到提升。

3. **入门级专业人士**

该阶段的心理咨询师和治疗师已经具备最基本的胜任力，能够独立进行心理咨询与治疗，获得专业资格，因而称此阶段的从业者为入门级心理咨询或治疗师。在这个阶段，入门级专业人士可以更好地整合理论知识和实践经验，考虑到重要的背景因素和情境因素，他们做决策的时间会较长，需要深思熟虑，而不是仅仅基于书本知识就轻易地做出判断。

4. **熟练专业人士**

与前一阶段相比，该阶段的专业人士做决策时会更快速、更容易，已经可以很好地内化心理咨询与治疗的胜任力，他们将自己的感知能力融入了心理咨询与治疗的实践中，容易识别来访者适应不良的行为模式，使用有效的干预措施来改善并改变来访者的不良适应模式。因此，这个阶段的专业人士达到了熟练运用专业技能的水平，他们的工作满意度和生活满意度都比较高。

**5. 资深专业人士**

跟上一个阶段相比，这个阶段的专业人士工作起来比较轻松，因为他们已经具备多年实践积累的经验，他们的想法、态度、实践反映了"积累的智慧"。他们不再依赖于书本知识，而是基于数年的专业经验，以他们自己内部的、个人化的咨询或治疗理论和技能开展工作。达到这种专业水平的从业者便可以被称为资深的心理咨询师或治疗师，即专家，其在工作中能够表现出主观性和情境性的特点。

## 二、工作倾向的定义和分类

工作倾向是指个体对工作的看法和态度，由个体内在的价值观、抱负和工作经验所决定。对于心理咨询师和治疗师来说，工作倾向会在其想法、感觉和行为中体现出来。具体来说，工作倾向主要有三种，分别为职业、事业和天职，每个倾向都反映了心理咨询师和治疗师不同的内在价值观和工作充实感，也代表了胜任力的不同水平。

**1. 职业**

个体会简单地认为他们的工作就是一份职业，他们看重的是工作带来的物质利益，而不是工作带来的意义或成就感。对这些心理咨询师和治疗师而言，职业仅仅是赚钱的方法，在经济上支持他们享受工作以外的生活，他们的兴趣和抱负在工作之外。他们会将胜任力维持在最低水平到中等水平之间，他们具备基本的胜任力，但由于其动机有限，很难继续提高胜任力水平。

他们的工作目标是具有最低的胜任力水平即可，正式或非正式的学习对他们而言都不太重要，终身学习的理念对他们而言只是一句口号。如果没有硬性要求，他们不会主动与督导或同伴进行研讨，也不太可能参加讲座或工作坊。他们觉得没有必要接受继续教育，只是将继续教育视为职称晋升的强制要求，而不是个人成长和专业成长的机会。他们也不会重视自我关怀，同样认为这是没有必要的。为了满足执业要求，他们也许会参加最便宜或最方便的工作坊或培训项目，以保证完成所需的学时数，而不是为了发展和提高自己的技能与更新专业知识。

### 2. 事业

与职业倾向价值观形成对比，有事业倾向价值观的心理咨询师和治疗师看重其在学校、诊所、机构或专业组织中的工作发展而带来的回报，他们关注的焦点是由晋升带来的加薪和地位的提升。晋升可以带来更强的自尊感、更多的权力和更高的社会地位，持这一观点的心理咨询师和治疗师的胜任力水平一般在中等或熟练阶段。

他们知道提高胜任力可以使自己在事业上有所提升，还可以让他们成为一个终身学习者。他们意识到自己的工作能够改变他人的生活，为了在事业上有所提升，他们会更积极地接受正式或非正式的继续教育。自我关怀和保持身心健康是他们应对压力或倦怠的一种方式，但还不是主动的行为。

### 3. 天职

天职象征着听从理想的召唤而从事道德高尚或具有社会性的伟大工作，具体而言，天职指的是为有助于提高他人的幸福感或创造更美好的社会而工作。

持有这一观点的心理咨询师和治疗师认为，胜任力的提高是一个持续发展的过程。他们对工作非常投入且持有较高的满意度，并从工作中获得了对生活的满足感。他们会认真地审视自己的胜任力水平，并愿意抓住各种机会来提升自己的专业水平，寻求督导、讨论案例、接受继续教育等方式都是他们增长知识和提升技能的重要途径。他们是如饥似渴的学习者，很多人都能够做到与时俱进。同时，他们也很注重自我关怀，因为他们认为只有把自己照顾好才能更好地为他人服务，此时的自我关怀是主动的行为。他们通常在本领域内是专家级别的心理咨询师，经常会被邀请去做心理咨询和担任督导师，在工作过程中态度认真、水平高超。工作就是他们的激情所在，他们从工作中获得的满足感比从休闲娱乐中获得的更多，而具有职业倾向价值观和事业倾向价值观的人则从工作以外的爱好、休闲活动、人际交往中得到更多的满足感。

对专家级别的心理咨询师和治疗师而言，他们对专业发展的定义不仅仅是几年的临床经验，还包括持续的学术训练和专业反思，这些都促进了他们进一步的专业成长，他们对专业的理解提升了他们的胜任力水平。他们坚信胜任力是执行符合伦理要求的工作的重要因素。专家级别的心理咨询师和治疗师会持续关注专业领域的最新发展趋势，并寻求他人对自己工作的反馈，以期把出现不符合伦理守则的行为的可能性降至最低。

与其他心理咨询师和治疗师相比，专家级别的心理咨询师和治疗师较少寻求简单的答案。他们似乎在不停地寻找情境的独特性和复杂性，而这种对复杂性的崇尚具有伦理层面的意义，可以防止自己过早得出结论。过早得出结论是指为了降低焦虑而满足于选择最初呈现的解决方案，或者在所有情境中使用同一种技术。虽然过早得出结论的方式可以有效地降低焦虑，但是没有经过深思熟虑的解决方案或干预的程度方式可能并不适合这位来访者。心理咨询师和治疗师对复杂性和模糊性的认识不够开放，会导致个案概念化和干预的程度不够充分，这将导致其在工作中不能完全发挥胜任力。毫无疑问，专家级别的心理咨询师和治疗师处于第五阶段，即具有最高水平的胜任力。

其实，不论是哪种工作倾向，从业者都可以成为专业的心理咨询师或治疗师，只是天职倾向下的工作被证实是专业和工作倾向的最理想匹配状态，专家级别的心理咨询师和治疗师便是这种理想匹配的例证，他们是天职倾向的代表人物。

### 案例 3-2

**不一样的倾向，不一样的人生**

绍伟和明飞于同一年硕士研究生毕业，经过招聘过程中的几轮考核，两个人被同一所学校的心理咨询中心录用，成为同事。

绍伟对于工作的倾向是完成最基本的工作任务，即只做工作合同中包括的工作内容：每周完成规定的最低数量的个案咨询、团体辅导和心理健康课程，做完咨询后很少进行反思，仓促地写好咨询记录后，就把注意力放在他的爱好和经营家庭上。在工作后的八年间，他结了婚，并有了两个孩子。绍伟对自己的个人生活和专业工作都感到很满意。他满足于使用自己在研究生阶段学到的方法，不愿意继续学习和尝试新的方法，也不愿意接受任何额外的工作。对于带教、督导实习心理咨询师、组织心理健康宣传活动等工作，他都表现得很不积极，绝大多数时候都会找理由拒绝，实在拒绝不了时便应付了事。同行在一起交流讨论时，一个人开玩笑地说："绍伟工作有八年了，但我不确定他是积累了八年的经验，还是以一年的经验重复了八次而已。"

明飞在八年的工作期间，也结了婚并且有了两个小孩，但他对工作的倾向和投入与绍伟迥异。八年来，他沉浸在工作中，从帮助来访者和指导实习心理咨询师中获得了巨大的满足感；他阅读广泛，还为某些报刊撰写心理专栏的文章；他热衷于组织和参加案例讨论并主动寻求督导师的帮助。在此过程中，专业水平得到不断提升。他认识到专业学习的重要性，敏锐地觉察和分析判断不同的心理咨询与治疗方法的优缺点和实用性，并愿意选择专业的培训项目进行自费学习。在不知不觉中，明飞的专业水平越来越得到了大家的认可，成为了三个专业委员会的委员。

绍伟和明飞同时毕业、同时参加工作，并在同一个机构工作，但是他们的职业生涯却很不同，他们所看重的工作倾向和对专业的承诺也非常不同。

**请思考：**
- 阅读完以上案例，你有什么样的感觉？
- 你将如何描述绍伟和明飞的专业胜任力程度？
- 你认为有哪些因素可以解释绍伟和明飞在胜任力水平上的差异？

人类的行为很复杂，有多重可能性，这是毋庸置疑的。但我们从上面的案例中发现，就工作倾向而言，绍伟是职业倾向，而明飞是天职倾向；在专业胜任力方面，绍伟的水平处在最低到中等之间，而明飞则处在中等到较好之间，也可能是在熟练阶段和专家阶段之间。

## 三、胜任力的内容

从本质上讲，胜任力包括专业能力、情感能力和敬业三个部分。

1. 专业能力

> **实践情境 3-1**
>
> 情境一：心理治疗师为一位患有抑郁症的来访者制定了相应的治疗方案。这位心理治疗师在该领域受过专业的教育、培训和督导，但其在后续的治疗过程中，却发现这位来访者同时具有痴呆的症状。对于痴呆问题，该心理治疗师拥有的知识非常有限。此时，心理治疗师应该怎么办？
>
> 情境二：一位来访者因为注意力难以集中而接受心理治疗，但治疗时间不久，便被诊断为患有严重的广场恐惧症。此时，心理治疗师面临的问题是自己花费时间和精力去学习新的知识和治疗方法，以便继续对该来访者进行治疗，还是把来访者转介给擅长治疗广场恐惧症的心理治疗师？
>
> 情境三：在社区或偏远地区做基层工作的临床工作者经常会面临这种窘境——自己是那个地区唯一的心理咨询师，经常会遇到不熟悉或棘手的问题，难以完全胜任工作。这就需要自己经常参加继续教育学习和专题讨论会，并与专家建立咨询或联络关系，以确保来访者得到充分的关心和有效的治疗。

上述三个实践情境提醒我们在工作中遇到实际案例时，要考虑心理咨询师和治疗师是否具备相应的胜任力。伦理学、法律及专业标准已明确规定了心理咨询师和治疗师的工作范围，并且对他们的能力提出了具体要求，《心理学工作者的伦理学原则和行为规范》也指出："心理学工作者必须在其胜任的专业能力范围内从事工作、教育及行为研究，并以其教育、培训、督导或专业经验为基础。"

专业能力（professional competence）是指心理咨询师和治疗师能有效应用心理咨询与治疗的方法、策略和技术，强调心理咨询师和治疗师应该具有广博的人文与社会知识，以及灵活运用各种专业知识和技术的能力。心理咨询师和治疗师的专业能力包括专业知识和专业技能两个方面。

（1）专业知识。

个体具备相关的专业知识意味着其对于该领域的历史、理论和研究进行过系统学习,并对自身知识的局限性有所了解。具体而言,心理咨询师和治疗师应掌握的知识包括该领域的理论和研究,在特定情境下应选择的知识和干预方法,以及评判新的理论和研究的一系列客观标准,还应明白哪些方法对心理咨询与治疗来说是无效的,甚至是有害的。

心理咨询与治疗的复杂性还表现在任何一位专业人士都不可能精通所有治疗手段,不论是在其毕业的时候,还是在其职业生涯的任何阶段,这都是不可能存在的。人类行为问题的范围之广和咨询手段的多样性致使完全意义上的胜任只能是一种理想状态。因此,心理咨询师和治疗师必须将他们的工作范围限定在某类人群和某个领域。有些人擅长处理某些特殊问题,如焦虑和抑郁,或者职业生涯问题的干预和处理;有些人聚焦于特定年龄阶段的人群的咨询,如针对大学生或老年人的心理问题;还有些人会将他们的实践活动限定在团体或家庭治疗的范围内。因此,那些声称自己无所不能的人,反而更可能在某些专业技术操作方面存在缺陷。

(2)专业技能。

专业能力的第二个组成部分是专业技能,技能的实质是专业人士能够判断在什么情况下采取什么样的干预方式是最合适的,如为考试焦虑的来访者进行系统脱敏治疗的能力,或者独立操作智商测验的能力。专业技能不仅要求心理咨询师和治疗师在课堂上需要进行治疗程序的练习,而且还要将干预手段成功地应用于真正的实践工作中,即心理咨询师和治疗师可以恰当地使用基本的面谈技术,包括成功建立咨访关系的能力、有效沟通的能力和对来访者问题症结的敏感性,并有效地运用具体的心理咨询与治疗流派的操作技术。

学生们无法简单地从书本或课堂中完全学会心理咨询与治疗的技能,这方面的能力要通过认真而严格的实践和督导才能获得,即从实践中学习与积累。例如,学生们通常都会在课堂上学习有关强迫症的知识,因而他们对强迫症治疗方面的理论和研究都比较熟悉;他们可能还阅读过相关的面谈记录,也可能看过教学录像,甚至还通过角色扮演尝试运用过治疗技术;同时,教师也会测验他们是否熟练掌握这类知识,但除非他们能够熟练地将这些知识应用到来访者身上,并使来访者从中获益,否则,即使他们通过了测验,也仍然不能被认为是胜任这类工作的。由于心理咨询与治疗的技术非常复杂,在实践中的严格督导是心理咨询师和治疗师成功应用干预手段的必要条件。即使心理咨询师和治疗师被授予了学位,但仍然需要在接受较长时间的督导后，才能被授予独立从事心理健康行业实践工作的资格。

心理咨询与治疗专业涉及许多分支和科目，使我们难以定义和理解其复杂的本质，每位心理咨询师和治疗师都不可能胜任所有的心理咨询与治疗工作。正如内科医生在其胜任的内科临床的岗位上工作时可能会将工作完成得很好，但在手术操作方面没有接受过充分的教育、培训及督导，便不可能去完成冠状动脉搭桥手术；同样，仅接受过成人心理治疗的教育、培训和督导的心理治疗师，便没有资格去从事针对儿童的心理治疗；对个体心理咨询与治疗相当胜任的心理咨询师，如果没有接受过团体治疗的培训，便没有资格领导小组或团体治疗；擅长抑郁症治疗的心理治疗师，不一定有资格治疗除此之外的其他心理发育障碍。

2. 情感能力

**实践情景 3-2**

情境一：丽欣经历过两段刻骨铭心的感情且都无疾而终，丽欣为此陷入明显的忧郁、悲伤、痛苦、自我怀疑和自我否定的状态中。通过连续四个月的心理咨询，她从阴影中走了出来。之后，她开始学习心理咨询与治疗的相关知识，并且考取了心理咨询师证书，她希望可以帮助其他人解决心理困扰，并学会如何更加充实地生活。

情境二：一位心理咨询师在给来访者进行咨询的过程中，感到非常烦躁，甚至想发火，他觉察到了自己的这种情绪，并且知道这种情绪对咨询而言是不利的，他在心里默默告诫自己并极力进行调整，但是烦恼和生气的情绪还是没有得到缓解。

情境三：一位心理咨询师在给一个跟自己女儿年龄相仿的女孩做咨询时，对来访者产生了明显的怜爱之情，也产生了像照顾自己的孩子一样的感受，她情不自禁地拍了拍女孩的肩膀，脑海里出现了很多解决女孩现实问题的具体方法。

> **请思考：**
> - 在情境一中，丽欣过去的情感受挫的经历是否有可能为她的专业实践带来风险？从这个角度来讲，过去的挫折经历对丽欣来说是优势还是劣势？
> - 在情境二中，这位心理咨询师此时怎样做对来访者来说会更有利呢？此次咨询结束后，他应该怎样对待和处理在咨询中出现的干扰咨询的情绪体验呢？
> - 在情境三中，这位心理咨询师对这位来访者产生了什么样的情感？如果心理咨询师把自己想到的关于来访者现实问题的解决方法告知来访者，对于来访者来说意味着什么？

情感能力（affective competence）包括自我认识、自我接纳和自我督导，要求心理咨询师和治疗师具备认识和承认自己是现实生活中独特的但难免会犯错误的人，明白自己在情感方面的力量、弱点、需求、资源、临床工作水平以及局限性等。由于心理治疗过程中发生的事情经常会对心理咨询师和治疗师及来访者带来强烈的情感波动，如果心理咨询师和治疗师不能承受某种情感压力，或无法承担治疗工作中应尽的责任，则其帮助别人的能力就会不如人意，甚至会给来访者造成伤害。

每位心理咨询师和治疗师都有其各自独特的个人发展史。从心理动力学的角度来说，一个人以往经历的总和，会通过内化过程构成这个人独特的情结和人格，进而会影响和决定一个人的动机、情感和行为。换句话说，以往的经历是通过人格、动机、情感、行为这样一个链条来影响个体的现状的。心理咨询师和治疗师的情结和人格对心理咨询与治疗的影响，是通过在心理治疗过程中形成的咨访关系所反映出来的。一些特别的经历可能会影响心理咨询师和治疗师的情感模式和价值观念的形成，可能会使心理咨询师和治疗师带着某种情绪开展工作。但目前并没有研究证据证明，有虐待史的人会更胜任或更无法胜任心理咨询与治疗工作。

过去是无法改变的，关键是如何面向未来。对于心理咨询师和治疗师而言，重要的是意识到这种经历怎样影响着自己的生活和情感。心理咨询师和治疗师可以回顾或假想一些临床情境，并自问："我的感觉如何？"对每种情况进行深入的理解和反思，以便对自己的情感反应有更真实的认识。同事之间也可以组成互助小组，营造一个安全的环境，使组员们可以无所顾忌地表露真实的情感反应并坦诚地说出内心活动，以避免或及时纠正工作中会出现的错误、识别压力，以及发现左右个人情感的原因。这种相互尊重并认真讨论和提出质疑的方式，可以为组员们提供新的理念和设想，也非常有益于其情感能力的发展。同事之间非正式的社会支持，可以有效地促进心理治疗的发展，他们彼此之间可以提供非常宝贵的情感支持。

总之，心理咨询师和治疗师在其职业生涯中，应该重视对自己专业和情感能力的培养，学习专业知识和技能，不断了解和吸收本专业领域的最新进展和发现，不断反思个人经历和情绪对工作的影响，以便在工作的同时也可以使自己的能力和人格得到进一步的成长和升华，从而更好地掌握和运用心理咨询师和治疗师的权利。

### 3. 敬业

敬业（dedication）是胜任力的第三个组成部分，是指心理咨询师和治疗师将来访者的需求放在首位，并倾尽全力地帮助来访者的态度。敬业的心理咨询师和治疗师会持有关切和严肃的态度对来访者的问题进行恰当的评估和干预，并保持这种状态直至咨询结束。敬业意味着专业人士愿意竭尽所能地帮助来访者，而且一旦发现自己难以胜任，便会将来访者转介至他人。这份谨慎来自心理咨询师和治疗师对自己的了解，只有知道自己的优势和不足，才可以被称为真正的"敬业"。

心理咨询师和治疗师的敬业态度需要贯穿整个咨询过程，可以通过多种途径表现出来。敬业的心理咨询师和治疗师会有尽可能明确诊断和治疗的愿望，而"尽可能"和"明确"这两个词表明敬业并不意味着拘泥于细节。敬业的态度还体现在为了对来访者进行诊断和治疗，心理咨询师和治疗师愿意付出额外的精力去阅读、研究或向同行求教。除此之外，敬业的心理咨询师和治疗师还愿意对已经结束咨询的来访者进行长期的跟踪调查，以检查其所采用的干预方法是否有长期的效果，因为这些信息不仅能够帮助过去的来访者，还能够帮助未来的来访者。总之，敬业即一个人愿意"不遗余力"地帮助来访者，并且愿意为之提升自己的专业技能。

## 四、胜任力的标准

心理咨询师和治疗师是否能够有效地帮助来访者、是否能够制定咨询计划、是否可以执行这些计划，以及是否能够对咨询结果进行评估，都是衡量其胜任力的客观标准。很多国家都制定了心理咨询与治疗的伦理规范和守则，同时强调在自身知识和技能的限定范围内进行工作的重要性，并且都主张胜任力最主要的来源应该是正规教育、督导实践以及继续教育，而非正规的、非结构的方法不足以提高个人的胜任力水平。心理学从业者如果意欲提升自己的胜任力水平，那么应该有一个与现有标准相一致的计划，并且对这一领域有比较全面的了解。《中国心理学会临床与咨询心理学工作伦理守则》（第二版）关于"专业胜任力和专业责任"的规定见阅读材料3-1。

> **阅读材料3-1**
>
> **专业胜任力和专业责任**
>
> 中国心理学会临床与咨询心理学工作伦理守则（第二版）的相关规定（2018年7月1日）
>
> 4. 专业胜任力和专业责任
>
> 心理师应遵守法律法规和专业伦理规范，基于科学研究，在专业界限和个人能力范围内以负责任的态度开展评估、咨询、治疗、转介、同行督导、实习生指导以及研究工作。心理师应不断更新专业知识，提升专业胜任力，促进个人身心健康水平以更好地满足专业工作的需要。
>
> 4.1 心理师应在自己专业能力范围内，根据自己所接受的教育、培训和督导的经历和工作经验，为适宜人群提供科学有效的专业服务。
>
> 4.2 心理师应规范执业，遵守执业场所、机构、行业的制度。
>
> 4.3 心理师应关注保持自身专业胜任力，充分认识继续教育的意义，参加专业培训，了解在专业工作领域内新知识及新进展，在必要时寻求专业督导。缺乏专业督导时，应尽量寻求同行的专业帮助。

4.4 心理师应关注自我保健,警惕自己的生理和心理问题对服务对象造成伤害的可能性,必要时应寻求督导或其他专业人士的帮助,限制、中断或终止临床专业服务。

4.5 心理师在工作中需要介绍和宣传自己时,应实事求是地说明自己的专业资历、学历、学位、专业资格证书、专业工作等情况。心理师不得贬低其他专业人士,不得以虚假、误导、欺瞒的方式宣传自己或所在机构或部门。

4.6 心理师应承担必要的社会责任,鼓励心理师为社会提供自己部分的专业工作时间做低经济回报、公益性质的专业服务。

# 第二节 不胜任及其原因

不胜任(incompetence)是指心理咨询师或治疗师不能恰当、有效地履行自己的工作。一般而言,不胜任是由于缺乏恰当的培训或咨询经验,有时个体没有意愿或缺乏灵活性也会导致不胜任的情况。如果个体有意愿、有能力且做好了充分的准备,那么接受额外的培训、督导或增加个体治疗经验便可以提高其胜任力水平。不胜任主要包括三种:技术不胜任、认知不胜任和情感不胜任。

## 一、不胜任的种类和表现

### 1. 技术不胜任

技术不胜任是指由于知识或技术上的缺陷,心理咨询师和治疗师不能恰当且有效地行使其应尽的职责,或者不能在合适的时机运用知识或技能帮助来访者解决问题。通常,技术上的不胜任是可以被弥补的,如接受正式的培训、督导或有针对性的一对一训练等方式均可以弥补这方面的缺陷。

### 2. 认知不胜任

认知不胜任是指个体不能准确地观察、加工和评估得到的信息，并对此进行反应。这种类型的不胜任可能是暂时的，也可能是永久的；情况可能比较轻微，也可能比较严重。暂时性认知不胜任可能是由感染、物质滥用、轻微脑震荡或脑损伤引起的；永久性认知不胜任可能是由无法治愈的脑损伤、物质滥用、中毒、帕金森病、老年痴呆症等引起的。曾有过脑损伤或昏迷病史的个体很难从事心理咨询或治疗的工作，因为心理咨询与治疗对形象思维、比喻思维和抽象思维都有很高的要求，他们可能会被认为在认知上无法胜任。同样，有痴呆症状的心理咨询师和治疗师也会被认为是认知不胜任的。

认知不胜任并非指个体的基本功能水平，而是指其胜任力水平与之前相比明显下降。老年痴呆症这一认知不胜任类型可被认为是"损伤"（injury）。损伤是指心理咨询师和治疗师不能对来访者提供有效的关怀，可被定义为：由于物质滥用或生理、心理问题导致个体功能水平降低，从而无法行使心理咨询师和治疗师的角色和功能。损伤的表现包括抑郁、物质滥用、性骚扰、性行为不端及其他侵犯行为、人格障碍、严重的倦怠、生理上的疾病（如老年痴呆、中风）。因此，认知不胜任的范围是从轻微到严重，而损伤则代表严重的认知不胜任。

弥补损伤的常见方法是当事人接受心理治疗或医学治疗，有时在进行治疗时，可能会限制或取消心理咨询师和治疗师的工作执照。与技术不胜任的心理咨询师和治疗师不同，在表现出明显的损伤特征前，他们仍可以维持其专业人士的身份，并行使专业角色。但是，损伤的心理咨询师和治疗师的技能和判断力下降，无法恰当、有效地进行工作，从而会对来访者造成伤害。美国咨询协会和美国心理学会的伦理守则对损伤有清楚的规定，如果心理咨询师和治疗师的专业行为可能会产生不良后果，不论是行为不当还是会对来访者造成伤害，这些行为都应该受到约束。此外，在这种情形下，心理咨询师和治疗师必须暂停或终止其专业行为。

### 3. 情感不胜任

情感不胜任是指心理咨询师和治疗师不能恰当地回应他人的情绪和不能恰当地调整自己的情绪、不能尊重他人的观点、不能与来访者共情，其在情感上是不胜任的。同样，那些不能控制自己的情绪（如暴怒），或者过度压抑情感（如对他人的悲伤不做任何反应）的个体也可能情感不胜任。与认知不胜任一样，情感不胜任的范围也是从轻微到严重。如果心理咨询师和治疗师的情感不胜任程度为中等严重或很严重，就可能存在损伤的情况。

心理咨询师和治疗师的工作本身就充满压力，长年累月地面对个体的伤痛，即使是最具有胜任力的专业人士也会难以承受如此之大的压力。通常情况下，心理咨询师和治疗师都会一味地被索取，却很少获得回报，而且这种状况会伴随其职业生涯的始终，没有尽头。例如，常常会有一些来访者希望通过一两次的咨询就能解决其一生的问题。面对如此多的外在压力，心理咨询师和治疗师普遍会产生情感耗竭。对于心理咨询师和治疗师来说，压力主要体现在以下两个方面。

（1）苦恼。压力会带来苦恼（distressed），许多心理咨询师和治疗师可能都会在其职业生涯的某一时刻有苦恼的感觉。苦恼的心理咨询师和治疗师在主观上会感觉自己有一些地方不太对劲，比如经常会感到焦虑、抑郁和无助，产生一些躯体症状，导致自尊水平降低。但这并不意味着他们有专业性损伤，因为压力只是暂时的，可以很容易地通过休假、旅行、改变行为水平等方式改变现状。

（2）倦怠。若压力持续了一段时间还没有得到缓解，就可能导致倦怠（burnout）。倦怠是指长期从事需要情感投入的工作所导致的生理和心理上的极度疲劳，这是一种会严重影响心理健康从业人员工作能力的综合症状。职业倦怠的表现包括情感耗竭、工作缺乏成就感和对于服务对象的去人性化。已经感受到职业倦怠的心理咨询师和治疗师倾向于对自己和工作持有消极的态度，导致其没有足够的力量关注来访者的情况。倦怠是一个逐渐发展的过程，几乎所有心理咨询师和治疗师在他们的职业生涯中都曾经历过倦怠，尤其是那些具有十年以上工作经验的从业者，而且，当他们的倦怠无法得到缓解时就会导致损伤。

如果促使一个个体成为优秀的心理咨询师与治疗师，且促使其需要具备优秀的心理咨询师和治疗师所需的人格特质，那么他会更容易受到倦怠的影响。这些特质包括：①悲悯心——在需要的时候愿意为他人负责；②完美主义——高标准地要求自己；③失真感——自我怀疑，认为他人对自己的褒扬和赞美都言过其实；④敏感——对于他人的疾苦感同身受，并乐于做出回馈。

对于那些在危机环境中经历过暴力、战争和自然灾害的来访者，对其进行咨询工作的心理咨询师和治疗师自身也会产生创伤感,他们可能在治疗创伤后应激障碍的过程中也会受到一定的困扰,这种现象被称为共情疲劳、替代性创伤或二级创伤后应激障碍。对经历过危机事件(如2001年的"911"事件或2008年的"汶川大地震"等)的人群提供心理健康支持属于危机干预服务的范畴。毫无疑问,对于心理咨询师和治疗师来说,经常会面对受到创伤的幸存者,或者每周都有处理不完的个案,因而很容易受到情绪的影响。共情疲劳的最初表现是退缩和与他人主动隔绝、情绪反应失调、不容易感到快乐、与来访者界限不清、感到压力过大或难以承受等。

在生活中,心理咨询师和治疗师也同样存在着应激反应。他们同时面临事业、家庭责任、人际关系等问题,有时还会由于意料之外的灾难而腹背受敌。因此,几乎所有心理咨询师和治疗师都曾经历过无法忍受的压力状态。

## 二、不胜任的原因

### 1. 疏忽

疏忽(dereliction)是指专业人士在提供服务时没有预见其行为后果,缺乏适当的关怀,没有按照一位心理咨询师和治疗师谨慎的职业标准作为或不作为,违反了关怀的标准。更简洁的定义是专业人士忽视了自己的职责,如提供低水平的关怀,并直接导致伤害的发生。

### 2. 玩忽职守

玩忽职守(neglect of duty)也是不胜任的一种形式,指违反了专业职责,或没有承担心理咨询师和治疗师应尽的职责,其行为水平低于标准水平。在关于心理咨询师和治疗师玩忽职守的诉讼中,必须首先证明其与来访者已经建立了咨询关系,如果心理咨询师和治疗师的行为水平确实低于可接受的水平,并且该行为导致来访者受到了伤害,则该来访者确实遭受了不公的待遇。

区分专业人士不胜任的原因是玩忽职守还是普通的错误非常重要,因为普通的错误在专业工作中是可以发生的。比如,同一个会谈时间安排了两名来访者属于普通错误,不太可能会对来访者造成伤害;而使用某种所谓的特殊疗法,如在心理咨询或治疗中对来访者暗示重生的可能性而导致其产生严重的自杀倾向，就会被认为是玩忽职守的行为，需要接受法律的制裁。

总而言之，对于玩忽职守的界定是很严格的，这种严格的界定可以让心理咨询师和治疗师不必为轻率的或不公正的诉讼而感到担忧。在咨询过程中，避免产生纠纷的最好办法就是在伦理守则规定的范围以及个人的胜任范围之内进行实践活动。

## 第三节 获得并保持胜任力

胜任力的获得是一个持续、发展的过程，众多学者对专家级别的心理咨询师和治疗师的研究表明，这些心理咨询师和治疗师并不满足于达到伦理守则的最低要求，而是强烈地想要成为心理咨询与治疗领域的专家，即使他们已经接受过数年的培训且拥有丰富的经验，但他们依然非常重视保持和提升自己的专业胜任力。他们这种保持和提高胜任力的内驱力，以及对自我限制的觉察，令他们成为终身学习者。我们通过观察这些心理咨询师和治疗师可以发现，他们获得专业成长的方式不仅仅是传统的专业会议或研讨会，还会特别关注专题研讨、督导、个体咨询等途径，他们对所有经验都持有开放的态度，并且持续关注专业领域的最新发展。这正是他们发生改变、迎接挑战、触发灵感和不断提高胜任力的重要方式。

### 一、胜任力的获得

在美国、加拿大等国家，心理咨询师和治疗师的培养路径和获取职业证书的规定都比较成熟，下面重点介绍国外的培养体系和过程。

#### 1. 选择合适的人员

对大多数心理咨询师和治疗师来说，发展专业的工作能力始于学生阶段的学业和培训。学校内的导师有责任选择合适的学生进入培训项目，合适的人选需要具备成为高效和热情的心理咨询师和治疗师的特征，同时也需要具备发展技能和知识的能力。具体来说，必要的特征包括自我觉察和自我认知的能力，对人类有好奇心，对不确定性有一定的容忍度，有自尊心，探索自我偏见、价值观、盲点和个人问题的能力。许多导师和督导师通过观察发现，如果只具备很高的认知能力，但不具备必需的个人特质的个体，则很难成为一位优秀的心理咨询师和治疗师。

### 2. 接受研究生阶段的培训

在学生进入研究生阶段的培训项目后，正式的课程、实践活动、接受督导的临床经历、学术和职业发展建议都会促进其专业能力的发展。教育质量、导师与督导的协助都是实现研究生培训目标的重要因素，与此同时，学生的动机和学习能力也是关键因素。系统性课程可以为学生提供专业实务的概念化理论框架，临床体验可以使其发展具体的专业技能。有研究表明，受训人员的胜任力水平从无能力发展到最低标准的能力的过程中，适当和有效的临床督导很有必要，也很关键。换句话说，胜任力水平的发展在很大程度上有赖于受督导的临床经历。

### 3. 获得认证

一般而言，从业者为了取得独立执业的资格，必须获得某种关于该职业资格的认证。通常，心理学从业者需要完成额外的资格认证或执照要求，才算达到合法的能力标准，进而获得被行业认可的从业资格，获得认证则意味着该从业者达到了这一行业的最基础的胜任力水平。

某些情况下，"执照""资格证""注册"等术语代表相同的意思，可以相互替代，但有时也代表不同的含义。从技术层面上说，"执照"的标准是最严格的。在美国，规定只有获得有效的专业执照的人才可以在某个州或管辖区域从业。"资格证"是一个表明某种头衔的术语，如专业心理咨询师、学校心理咨询师，这些头衔只有获得资格证后才可使用。"注册"是指个体在政府部门进行简单的登记，注册过程并不涉及认证内容的评审，所以注册是相对来说最不严格的认证方式。

## 二、胜任力的保持

一旦受训者完成了正式的培训并获得了执照或资格证，确保其胜任力的责任就从导师、督导师转移至其自身。因为持有证书的心理咨询师和治疗师便是独立的专业人士，他们有责任监督自己工作的有效性和从业范围。区分专业人士和非专业人士的一个标准就是该人员是否可以自主地进行工作，即不需要督导师的监管也可以独立地工作。而这种自主权附带的责任是专业人士必须将他们的工作内容限定在自己能力范围之内。通常情况下，专业人士需要自行确定其工作能力和相应的限制。

作为一名心理咨询师和治疗师，在伦理道德层面上有责任继续学习知识和提升技能，以满足来访者不断变化的需求。提高胜任力水平的途径包括正式教育和非正式教育，可以促进心理咨询师和治疗师从第三阶段的入门级专业人士发展到第四阶段的熟练专业人士或第五阶段的资深专业人士。

### 1. 正式教育

正式教育包括持续性的正式督导、例会、研讨会或其他形式的培训，可以为受训者提供继续教育的学分，并帮其寻求专业成长和发展的机会。由于咨询理论知识、咨询方法、评估和干预策略都在不断地发展，因此对于心理咨询师和治疗师而言，如果没有持续性地接受额外的教育或培训，则很难一直保持其胜任力水平。美国咨询协会和美国心理学会的伦理守则都认为，从业者有必要接受继续教育，以了解目前专业领域内的最新资讯。同样，许多颁发证书的组织都要求其学员要持续地接受继续教育，才能继续持有执照或资格证，如一些颁发证书的组织明确规定，其学员要在一定时间内完成所规定的继续教育学分。

虽然心理学界对专业认证有一定的要求，但是通常情况下，心理咨询师和治疗师可以自己选择参与什么类型的继续教育或专业发展活动。那些认为工作是"职业"的心理咨询师和治疗师可能会选择最快、最简单的方式来维持认证水平，并不在乎培训主题；而那些将工作视为"事业"的心理咨询师和治疗师可能对能够提高业务水平或者有利于其成为专业组织成员的主题感兴趣；那些认为工作是"天职"的心理咨询师和治疗师会学习和探索与个人和专业发展有关的主题，其对自身的要求远远超过保持专业认证水平的最低要求。因此，专业发展的重要性取决于心理咨询师和治疗师自己的态度。

### 2. 非正式教育

非正式教育包括写作和阅读专业读物，反思自己的实践经历，与其他优秀的心理咨询师和治疗师建立人际网络。虽然在某些领域中，强制性的继续教育可能会满足许多心理咨询师和治疗师的需求，但不足以保证每个个体都能真实地拥有胜任力。因此，每位专业人士都需要认识到自己的局限性，并通过正式教育和非正式教育的方式来维持自己的专业技能水平。

## 三、自我关怀

自我关怀（self-caring）并不是一种奢侈的想法，而是一条伦理守则——心理咨询师和治疗师只有在照顾好自己的前提下，才能照顾好来访者的情绪和状态。职场中的倦怠和损伤是可以预防的，这需要心理咨询师和治疗师致力于注重自我关怀和改善身心健康水平。预防性自我关怀策略是保持幸福感的重要方式之一。

**1. 专业自我关怀策略**

（1）继续教育：持续习得的知识、技能和经验可以提高心理咨询师和治疗师的自信心和胜任力。

（2）咨询与督导：寻求专业人士的帮助在很大程度上有助于心理咨询师和治疗师处理较复杂且充满压力的个案。心理咨询师和治疗师不仅需要具备助人助己的能力，更需要具备愿意接受他人的帮助和知道如何向他人求助的能力，而接受心理督导的设置正是这种能力的表现之一。

（3）人际网络：与同事、督导师定期联系，可以获得社会性支持和关于复杂个案的不同看法。

（4）压力管理策略：规定心理咨询师和治疗师提供帮助的范围可以让其避免无限地奉献，致使自己感到筋疲力尽。

**2. 个人自我关怀策略**

（1）健康的个人习惯：有营养的餐食、高效的锻炼、优质的睡眠。

（2）关注亲密关系：保持和家人及其他重要人物的关系，他们可以提供情感支持，也可以提供看待来访者和咨询师之间的咨访关系的不同视角。

（3）娱乐活动：包括兴趣爱好，这些活动可以改变心理咨询师和治疗师的生活状态，帮助其从要求认知、情感付出的心理咨询和治疗工作中抽离出来。

（4）自我探索和自我觉察：认识到自己的脆弱，并在难以承受的时候寻求帮助和支持，比如接受个体咨询。

在许多方面，所有专业实践和伦理实践都围绕着专业胜任力这一概念。专家级别的心理咨询师和治疗师都有较高水平的专业胜任力，而他们的专业水平反映了其在咨询实践中的专业、文化、关系和伦理方面都具有较高的敏感性，因而他们可能较少会遇到保密、知情同意、利益冲突、界限等方面的问题。因此，伦理敏感性既是心理咨询师和治疗师对咨询实务工作的一种观点，也是对情境中出现的道德和伦理启示进行解释并对情境做出积极回应的一种能力。伦理敏感性是专家级别的心理咨询师和治疗师的特性之一，在专业和伦理问题成为难以处理的问题前，他们便能做出积极的预测和回应。这对心理咨询师和治疗师的发展带来了启示，即要增强伦理、文化和专业的敏感度。

## 本章要点

（1）胜任力是指心理咨询师与治疗师在其从业范围内，具备有效使用心理咨询与治疗技能的能力。胜任力是一个连续体，胜任力的发展过程依次是"缺乏""最低""中等""较高"和"最高"五个阶段及相应的从业水平。

（2）工作倾向是指个体对工作的看法和态度，由其内在的价值观、抱负和工作经验所决定，工作倾向会在其想法、感觉和行为中体现出来。工作倾向主要有三种，分别为职业、事业和天职，每个倾向都反映了心理咨询师和治疗师不同的内在价值观和工作充实感，也代表了胜任力的不同水平。

（3）胜任力包括专业能力、情感能力和敬业三个部分。

（4）专业能力是指心理咨询师和治疗师能有效应用心理咨询与治疗的方法、策略和技术，强调心理咨询师和治疗师应该具有广博的人文与社会知识，以及灵活运用各种专业知识和技术的能力，包括专业知识和专业技能两个方面。

（5）情感能力包括自我认识、自我接纳和自我督导，要求心理咨询师和治疗师具备认识和承认自己是现实生活中独特的但难免会犯错误的人，知晓自己在情感方面的优势、弱点、资源、临床工作水平以及局限性等的能力。

（6）敬业是指心理咨询师和治疗师将来访者的需求放在首位，并倾尽全力地帮助来访者的态度。敬业的心理咨询师和治疗师会持有关切和严肃的态度对来访者的问题进行恰当的评估和干预，并保持这种状态直至咨询结束。

（7）不胜任是指心理咨询师和治疗师不能恰当、有效地履行自己的工作，主要包括三种：技术不胜任、认知不胜任和情感不胜任。

（8）作为一名心理咨询师和治疗师，在伦理道德层面上有责任继续学习知识和提升技能，以满足来访者不断变化的需求。提高胜任力水平的途径包括正式教育和非正式教育，均可以促进心理咨询师和治疗师从入门级专业人士发展为熟练专业人士或资深专业人士。

**思考题**

1. 什么是心理咨询师和治疗师的胜任力？胜任力有哪几个水平？
2. 工作倾向包括哪三种？各自的特点是什么？
3. 胜任力包括哪几个方面？每一个方面的定义是什么？
4. 你觉得心理咨询师和治疗师是否应该监测自己的胜任力水平？怎样监测呢？

# 第四章　知情同意

**学习目标**

1. 了解知情同意的概念、基本要素以及知情同意的过程和意义。
2. 熟悉特殊情形下的知情同意,如特殊人群的知情同意、非自愿咨询的知情同意。
3. 掌握知情同意的相关规定及执行知情同意的方法和注意事项。

**关键词**

知情同意(informed consent);自主决策(self-determination);情境性(situationality);未成年人(juveniles);非自愿监管(involuntary supervision)

心理咨询与治疗作为临床心理治疗的一种形式或手段,与临床其他外科手术或内科药物治疗一样,在治疗前必须征得来访者的同意,即来访者享有知情权。本章将详细阐述心理咨询与治疗中有关知情同意的内容及其影响因素。

## 第一节 概 述

**案例 4-1**

### 致命的疾病

王丽是一名19岁的大学生，在心理治疗师刚开始对其进行治疗时，她只讲述了自己患有一种致命性疾病。疗程进行至两个月时，她对心理治疗师有了充分的信任，便告知心理治疗师自己患有白血病。在接下来的18个月的治疗过程中，重点主要集中在王丽对疾病丧失了信心并准备自杀的问题上。当两次都因为肺炎住院后，她告诉心理治疗师：下一次再住院时，她将采取自杀行为。因为她知道，如果再次感染，会引起多种并发症，到时病情将迅速恶化，虽然并不会很快地面对死亡，但病程的拖延可能会让自己感到非常痛苦。因此，她准备到那时采取过量服用药物的方式，以便轻松地死去。心理治疗师竭力劝说，但是王丽拒绝再讨论这个话题，并表示如果继续关注这一问题，她将中断治疗。该心理治疗师认为对于一个生命仅剩几个月的来访者来说，最好的方法是提供关心和支持，而不是让她独自去面对疾病和与之抗争。

四个月后，心理治疗师被告知王丽已结束了自己的生命。随后，她被其家人告上了法庭，王丽的家人指控心理治疗师知道来访者有自杀的想法，却没有采取任何可行和充分的措施防止这件事情的发生，没有告知第三者，也没有要求来访者丢弃违禁药物和进行住院治疗。

这个案例在专业研讨会上引起了非常激烈的争论。有些人认为该心理治疗师的行为体现了其敏感性且富有道德理念；有些人则认为其不该接受来访者的诉求，没有行之有效地处理来访者的自杀想法。

在这个案例中，请你判断这位心理治疗师应该尊重王丽对治疗的知情同意，还是应该知情拒绝？他的行为是否符合伦理规范？

## 一、知情同意的概念和基本要素

### 1. 知情同意的定义

知情同意（informed consent）是指心理咨询师和治疗师在为来访者提供足够的相关信息的基础上，由来访者自己做出决定，是同意或拒绝某种治疗方式。知情同意作为来访者的一项基本权利，是指在其做出自主抉择之前，有权利了解自身的病情、心理咨询师和治疗师所建议的测验、治疗的方法和利弊及其可能会产生的后果等等。知情同意作为伦理学一项重要的基本原则，已被世界各国广泛认可。

在心理咨询与治疗的过程中，来访者有权了解其所患疾病的诊断、治疗、预后等具体内容，心理咨询师和治疗师有义务做出与疾病有关的解释和说明，这涉及来访者的知情权；同时，来访者有权要求检查和治疗，无论其结果对自己是否有益，但也有权拒绝，这涉及来访者的同意权。当来访者因缺乏医学或心理学知识，或出于其他原因拒绝合理的诊疗措施，而这种拒绝将会带来不良后果时，心理咨询师和治疗师要耐心劝说并为其陈述利弊，但不能采取强迫手段。简而言之，知情同意的原则是在不妨碍他人安全的情况下，以来访者的利益最大化为原则，尽可能地提高来访者对其自身疾患及治疗方案的了解程度。

### 2. 知情同意的基本要素

一般而言，知情同意的基本要素包括以下四个方面。

（1）提供信息：为来访者提供有关心理咨询与治疗研究的各种信息。

（2）理解信息：这是做决定的前提，对大多数人而言，医学和心理学知识是比较陌生的。因此，心理咨询师和治疗师在取得来访者的知情同意之前，除了提供相应的信息外，还要了解和评估来访者是否已真正理解了本应掌握的信息。除了来访者本人的知识结构、文化程度等因素外，还有一些因素会影响来访者对信息的理解程度，如信息陈述的完整性、来访者的情绪、提供信息的负荷量等等。

（3）自主决策（self-determination）：未成年人、老年人、精神病患者等不具备决定能力者，往往需要合法的代理人来参与知情同意过程。

（4）自愿原则：为尊重来访者的自主性，心理咨询师和治疗师事先要申明，在心理咨询与治疗的过程中，无论来访者是参与、拒绝还是中途退出，心理咨询师和治疗师都会对其一视同仁，确保其利益不会受到损害。

在美国的临床实践中，尤其是在涉及法律诉讼时，判定心理咨询师和治疗师的告知程度是否充分通常有两种法律标准：①以治疗者为中心的标准，即对于某一心理咨询与治疗方法，大多数专业工作者会如何告知患者。②以来访者为中心的标准，即为了做出合理的决定，来访者应当知道的内容范围。

心理咨询师和治疗师的告知内容应当涉及以下五个方面：①来访者的心理健康状况判断或心理疾病诊断；②心理咨询师和治疗师所建议的心理咨询与治疗的特点和目的；③拟选用心理咨询与治疗方法的优点和不良反应；④其他可以选择的方法及其利弊；⑤拒绝或接受某种心理咨询与治疗方法的后果。

### 3. 知情同意的伦理原则基础

知情同意的伦理原则基础是对来访者自主性的尊重。心理咨询与治疗的效果取决于来访者的态度，因而他们应该知道所有信息以便自由选择是否继续接受咨询或治疗服务。这一规定也基于无伤害原则和公正原则。当来访者了解心理咨询与治疗的程序、风险和可能的效果时，他们或许可以避免一部分心理咨询与治疗中未被设想到的不良后果。如来访者被告知治疗情感伤痛的过程可能会伴随对其家庭问题的探索，这样或许能够帮助其更好地应对情感伤痛。公正原则也要求知情同意，因为公正意味着平等地对待具有法定资格的成年人。心理咨询师和治疗师与每位来访者进行的知情同意过程可以更全面地保障来访者的权利。公正原则也意味着心理咨询师和治疗师要像来访者所希望被对待的那样去面对他们。任何即将开始接受心理咨询的来访者都会希望被详细告知这一过程，如若没有尊重来访者的这一权利，就意味着其并没有被平等地对待。

## 二、知情同意的产生

知情同意能确保心理咨询师和治疗师真正地思考和判断来访者的需求，使他们不会故意或无意间滥用权利。但在医学史上，《希波克拉底誓言》中没有说明治疗前要征得患者的知情同意，它仅仅强调医生怎样做对患者来说是最有益的，因为患者没有足够的医学信息和知识，更不用说让其来决定治疗方案。

### 1. 知情同意的萌芽

1914年，美国纽约的卡多佐（Benjamin Cordozo）法官提出："每一个成年人及思维健全的人都有权决定怎样处理自己的身体。"这是转变传统就医理念的第一个里程碑式的观点，提出是患者（而不是医生）有权决定是否接受某种治疗方法。不过在当时，这个主张并没有得到足够的重视，更没有改变医生们传统的工作习惯，甚至被搁置了几十年。直到1960年，因为一例轰动全美的医疗纠纷案，法庭才重新讨论并确认了卡多佐法官的主张。

大众开始真正关注和反思科学研究中的知情同意始于1946年，即在第二次世界大战期间，德国及日本等国的法西斯分子打着科学研究的旗号，利用战俘或普通百姓进行大量骇人听闻的人体试验，使许多无辜的生命遭到残害。世界各国震惊于这一血淋淋的事实，即刻颁布了第一个有关人体医学研究的伦理学法规——纽伦堡法案（Nuremberg Code）。其中最重要的原则之一就是，在研究试验中，受试者的自愿同意是绝对且必需的。

### 2. 医学知情同意的产生

1972年，卡多佐法官的主张在美国得到了法律的承认："每个成人及精神健全的人都有权决定怎样处理自己的身体。对治疗的同意要在选择的基础之上，需要评估每一种可能的治疗选择及伴随的风险。通常，患者对医学知识知之甚少，或一窍不通，只有医生能引导患者作出一个明智的决定。因此，要求医生根据患者的具体情况说明可行的治疗方法及预后，促使患者作出决定。"该法律由华盛顿及加州最高法庭联合下达。检查或治疗前须征得患者同意的基本理由包括以下四点。

（1）患者一般对医学科学知识了解甚少，因而除了在罕见的情况下，法庭可以认定患者和医生在这个层面上是不平等的。

（2）成年人及思维健全的人有权利支配自己的身体，并决定是否服从合法的医学治疗。

（3）只有患者同意的治疗才是有效的，而且必须得到患者的知情同意。

（4）没有医学知识的患者，在决定治疗方案的过程中，不得不依靠和相信医生的介绍和解释，这就要求医生不能只是形式上和原则上的简单应付式的说明，而是应对患者耐心地解释所有对其决策有意义、有帮助的相关信息。

1980年，鉴于临床上有些患者不得不选择其并不理解的某种特殊的检查或治疗方法，美国加州最高法庭在重新确认已有原则的基础上，增补了患者有权宣布拒绝某种治疗方法的规定，就像其有权宣布选择某种治疗方法一样。如果患者宣布拒绝承担某种检查或治疗的风险，即决定不接受某种治疗方法之前，医生有责任加以说明。另外，如果建议的检查或治疗本身具有风险，医生也应进行说明和解释，并告知拒绝接受治疗建议可能会造成的后果。

因此，自20世纪70年代以来，医学实践中已逐步强调必须是患者（而不是医生）做出最后的决定；而且，为了确保这个决定有意义并且是有效的治疗方法，医生必须提供足够的信息，使患者清楚地了解治疗过程，以及治疗过程中可能会有的变化及风险。

## 三、知情同意的过程

### 案例 4-2

#### 知情同意的过程

莉莉是一位大型国有建筑公司党群部的总经理，其事业做得非常成功。但是她的个人生活却充满艰辛。她童年时期长期被家人忽视并受到虐待，使她很难维持亲密关系。在生活中，愤怒和不满意等负性情绪长期伴随着她。莉莉希望能够减少愤怒的情绪，也希望和一名正在交往的男性维持长期的亲密关系。因此，她曾经尝试过多次长程咨询，但都没有什么改变，这让她对咨询的效果持有悲观态度。

她有一个女友也在接受咨询，对自己的心理咨询师赞赏有加。于是，莉莉考虑可以找这位女友的心理咨询师进行咨询。在首次与这名心理咨询师的电话联系中，莉莉简单地说到她准备再试一次咨询，因为之前的经历都不成功。在电话联系后，这名心理咨询师认真地考虑了莉莉的说法，意识到第一次会谈很关键。当莉莉到达会谈地点后，心理咨询师将她带入了咨询室，开始了知情同意的过程，并让莉莉在知情同意书上签了字。在这个过程中心理咨询师强调，对莉莉而言以

> 下几点是很重要的：经常停下来一起反思咨询进行的效果如何；咨询是否符合她的期望；是否需要调整咨询过程、咨询计划。心理咨询师特别提到，她能理解一次又一次重复自己的故事确实会令人很厌烦，而且最糟糕的是可能并没有什么收获，还可能会令来访者感到更加绝望。心理咨询师强调经过一段时间的咨询后，有必要停下来反思咨询的进展，如果咨询的效果不佳，也可以尝试其他方式。莉莉很认可心理咨询师的这个提议，她有了被倾听和被关心的感受。心理咨询师主动和她一起进行思考并评估咨询将如何依照治疗计划进行后，莉莉发现咨询的过程是可以被回顾的，同时在咨询过程中也感受到了一些自己的改变。

初始会谈中涉及的来访者以前不成功的咨询经历，会有助于来访者和心理咨询师之间建立初期的有效联结。心理咨询师认可来访者对之前不成功的咨询经历的失望态度，这种认可与信任强化了他们之间的咨询关系。

这是一个很好的合作性反思和评估过程的案例，体现了知情同意是一个持续的关系过程。根据从心理咨询师或来访者双方得到的新想法或信息，治疗计划的性质可能会发生改变。在回顾的过程中，来访者可以得到必要的信息，帮助他们决定是否要继续接受咨询服务。当心理咨询师和治疗师持有开放的态度、暴露相关的信息、回顾咨询方向和有效性时，也是在表现对来访者的关心，有助于增强双方的咨访关系。

心理咨询与治疗的知情同意并非一个静止的原则，它实际上是一个动态变化的过程，也是一个不断修改和重复的过程，贯穿于整个心理咨询与治疗过程之中。心理咨询师和治疗师必须根据当时的情况和场所灵活地应对和敏锐地判断，一般包括以下四个方面。

### 1. 沟通与澄清问题

知情同意的过程能确保来访者及心理咨询师和治疗师都能充分理解和共同参与即将进行的心理咨询和治疗，是交流和澄清问题的过程。心理咨询师和治疗师可以初步了解来访者来寻求帮助的原因，知道来访者对咨询和治疗中的期望及担心。同时，让来访者充分理解心理咨询师和治疗师将使用的咨询和治疗方法，以及预期的疗效，纠正其对心理咨询和治疗的不正确认识或期望。

### 2. 决策过程

知情同意过程也包括做决定，即来访者决定是否接受心理评估与心理治疗，是立即开始还是延缓一段时间，是否需要改变治疗方法，或是否需要更换心理咨询师或治疗师，等等。期间也要求心理咨询师和治疗师判断来访者是否有决策能力（如年幼的小孩无法自行作出决策），根据病情的严重程度迅速判断是否需要实施干预（即使在没有得到完全知情同意的情况下），并且思考和判断来访者是否有能力提供自己的病情资料、充分理解心理治疗，以及是否自愿接受治疗，等等。

### 3. 不断修正与完善

**案例 4-3**

> 一名55岁的女性患者因情绪抑郁、失眠和烦躁不安等症状在某专科医院开放病房接受了三个月的治疗，随后出现了明显的冲动、伤人与毁物行为，之后被转入精神科封闭病房接受治疗，出院后家属起诉医院未按章程开展工作、未执行知情同意。虽然入院时家属签署过入院须知（知情同意），但那是开放病房的入院须知，并非封闭病房的入院须知。

上述案例提醒我们，知情同意是一个动态变化的过程。来访者在治疗开始时同意接受一些相关的评估以及一般的心理治疗，但之后由于病情或来访者的需要，干预计划有可能发生明显改变。因此，知情同意的内容也需要立即被修正，需要重新征得来访者的同意和充分理解，以及由其自愿决定是否继续接受治疗。

### 4. 知情同意的情境性

心理咨询师和治疗师对知情同意的情境性（situationlity）的理解是知情同意过程的核心。情境性观点认为，知情同意是一个持续发生变化的关系过程，包括与来访者一起讨论治疗的本质、有效性、未来的治疗计划和目标。该观点要求，心理咨询师和治疗师要与来访者花时间反思和思考咨询对来访者的影响和意义，并根据定期思考的结果规划之后的治疗方案。这些反思性的谈话应该包括所有新的信息、变化的环境，以及心理咨询师或来访者关于如何有效地进行治疗的观点。从这个角度来看，知情同意是一个动态的过程,反映了咨询关系的质量以及来访者与咨询师之间的合作效率。

## 四、知情同意的作用和意义

知情同意并非主要用来保护心理咨询师和治疗师免受民事诉讼或更严重的刑事诉讼,它主要用于提供必要的信息,增强来访者的个人力量,以帮助他们选择最佳的治疗方案来解决自己在关系、情感及心理层面的困惑。知情同意可以作为来访者和心理咨询师之间建立咨访关系的步骤之一,通过讨论咨询的局限性,使来访者对心理状况的改善形成合理、现实的期待,也会在一定程度上促进咨访关系的建立。

征得来访者的知情同意已成为心理咨询与治疗服务过程中的一个必要步骤,因此,心理咨询师和治疗师要了解知情同意的意义与内涵。有时,一些心理咨询师和治疗师不愿给来访者提供充分的信息,因为担心他们在详细了解这些信息后,会对心理咨询或治疗产生不利的结果。但是研究表明,知情同意的过程是有利的,可以减轻来访者紧张、焦虑的情绪,提高治疗的依从性,更有利于来访者的心理康复,并且使其对可能出现的治疗效果不理想的情况有一定的心理准备。

具体而言,其意义在于以下几点。

(1) 知情同意有利于专业行为规范化。知情同意的过程无形中规范了双方的言行,维护了各自的利益,减少了随意性,增加了各自的责任感。

(2) 知情同意有利于心理咨询与治疗过程的顺利进行。来访者了解心理咨询与治疗的工作方式后,可以更好地配合、检查和反思心理咨询与治疗进程,从而提升咨询效果。

(3) 知情同意有利于建立良好的咨访关系。心理咨询与治疗是一个助人的过程,也是双方建立关系的过程。讨论知情同意的过程本身也是心理咨询师与来访者之间相互交流、相互了解的过程。在知情同意的过程中,心理咨询师和治疗师不仅向来访者提供了自己的专业背景资料及专业信息,而且可以与其就某些问题达成一致,更重要的是向来访者传达了一种坦诚、平等、尊重的态度,这可以拉近与来访者之间的心理距离,消除由陌生感带来的隔阂与猜疑。

(4) 知情同意有利于客观评估来访者的行为和对心理咨询与治疗的依

从性。知情同意书中同样规定了来访者需要遵守的规则以及行为规范。因此，在咨询过程中，心理咨询师和治疗师据此可以较客观地评估来访者的完成情况，从而判断行为问题变化的原因及其对治疗的依从性。但是，如果心理咨询师和治疗师有违反伦理规范或法律规定的行为，则不能以知情同意为借口而逃避责任。

## 第二节　知情同意的相关规定及实施方式

### 一、知情同意的伦理规定

美国心理学会发布的《美国心理学工作者的伦理学原则和行为规范》中明确要求，心理咨询与治疗要做到知情同意，内容包括：要求心理咨询师和治疗师与来访者共同讨论什么样的咨访关系是合理的；说明心理咨询与治疗的过程和本质、所需费用、治疗内容的保密，以及心理咨询师和治疗师的工作是否会被督导、督导师的名字；要获得来访者对心理咨询与治疗以及过程的同意，并且知情同意的内容将随着病情的不同而发生变化；另外，来访者要有做决策的能力并能自由表达自己的意见。心理咨询师和治疗师必须认真考虑这些问题，以避免来访者对心理咨询和治疗的误解，并且要用来访者能够理解的语言提供口头或书面通知。考虑到某些特殊情况，如果来访者确实没有法律责任与能力做决策，但又必须对其进行心理治疗时，可以采用"替代同意"的形式。

国内关于知情同意的伦理守则内容如下所示。

阅读材料 4-1

**知情同意**

中国心理学会临床与咨询心理学工作伦理守则（第二版）的相关规定（2018 年 7 月 1 日）

2　知情同意

寻求专业服务者可以自由选择是否开始或维持一段专业关系,且有权充分了解关于专业工作的过程和心理师的专业资质及理论取向。

2.1　心理师应确保寻求专业服务者了解心理师与寻求专业服务者双方的权利、责任,明确介绍收费的设置,告知寻求专业服务者享有的保密权利、保密例外的情况以及保密的界限。心理师应认真记录评估、咨询或治疗过程中有关知情同意的讨论。

2.2　当寻求专业服务者询问下列相关事项时,心理师应当告知:(1)心理师的资质、所获认证、工作经验以及专业工作理论取向;(2)专业服务的作用;(3)专业服务的目标;(4)专业服务所采用的理论和技术;(5)专业服务的过程和局限性;(6)专业服务可能带来的好处和风险;(7)心理测量与评估的意义,以及测验和结果报告的用途。

2.3　在与被强制要求接受专业服务的人员工作时,心理师应当在临床工作开始时与其讨论保密原则的强制界限及相关依据。

2.4　一旦得知寻求专业服务者同时接受其他心理健康服务领域专业工作者的服务时,心理师可以根据工作需要,在征得寻求专业服务者的同意后,联系并与他们进行沟通,以更好地为寻求专业服务者提供服务。

2.5　心理师只有在得到寻求专业服务者书面同意的情况下,才能对心理咨询或治疗过程进行录音、录像或教学演示。

在来访者决定是否接受及是否继续接受心理咨询与治疗的过程中,心理咨询师和治疗师提供的信息应该随着专业服务及其他因素的变化而变化。因此,在这个过程中应该让来访者明白以下问题。

(1)是谁将为其进行治疗;从业者是否有资质(如注册的身份);如果有多个人(如包括心理治疗师和督导)负责心理咨询和治疗,来访者是否能理解这样的安排。

(2)来访者是否能真正理解自己前来求助的原因:尽管许多来访者是深思熟虑后才愿意接受咨询的,并相对清楚求诊的原因,但也有些是由他人介绍而来的,并不是真正地清楚或理解接受心理咨询与治疗的原因。

（3）来访者是否能理解心理咨询师和治疗师所提供的服务的性质、适应范围及可能产生的后果；来访者是否知道还有其他的治疗方案：如药物治疗、选择不同理论取向的心理咨询师、向亲近的人寻求支持与帮助，或者综合使用多种方式。

（4）来访者是否真的知道其所接受的心理治疗的实际应用情况或禁忌：如保险公司承保种类和金额的限制——国外的医疗保险一般只承担八次治疗会谈费用；来访者是否了解心理咨询师和治疗师的情况：如心理咨询师和治疗师可能是一个只在该科室轮转了三个月的实习生，之后他就不再承担治疗责任；来访者是否能理解结束治疗的方式。

（5）来访者是否知道心理咨询与治疗收费的相关规定和程序：包括错过治疗或取消约定时，仍旧会收取一定费用的规定。

（6）来访者是否清楚自己在任何时候都有权利拒绝或终止治疗而不受到任何惩罚：来访者有权解除不必要的接触，有权拒绝治疗。

（7）来访者是否理解自己有知情同意的权利，且可以不受胁迫地作出是否接受咨询与治疗的决定：如10岁以下的未成年人就不具备自由作出选择的决策能力。

（8）在特殊或意外情况下，来访者是否知道如何联系心理咨询师和治疗师、紧急救援机构或相关人员，以及与此相关的规定和程序：如在两次治疗性会谈间期，来访者在什么情况下可以与心理咨询师和治疗师通过电话联系，是工作时间、夜晚还是周末；来访者是否能理解在有配偶、家人参与的小组治疗中，心理咨询和治疗保密会有另外的限制。

（9）来访者是否能理解保密或隐私的含义：如来访者是否能理解心理咨询师和治疗师可能会把治疗的部分内容透露给保险公司、司法机关；来访者是否能理解在什么情况下，其他人（如记录员、临床督导、管理人员、质控部门、复审委员会、旁听者、研究人员等等）可能会知道一些治疗的具体情况；以及来访者是否同意他们对自己的情况进行专业讨论（如案例会、督导、咨询等等）或写作（如临床图表说明、治疗概要、管理记录等等）。

有时，许多心理咨询师和治疗师会急于开始正式的心理咨询与治疗，认为这才是最关键和最重要的部分，而忽略与来访者围绕问题和是否决定接受某种心理治疗方法进行充分的沟通与交谈，让知情同意过程流于形式。但实际上，充分的沟通与确认知情同意是心理咨询与治疗顺利进行的基础。

另外，从法律层面上讲，书面告知对于确保患者获得所需信息是必不可少的部分，但这并不能完全代替知情同意的过程。在来访者充分理解有关信息的基础上，心理咨询师和治疗师必须与之讨论所告知的内容并做出专业性的判断——判断患者是否具有阅读和理解能力。

## 二、实施知情同意的方式

知情同意的执行有两种常用方法——口头和书面。《中国心理学会临床与咨询心理学工作伦理守则》在知情同意实现形式上并没有做硬性规定，只在特定情形下要求心理咨询师和治疗师必须得到寻求专业帮助者的书面同意，如"心理师只有在得到寻求专业服务者书面同意的情况下，才能对心理咨询或治疗过程进行录音、录像或演示"，又如"心理师在演示寻求专业服务者的录音或录像、或发表其完整的案例前，需得到对方的书面同意"。

一般来说，口头讨论的形式会更加灵活和富有人性化，心理咨询师和治疗师可以借助通俗化的语言实现知情同意的告知过程，这种方式也更能激发来访者的兴趣，鼓励其参与到讨论中来。但不足之处是，知情同意内容所涵盖的信息量较大，即便有书面材料的辅助，遗忘也是经常会发生的情况之一，心理咨询师和治疗师很难确保来访者理解和记住这些信息的程度。另外，当心理咨询师和治疗师面临法律纠纷或伦理申诉时，缺乏书面的知情同意方面的材料会使自己处于非常不利的位置。同时，提供书面材料也可以方便日后来访者了解具体信息，如紧急事件的处理方法和程序等，这也符合法律学者和伦理专家的建议。需要注意的是，心理咨询师和治疗师应避免知情同意沦为形式，知情同意书无法取代口头讨论。实际上，知情同意不只是一个需要签字的过程，也不仅仅是用来保护心理咨询师和治疗师的证明文件，而是一个动态的过程。总之，在整个咨询与治疗过程中，心理咨询师和治疗师需要尊重来访者的自主性以及其进行自我决策的权利，看到不同来访者的不同需求，有针对性地提供合适的知情同意信息，与来访者不断反思咨询、加强沟通，确保来访者在充分了解必要信息的基础上做出自己的抉择。

在临床实践的过程中，心理咨询师和治疗师需要具备良好的临床判断能力，才能执行负责任的知情同意过程。当面对心理健康和人身安全都处于危机状态中的来访者时，心理咨询师和治疗师再解释所有的知情同意内容可能会显得不合时宜，此时关注的重点应是来访者的最大利益和生命保障。

在讨论治疗过程中可能会面临的风险和益处同样如此。一方面，心理咨询师和治疗师要全面总结咨询和治疗中的风险和益处，不能夸大咨询的益处或者隐瞒治疗可能会有的潜在风险，而是忠于伦理规范；另一方面，如果心理咨询师和治疗师过于坚持解释风险和消极结果，甚至会显得些许刻板，导致那些对心理咨询与治疗感到担心和害怕的来访者更有可能选择离开咨询室。值得注意的是，心理咨询师和治疗师在知情同意的过程中提供全面、精确信息的目的是增强来访者的个人力量和自我决定的能力，促使其选择最佳方案以解决自己所面临的困难。

## 三、知情同意的注意事项

在心理咨询师和治疗师与来访者讨论病情、治疗时长、可能的收获和风险时，对其做出病情判断也是很有必要的，不过，将来访者界定为患有某种精神疾病的做法可能会让其感到非常震惊，因而需要衡量知情同意可能会对来访者造成的不适感。例如，当父母知晓孩子被诊断为注意力缺陷障碍时，可能会因为这个信息而感到非常苦恼。同样，成人被告知他们情绪的波动符合双相抑郁障碍的症状时，也会感到不知所措。这种不自在感便是一个信号，需要让心理咨询师和治疗师在信息披露的过程中更加灵活、谨慎和富有同情心地处理这种情况，并且考虑在这个问题上适当地暂时延缓处理，以便保证充分的知情同意过程。同样，当心理咨询师和治疗师提供心理咨询风险和收益的信息时，需要考虑来访者希望改变和积极看待未来的需求，以及关于治疗成功比例的研究证据。来访者进入咨询室时常常会感到害怕和持有悲观的态度，如果心理咨询师和治疗师过于坚持解释风险和消极结果，可能会导致来访者在咨询开始之前就放弃求助的念头，放弃对自己有帮助的治疗方案。心理咨询师和治疗师需要准确评估来访者对这些材料的理解程度，帮助他们看到问题的两面性，通过使来访者的理解程度最大化来提供精确的信息，而不是减弱来访者对咨询的兴趣度。

关于知情同意的另一个临床考虑是，知情同意所需的很多信息有时并不能在最初的咨询中被简单且准确地定义，可能需要持续几次咨询后才能确定对来访者来说有效的诊断，治疗的时间和强度、咨询的技术和程序也同样如此，它们甚至会随着咨询的逐渐展开而发生变化。伦理守则也认同这种现实状况，而且鼓励心理咨询师和治疗师可以利用专业判断自行决定讨论知情同意的强度和频率。

有些来访者不愿意与心理咨询师和治疗师产生分歧，因而并不倾向于询问问题，他们常常视心理咨询师和治疗师为自己应顺从的权威和专家。再者，来访者会希望心理咨询师和治疗师赞同他们，害怕得到心理咨询师和治疗师的消极评判。因此，来访者可能并不会询问他们不理解的知情同意部分。心理咨询师和治疗师必须警惕"混乱"和"阻抗"的非言语信号，需要和来访者建立互相信任和接纳的咨访关系，如此才能获得良好的咨询效果。

## 四、东方文化背景下的知情同意

由知情同意的产生过程可知，尊重自主权是道德基础，知情同意是英美法国家的产物，充分彰显了西方个人主义与自由主义价值观。尊重个体的权利固然是好事，但尊重病人的自主权通常是一个需要心理咨询师和治疗师与来访者双方共同商议的过程。在临床实践过程中，有些来访者，尤其是那些特殊人群，如无自主生活能力的人、未成年人等并不能做出真正意义上的自主决策。与西方文化不同，我国传统文化更强调集体性、协调性与家庭的主体性。在中国人眼里，家是维系感情的纽带，是生存的根据地，是构成社会的最小单位。个人自主概念割裂了个体与其他人之间的关系，造成了对来访者真实身份的剥夺，会让来访者处于一种无助的状态。埃里克森（Erik Erikson）认为，家庭作为一个整体，有助于我们实现人格完整的社会角色。家庭成员在决策过程中扮演了重要角色，不仅是来访者需要咨询家庭成员，心理咨询师和治疗师也需要听取其家庭成员关于来访者的治疗意见。

因此，在知情同意阶段，心理咨询师和治疗师积极鼓励来访者在文化和家庭背景下探索咨询的意义是非常重要的，有时，参与知情同意过程的家庭成员在整个咨询过程中可以为来访者提供更多的支持。值得注意的是，在这种重亲情、重集体、轻个体的儒家文化的影响下，来访者可能会缺乏知情同意的意愿，有时会出现来访者自主权和家庭知情同意分离的情形，甚至"家文化"的存在常常会影响来访者的自我决定。因此，在个体权利意识日益彰显的现实情境下，既需要充分发挥家庭成员在治疗决策中的作用，又要充分理解和考虑来访者个体的健康利益和自主性，尊重个体对治疗决策的偏好。

## 第三节　特殊人群及特定情境的知情同意

### 一、未成年人的知情同意

在青少年心理咨询和治疗中，心理咨询师和治疗师有义务保护来访者的个人隐私权和自主权。但是，由于未成年人（juveniles）尚未具备对自身情况做出决定的能力，这与对成人进行心理咨询和治疗的情形并不完全一样。知情同意中具有挑战性的问题之一就是当未成年人接受咨询时，家长有权利和义务了解其子女存在的问题，进而帮助子女做出更好的选择，而此时，心理咨询师和治疗师需要平衡父母或合法监护人的知情权和监护权，以及未成年人的权益。除此之外，很多时候还包括未成年来访者所在学校和老师的要求或知情权，如班主任或校领导要求查看有关材料等情况。在这种情况下，知情同意原则可使来访者的权益得到保障，当心理咨询师和治疗师面临两难的冲突时，可参考国家的法律及相关伦理以便合适地处理这类情况。

**1. 美国心理咨询协会的规定**

美国心理咨询协会规定："给未成年人或无法行使知情同意权的人提供咨询服务时，心理咨询师和治疗师需要采取必要措施以得到来访者的同意，让他们自己适当地参与决策过程。心理咨询师和治疗师需要权衡各方面因素：来访者自己决定的伦理权利；来访者决定接受咨询和知情同意的能力；来访者的父母或家庭成员的合法权益和责任。心理咨询师和治疗师有责任保护来访者，并做出对他们来说较好的决定。"

### 2. 对于未成年人年龄的界定

我国关于法定年龄的标准：未满八周岁的未成年人为无民事行为能力人，其民事活动由法定代理人代理实施；八周岁以上的未成年人为限制民事行为能力人，可实施与其年龄、智力相适应的民事法律活动，其他民事活动由其法定代理人代理，或征得其法定代理人的同意、追认；十六周岁以上的未成年人，以自己的劳动收入为主要生活来源的公民，视为完全民事行为能力人。故根据此标准，八周岁以下儿童进行心理咨询和治疗时必须得到监护人（一般是家长）的同意，针对八周岁到十六周岁的未成年人来访者，需征得监护人的同意；而对于十六周岁以上未满十八周岁的来访者则需要根据具体情况而定。

### 3. 未成年人知情同意的影响因素

知情同意的伦理标准基于来访者理解所呈现的信息并自愿做出决定的能力，也就是说，伦理要求其实是比较灵活的。大多数敏锐、有经验的心理咨询师和治疗师会事先与有行为能力的未成年人讨论咨询的过程，回答他们的疑问并争取获得他们的知情同意。青少年年龄越大，越有可能具备这种领悟力和选择的能力。当然，仅仅考虑未成年人的认知成熟程度是不够的，还应考虑如下四个方面的因素：①年龄，包括发展和成熟过程；②认知水平，包括语言、记忆、推理能力和逻辑思维能力；③情绪成熟水平，包括气质、情绪稳定性、依恋类型和教育适应能力；④社会文化因素，如家庭价值和宗教信仰。

在未成年人心理咨询和治疗中，由于未成年人本身发展性的差异使得知情同意问题变得更为复杂，心理咨询师和治疗师在具备更强的专业能力的同时，更需要了解相关法律和伦理规范，只有对未成年来访者有充分的了解之后，才能做出更完善的判断。

## 二、非自愿心理咨询与治疗的知情同意

有证据显示，即便来访者是被强迫接受心理咨询与治疗的，其仍然能从干预中获益。强制与知情同意基本要素中的自愿原则相矛盾，此时，心理咨询师和治疗师是接受来访者而忽略其自愿性，还是应该指出现实中的矛盾之处，并鼓励由来访者自己做出决定，需要结合法律和具体情况来判定。

### 1. 《中华人民共和国精神卫生法》的相关规定

2013年，我国第一部《中华人民共和国精神卫生法》在非自愿监管（involuntary supervision）方面做出了如下规定："疑似精神障碍患者发生伤害自身、危害他人安全的行为，或者有伤害自身、危害他人安全的，其近亲属、所在单位、当地公安机关应当立即采取措施予以制止，并将其送往医疗机构进行精神障碍诊断。"与之相似，出于关怀来访者的伦理要求，在美国佛罗里达州对需要进行非自愿精神病评估的标准包括：出现精神疾病；来访者自己不愿或无法看到有进行评估的必要，即缺乏自知力；个体具有可能通过自我忽视或更激进的方式伤害自己或伤害他人的危险。非自愿监管涉及个体失去自主权的情况，除非完全符合法律的规定，即照顾、保护精神疾病患者，保护那些对自身或他人有危险的患者，否则，个体的公民自由权不能轻易被剥夺。

### 2. 不同视角下的非自愿咨询的知情同意

值得注意的是，跟一般疾病患者相比较，精神疾病患者的知情同意能力具有不确定的因素，一是源于轻型和重型精神疾病患者之分，一般情况下，重型精神疾病患者无法很好地辨认客观现实，对自身疾病状态缺乏自知力，基本可以认定为没有知情同意的能力；二是随着治疗进程的推进，重型精神疾病患者的认知功能和自知力有了一定的恢复，此时应认定为其具有一定的知情同意能力。从法律视角来看，那些不能辨认自己行为的精神病人是无民事行为能力人，不具备知情同意能力。而从医学视角来看，大致与法律上的规定类似，但又有所不同，相同的是根据患者是否有能力进行交流、是否能够表达自己的意愿，对有关的风险和收益进行权衡，最后做出同意或拒绝的决定和选择来进行判断。此外，医学上对行为能力的评估很大程度上并未对有无行为能力划定一个明确的、非此即彼的界限，即完全有行为能力或完全无行为能力。

### 3. 综合评定知情同意

在对知情同意能力进行评定时，应该综合考量以下四个方面。

（1）表达决策的能力：存在意识障碍、无法进行交流或做出的决策前后不一致的患者，均被视为无决策能力。

（2）理解能力：对将要做出的特定决策所需信息的理解或解读能力。

（3）评判能力：评判参加临床研究或治疗的决策对其自身影响的能力。

（4）正确判断和推理的能力：患者能否根据医生所提供的治疗信息，

对治疗方案做出逻辑性判断。

综上所述，法律所界定的行为能力可以大致判定重性精神障碍患者与一般患者的区别。此外，医学上对精神障碍患者的行为能力的判断更加复杂，因而不能简单地将患者区分为有无行为能力，专业人员根据临床判断或工具评估对患者的决策能力进行评定是一个不可或缺的环节。

总而言之，知情同意意味着来访者理解咨询的过程并同意进行咨询。知情同意是遵循伦理守则的基础之一，它遵从伦理准则中尊重来访者自主性的原则。此外，心理咨询与治疗是来访者购买的服务，这种服务对他们的生活有巨大的影响，因而不论是在咨询过程中还是结束咨询后，来访者都有权利了解每一个步骤的含义，自由地做出是否参与咨询的选择。知情同意的核心是了解咨询的过程、风险、收益和可供选择的方法，以及保密的限制、心理咨询师和治疗师的资质、咨询记录和测评的应用、咨询的间接影响等。此外，来访者有权知晓与咨询相关的信息记录、心理咨询师和治疗师的督导，以及如何对心理咨询师和治疗师提起诉讼。在咨询过程中，心理咨询师和治疗师需要尽可能与来访者适当地讨论知情同意的所有内容，同时也需要结合来访者的福祉进行考虑。

## 本章要点

（1）知情同意是指心理咨询师和治疗师在为来访者提供足够相关信息的基础上，由来访者做出决定——同意或拒绝某种治疗方式。知情同意作为来访者的一项基本权利，是指在其做出自主抉择之前，有权利了解自身的病情、心理咨询师和治疗师所建议的测验、治疗的方法、利弊及其可能后果等等。

（2）知情同意的基本要素包括四个方面：①提供信息，指为来访者提供有关心理咨询与治疗研究的各种信息；②理解信息，这是做决定的前提；③自主决策，未成年人、老年人、精神病患者等不具备决定能力者，往往需要合法的代理人来参与知情同意过程；④自愿原则，为尊重来访者的自主性，心理咨询师和治疗师事先要申明其无论是参与、拒绝还是中途退出，都会对其一视同仁，并且保证其利益不会受到损害。

（3）心理咨询师和治疗师的告知内容应当涉及以下五个方面：①来访者的心理健康状况判断或心理疾病诊断；②心理咨询师和治疗师所建议的

心理咨询与治疗的特点和目的；③拟选用心理咨询与治疗方法的优点和不良反应；④其他可以选择的方法及其利弊；⑤拒绝或接受某种心理咨询与治疗方法的后果。

（4）知情同意并非主要用来保护心理咨询师和治疗师免受民事诉讼或更严重的刑事诉讼，它主要用于提供必要的信息，增强来访者的个人力量，以帮助他们选择最佳的治疗方案来解决自己在关系、情感及心理层面的困难。知情同意作为来访者与心理咨询师和治疗师之间建立咨访关系的过程之一，通过讨论咨询的局限，可使来访者对心理状况的改善形成合理、现实的期待，同时也可以促进咨访关系的建立。

（5）心理咨询师和治疗师对未成年人或无法行使知情同意权的人进行咨询时，需要采取必要措施以得到来访者的同意，让他们自己适当地参与决策过程。心理咨询师和治疗师需要权衡各方面的因素：来访者自己决定的伦理权利；来访者决定接受咨询和知情同意的能力；来访者的父母或家庭成员的合法权益和责任。心理咨询师和治疗师有责任保护来访者，并做出对他们来说较好的决策。

（6）未成年人知情同意的影响因素。知情同意的伦理标准基于来访者理解所呈现的信息并自愿做出决定的能力。在知情同意过程中，心理咨询师和治疗师仅仅考虑未成年人的认知成熟程度是不够的，还应考虑如下四个方面的因素：①年龄，包括发展和成熟过程；②认知水平，包括语言、记忆、推理能力和逻辑思维能力；③情绪成熟水平，包括气质、情绪稳定性、依恋和教育适应能力；④社会文化因素，如家庭价值和宗教信仰。

（7）心理咨询师和治疗师在对来访者的知情同意能力进行评定时，应该综合评定以下四个方面：①表达决策的能力，即存在意识障碍、无法进行交流或做出的决策前后不一致的患者，均被视为无决策能力；②理解能力，即对将要做出的特定决策所需信息的理解或解读能力；③评判能力，即评判参加临床研究或治疗的决策对其自身影响的能力；④正确判断和推理的能力，指患者能否根据医生所提供的治疗方案信息对治疗方案做出逻辑性判断。

**思考题**

1. 什么是知情同意？
2. 知情同意的基本要素包括哪几个方面，分别是什么？

3. 在心理咨询与治疗中，知情同意涉及哪五个方面的内容？

4. 对未成年人进行心理咨询与治疗时，知情同意的特殊性以及影响因素是什么？

5. 你对强制转介的来访者有何看法？你觉得是否有可能获得这些来访者的知情同意？对并不愿意接受咨询的来访者进行咨询是否可能有效？

# 第五章 保密原则

**学习目标**

1. 了解保密的基本概念、与来访者信任的关系、心理咨询师和治疗师的权利。
2. 熟悉实际工作中遇到的保密问题，掌握病历的保存和处理方法。
3. 掌握保密的伦理基础和几种保密例外情形。

**关键词**

隐私（privacy）；信任（reliance）；保密（secrecy）；诚信（integrity）；关怀伦理（care ethics）；保密例外（exception to confidentiality）；自杀（suicide）；威胁他人（threatening someone）

心理咨询与治疗要求来访者信任心理咨询师和治疗师，打开自己的内心世界，允许心理咨询师和治疗师探询个人的隐私和秘密，以使来访者的状况好转或创伤愈合；同时，也要求心理咨询师和治疗师遵守保密原则，理解和尊重来访者的情感，不得把在心理咨询与治疗过程中获取的保密资料泄露给第三者。本章将阐述心理咨询与治疗过程中的保密原则及其相关内容。

## 第一节 概　　述

"告诉你一个秘密，但你要向我保证绝对不说出去，可以吗？"日常生活中，对于难以启齿、私密或涉及个人隐私的事情，人们一方面希望有这样的倾诉对象——他们认真聆听，即便无法针对这一话题提供建议，但起码能起到陪伴的作用，提供支持。另一方面，人们又担心倾听者无法做到言出必行、信守承诺。若是隐私被倾诉对象泄露——无论是故意为之还是无心之过——话题当事人都将痛苦难耐。因此，在咨询服务中，保密原则十分重要。

## 一、核心概念界定

### 1. 隐私

个人的隐私（privacy）一般是指对个人具有隐私性而对社会没有实质性负面影响的信息。越具有个人性而与社会没有实质性联系的信息越可能成为个人隐私，如个人的爱好——只要它不侵犯他人且对社会并无实质影响。心理咨询师和治疗师需要意识到，来访者向其透露的个人情况——包括心理咨询与治疗中的谈话内容、两人的所有接触记录以及来访者的身份，都属于保密的范围。随意泄露涉及个人隐私的内容必定给来访者造成消极影响，当事人不仅应受到舆论谴责，还应承担法律责任。

### 2. 信任

在心理咨询与治疗中，信任（reliance）是指来访者以一个未知的身份走进咨询室，在安静和保密的条件下，开始暴露个人的信息，在这个过程中心理咨询师和治疗师可以询问任何问题，包括涉及隐私的问题。在这种情形下，心理咨询师和治疗师遵循保密原则是咨询得以顺利进行的前提之一，同时也要承认和尊重来访者的感情。除特殊情况外，心理咨询师和治疗师不得把来访者在治疗过程中暴露的事情泄露给第三者，不能忽视和粗暴地对待或利用来访者的信任。心理咨询师和治疗师若违反信任原则，会对来访者造成严重而持久的伤害。

信任不仅仅是保持"社会秩序"的抽象哲学名词，而且也是个人的深刻内心体验。在心理学专业中，它是心理咨询师和治疗师与来访者建立良好关系及维系心理咨询与治疗顺利进行的前提。心理咨询和治疗之所以能行之有效，是以来访者对心理咨询师和治疗师的充分信任为基础的，其关键是来访者的态度，以及其与心理咨询师和治疗师结成的工作联盟的深度。国家或专业协会授予心理咨询师和治疗师以专业地位，并承认其与来访者的信托关系，希望心理咨询师和治疗师依靠独立的工作来履行其对来访者及社会的责任，并要求心理咨询师和治疗师不能利用工作中固有的权利来为自己谋利。除此之外，来访者也希望心理咨询师和治疗师能尊重他们，因为来访者有时也会担心和害怕心理咨询师和治疗师辜负他们的信任。

### 3. 保密

保密（secrecy）意指保守秘密，使需要保密的内容不被泄露出去。在心理咨询与治疗中，保密作为一个伦理概念，是指心理咨询师和治疗师有义务尊重来访者的隐私，并且保证如未征得来访者的同意，不会向外界透露其在咨询与治疗中所告知的信息。《中国心理学会临床与咨询心理学工作伦理守则》规定，心理咨询师和治疗师有责任保护来访者的隐私权，同时明确认识到隐私权在内容和范围上受到国家法律和专业伦理规范的保护和约束。心理咨询师和治疗师需要了解与来访者有关的伦理守则和法律规范，同时也需要了解未能遵守这些规定的法律后果。

在心理咨询与治疗过程中，有的来访者从进入咨询室，甚至在预约时就会表现出对于隐私的关切。如一名在签署知情同意书时的来访者问道："这里一定要写上真实姓名吗？只写姓行不行？"来访者这么做的原因有两个。其一，心理咨询与治疗的性质使然。心理咨询与治疗是一种特殊的服务行业，当来访者进入咨询室与心理咨询师和治疗师建立咨询关系后，向其透露的内容可能会涉及内心的秘密，如表露自身或与他人相处过程中的困难之处，而这些内容一旦被咨询室以外的人知晓，会对来访者造成不必要的尴尬与麻烦。其二，心理疾病的污名化。心理健康服务在我国的起步稍晚，且普及率较低，人们对心理健康问题的关注度不足，对寻求心理健康服务这一举动感到陌生和不解，甚至将心理疾病污名化，认为因为情绪或人际问题接受心理咨询与治疗服务是羞耻的，或认为向他人隐瞒自己曾经看过心理医生是明智之举，等等。因此，确保心理咨询与治疗能为来访者提供安全的环境并最终发挥疗效，是心理咨询师和治疗师的职责所在。

### 4. 保密的作用

安全的心理咨询与治疗环境建立于保密原则之上。在尊重保密原则、注重来访者隐私保护、让来访者感受到安全和信任的氛围下，来访者才能够加大自我表露的程度，展开更为详细的、提升性的自我叙述，而这与促成来访者的改变和成长有直接的联系。

保密原则是有效的心理咨询与治疗的基石，因为它可以让来访者放心地分享自己的经历，而不必担心信息的不正当泄露。在保密的环境下，来访者可以表露和探索他们自身或关系中有问题的、造成个人痛苦的信息，但这些内容如果在咨询之外被人知道，则可能会对来访者造成伤害，或让其处于尴尬的境地。从根本上说，保密原则可以确保咨询过程对来访者来说是安全的，只有这样来访者才会相信他们所表露的个人世界和情绪世界受到了心理咨询师和治疗师的保护，并不会被透露给其他人。

咨询所取得的成效取决于信任关系的发展程度，保密是其核心部分。正如《希波克拉底誓言》所说的："涉及他人生活，凡我所见所闻，无论有无业务关系，不应为外界所知者，我将保持沉默，视为不可侵犯之秘密。"

## 二、心理咨询师和治疗师的权利

早在20世纪50年代，弗洛伊德就把心理咨询与治疗比作外科手术，认为心理咨询与治疗是一个"逐渐深入"的过程。来访者允许心理咨询师和治疗师在其心理上"开刀"，是希望通过心理咨询与治疗使病情好转或创伤愈合，但前提是来访者信任心理咨询师和治疗师，确定他们不会滥用权利；同时，心理咨询师和治疗师也应充分认识、理解和谨慎处理职业角色中固有的权利。

### 1. 治疗中获取隐私的权利

只有具备专业资格的人士才可以从事某些实践活动，如外科医生在征得患者的同意后，可以剖开患者的身体并取出内部的脏器；精神科医生可以出于调节心理或治疗情绪障碍的目的给患者开药；进行医学检查时，人们自愿脱去衣服并允许有资格的医生对其进行检查。与之相似，在心理咨询与治疗中，来访者对心理咨询师和治疗师持有开放的态度，允许他们探寻自己的个人隐私，如个人经历、幻想的生活、希望及恐惧的事情等，允许他们询问自己一些其他任何人都不能问的并可能具有侮辱性或拒绝回答的问题。心理咨询师和治疗师有权在治疗中了解和掌握来访者的个人资料，但同时也有保守来访者隐私和秘密的责任。除了非常特殊的情况外，不得向任何人透露相关信息；若须对第三者透露保密资料，则必须先征得来访者的知情同意。

### 2. 专业判断的权利

心理咨询师和治疗师拥有判断和评估来访者的状态的权利。罗森汉

(David Rosenhan)在心理学研究报告《疯人院里的正常人》中写道："由精神卫生人员做出的诊断标签，对患者及其亲属，甚至朋友都有非常重要的影响。因为患者不得不接受医生的诊断，以及因疾病而产生的意义及影响。"这篇文章曾被学界广泛引用，用于说明临床诊断和命名会影响来访者个人及其今后的生活和就业，以及社会和他人对他们的看法与态度。因此，这就要求临床工作者必须慎重判断来访者的心理卫生状况和制订处理方案。

心理咨询师和治疗师可以作为专家在民事及刑事法庭的审判及管理中做出判断或提供相关证明，例如，其做出的判断可以影响司法人员做出谋杀者是被判处死刑还是被释放（因为疾病而丧失责任能力）的决定；影响来访者是否可以拥有对其孩子的监护权或探望的权利；可以帮助陪审团判断被告是否能够实施犯罪或是否已实施犯罪，在实施犯罪的时候神志是否清楚，在法律上是否具有责任能力，以及将来是否会有类似犯罪行为的可能；可以帮助陪审团确认幼小儿童是真的被性骚扰还是只是儿童幻想的故事；等等。另外，在个人伤害诉讼中也可以帮助陪审团判断原告是无辜的遭受严重慢性创伤的受害者，还是一个长期说谎、装病（捏造或夸大惹人注目的症状）以逃避责任的人。

### 3. 权利的不平等

在心理咨询与治疗中，心理咨询师和治疗师与来访者之间的权利不平等是其本身就存在的特点之一。尽管该专业领域一直强调人人平等，即心理咨询师和治疗师及来访者之间是"平等的"——人格上的平等，但如果二者之间是真正的没有权利差别的平等关系，那么他们之间的关系也不会被定义为"咨询师与来访者之间的咨访关系"，不会收取费用，不会有"专业人士"的称呼，也不会一定需要有资质或注册资格的人才能实施治疗。因此，二者之间的权利是不平等的。

在实施心理咨询与治疗的过程中，心理咨询师和治疗师可以使用职业所赋予的权利来影响来访者的行为或达到治疗目标。如家庭心理咨询师和治疗师可以分析评价家庭成员之间的平衡状态及联盟是否失衡；行为主义心理咨询师和治疗师可以告诉来访者：完成"合乎要求的行为"将会得到回报（以奖品或荣誉为交换），出现"不合乎要求的行为"则会受到惩罚。即施行所谓的行为奖惩。这时，心理咨询师和治疗师的权利是被用来影响甚至控制来访者的行为的。

心理咨询师和治疗师的其他权利，如心理咨询师和治疗师有权从事某种行为,他们可以给心理治疗定价,决定会谈的时间、地点及环境,决定自己保留什么或者暴露什么,甚至在协商相关的问题时允许有一些庇护。当然,还需要注意的是,不同文化、经济背景及习俗下的心理咨询师和治疗师的权利和义务也会有所不同。

## 第二节 保密的伦理基础和脑科学研究

本节介绍保密的伦理基础和脑科学研究结论,即与保密相关的伦理原则,以及个体大脑关于保密行为会做出的改变。

### 一、保密的伦理基础

**案例 5-1**

**大年三十的留言**

一位来访者被诊断为边缘型人格障碍,并有自伤行为。大年三十那天,她给心理治疗师的微信留言说她很绝望,打算自我伤害,并说自己有不可忍受的孤独感和被抛弃感。在之前一周的心理治疗中,心理治疗师向来访者强调,自己只在安排好的预约时间中与来访者谈话,同时支持来访者在两次会谈之间发展自己管理情绪的能力,以便逐渐增强应对被抛弃感和恐惧感的能力。在此期间,她们还回顾了来访者之前曾经成功使用的自我管理情绪的技能。在大年三十那天的下午,心理治疗师收到来访者的留言,当时她正与家人和几个朋友在一起,并准备吃年夜饭。她知道如果决定与来访者谈话,就违反了自己与来访者制订的治疗计划,并且会影响到自己和家人的年夜饭。

在这个案例中,心理治疗师并没有过度关注来访者的自伤行为,而是关注来访者的福祉,以及特别关注来访者在大年三十阖家团聚时所体验到的强烈的空虚感和寂寞感。在这种情况下,心理治疗师决定打破不在两次会谈之间与来访者交谈的治疗计划，出于对来访者生存状况的关注，当即给她回拨了电话。心理治疗师问来访者："你觉得自己在这个晚上是要做一个病人，还是相信自己能够忍受孤独和焦虑？"令人欣慰的是，那通电话的时间并没有心理治疗师所担心的那么长。此时，心理治疗师在这个特殊的日子里给来访者的额外关怀，比治疗计划中会谈之外不联系的固定治疗原则更为重要，也更有效。

### 1. 关怀与保密

上面这个案例清晰地说明了关怀伦理（care ethics）如何取代或优于权利伦理，同时心理治疗师也权衡了来访者在节日里的需求，灵活地决定在严格的治疗计划中允许例外的情况出现。关怀伦理优先考虑关系的维持。在心理咨询与治疗的过程中，来访者被认可和被关注的需求更值得关注，心理咨询师和治疗师应从关怀伦理出发，以实现对来访者的帮助。

该案例首先涉及关怀伦理理论，其次才是保密原则。如果心理治疗师没有做出在当天联系来访者的选择，来访者可能会出现一定的伤害行为，如果情况严重且需要住院治疗，那么局面会变得更为棘手。因此，关怀伦理理论会引导心理治疗师保护咨访关系中的隐私信息，以便来访者能够对心理治疗师发展出最大限度的信任。这种最大限度的信任会创造出一个安全的环境和空间，来访者在其中可以开始自我反思和自我表露，同时减少自我审查。这种开放和信任是有效心理治疗的基础，也被认为是来访者发生积极改变的最主要的因素之一。

### 2. 无伤害与保密

无伤害的伦理原则要求心理咨询师和治疗师要最大限度地避免对来访者造成伤害，因为并非所有对来访者产生的伤害都是主动或故意造成的，伤害也可能发生在非故意的情况下。无伤害原则要求心理咨询师和治疗师要有足够的知识和能力检查自己的临床实践工作和相关记录，以便尽其所能地避免来访者受到非故意伤害伤害。类似的行为还有将来访者的资料打开放在桌上，以致其他来访者或工作人员无意间看到信息，这些都是没有很好地落实保密原则的行为。

### 3. 善行与保密

善行要求心理咨询师和治疗师为了来访者的最大利益而工作，尽其所能地增进他们的福祉。当来访者处在严重的痛苦中，或者处于判断力和理性思考能力受到损害的情境中时，很容易被他人利用或受到他人的控制，导致有效行动大大减少。心理咨询的善行原则允许心理咨询师和治疗师在特定情况下可以违背保密原则以增进来访者的福祉。

在违背保密原则的情境中，关心他人的积极成长和发展、将来访者的福祉作为心理咨询师和治疗师工作的出发点和落脚点的观点，与采用被动、防御的态度理解保密伦理、规避法律诉讼和专业制裁、逃避责任的观点有显著的差别。在心理咨询与治疗中，违背保密性会让来访者感到自己被欺骗，其很可能不愿再进行心理咨询与治疗。这意味着来访者寻求帮助的途径变得更少，更不利于其心理困扰的解决和身心健康的发展。违背保密原则可能导致公众对整个心理咨询与治疗行业失去信任，使那些本来可以从心理咨询与治疗中获益的人们由于不信任心理咨询师和治疗师而不愿再接受咨询服务。

### 4. 自主性与保密

面对自身或人际上的困扰，来访者一方面急需心理咨询师和治疗师保持客观中立的态度，为自己提供支持和帮助，让自己不为问题迷雾所困，另一方面又担心自己一旦将问题说出，会遭受来自心理咨询师和治疗师的批评和嘲笑。来访者获得改变的关键点在于为心理咨询师和治疗师呈现自己生活中的"自画像"——往往涉及隐秘的个人信息，如自己看待问题的想法、感受及问题带给自己的影响等。尊重隐私和保密的氛围，能够使困扰来访者的个人想法和感受在咨询关系中被再次检视，并且免于受到批评和负面评价的风险。这一氛围塑造的安全空间是心理咨询与治疗的核心。

心理咨询师和治疗师要遵循为来访者保密的职业道德，保密原则是确保来访者可以畅所欲言的基础，同时也是对来访者人格及隐私权的最大尊重。心理咨询师和治疗师要关注他人的尊严和隐私、尊重他人的自主性。在心理咨询与治疗中，心理咨询师和治疗师要注重以来访者为中心的原则，即来访者决定着个人心理健康信息的传递；尊重他人的自主性，即赋予每个人以权力，使他们可以决定被公开的私人信息的范围。没有对相关隐私的保障，就意味着在咨询过程中无法获得更多来自来访者的细节信息。

### 5. 诚信与保密

保密行为以诚信（integrity）为基础，因为心理咨询师和治疗师会向来访者承诺不会把他们的信息泄露出去。来访者相信他们表露的个人世界和情绪世界会受到心理咨询师和治疗师的保护,且并不会透露给咨询室外的其他人。正是基于这种信任,咨访关系的建立成为可能,并且来访者后续也愿意针对自身困扰寻求帮助,进而获得改变和成长。心理咨询师和治疗师的承诺可以为咨访关系的建立奠定基础。在咨访关系中,如果来访者没有知晓保密的专业法律规定,以及心理咨询师和治疗师的保护承诺,那么来访者将无法从一个他们不信任的地方获得任何帮助。

## 二、保密的脑科学研究

### 1. 新兴脑科学与保密

脑科学的研究显示,因遵守保密原则而营造的治疗环境可以在咨询关系中潜在地为产生矫正性的情绪体验提供机会。因为在深层边缘系统中,杏仁核是评估侵入刺激的第一个过滤器,它为与特定经验有联系的想法赋予情绪标签。所有的想法都基于其发生的背景和杏仁核被激活的程度而被赋予情绪标签,并产生相应的生理反应。例如,一个可怕的经历经由杏仁核被大脑迅速做出解释与反应,随后身体会不断出现与恐惧相关的生物化学活动。在这种恐惧的背景下进行的决策或思考,也同样会被恐惧的生物化学结果贴上情绪标签。来访者想从可怕的情境中逃走就是一个生理、感受、想法和行动相互联结的行为。与之相反,积极的治疗关系不会产生与恐惧和威胁相关的一系列生物化学活动,来访者可以体验到安全感,体验舒适和安全的环境,允许心理咨询师和治疗师探索自己的想法和感受,哪怕是那些很让人感到难受的想法和感受。

保密是心理咨询师和治疗师与来访者建立积极的咨访关系的基础,因为它带来了安全和信任,使来访者能够持有愈发开放的态度进行自我暴露,并避免自我审查。这种环境促使来访者在安全和没有威胁的氛围中检视或重新审视自身。在这种积极的关系中,心理咨询师和治疗师与来访者之间可以产生矫正性的、安全性的依恋关系,从而进一步增进来访者的福祉。

### 2. 神经网络重组与保密

基于心理咨询与治疗中的保密、安全和信任,咨询框架的一致性有利于发展出持续的、安全的依恋关系,有可能改变来访者之前不安全的依恋关系。不安全的依恋关系有一种在关系性环境之间迁移的倾向,因为大脑参与了这个过程，而激活神经系统会使人容易感到焦虑和烦躁，或是反应过度，或是不恰当地、迟钝地忽视关系问题。即使是面对儿童期不安全的依恋，咨询过程也可以提供一个让大脑可以重新组织神经网络的环境，并为来访者提供一整套更好的应对情绪的方式，而非他们基于不安全的早期依恋产生的贫乏的应对方式。咨询背景和过程是矫正性的环境，而这种环境建立在保密的基础之上。在安全和信任的环境中，大脑会将在咨询中完成的工作标记为积极的情绪，使来访者能够开始更为详细的、提升性的自我叙述，这反映了更为丰富的大脑神经重组。图5-1展示了保密、安全、信任、自我表露之间的关系。大脑会将安全的咨询经验识别为有利于自我生存的部分，因而将情绪调节为更积极的状态，并最终促成来访者的改变和带来成功的咨询结果。

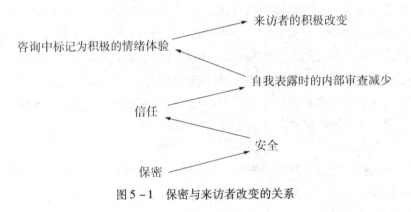

图5-1 保密与来访者改变的关系

# 第三节 保密相关伦理规定及保密问题

## 一、伦理守则对于保密的规定

保密是心理咨询与治疗中最重要的伦理原则之一，因而各个国家的临床心理学会都对保密原则有非常明确的规定，我国心理学会关于保密的规定如下所示。

> 阅读材料 5-1

## 隐私权和保密性

《中国心理学会临床与咨询心理学工作伦理守则》(第二版)的相关规定(2018年7月1日)

3 隐私权和保密性

心理师有责任保护寻求专业服务者的隐私权,同时明确认识到隐私权在内容和范围上受到国家法律和专业伦理规范的保护和约束。

3.1 心理师在心理咨询与治疗工作中,有责任向寻求专业服务者说明工作的保密原则,以及这一原则应用的限度。在专业服务开始时,应告知保密原则及保密的例外情况并签署知情同意书。

3.2 心理师应清楚地了解保密原则的应用有其限度,下列情况为保密原则的例外:(1)心理师发现寻求专业服务者有伤害自身或伤害他人的严重危险;(2)未成年人等不具备完全民事行为能力的人受到性侵犯或虐待;(3)法律规定需要披露的其他情况。

3.3 在遇到3.2中(1)和(2)的情况时,心理师有责任向寻求专业服务者的合法监护人、可确认的潜在受害者或相关部门预警;在遇到3.2中(3)的情况时,心理师有义务遵守法律法规,并按照最低限度原则披露有关信息,但须要求法庭及相关人员出示合法的正式文书,并要求法庭及相关人员注意对专业服务相关信息的披露范围。

3.4 心理师对专业工作的有关信息(如个案记录、测验资料、信件、录音、录像和其他资料)应按照法律法规和专业伦理规范在严格保密的前提下创建、保存、使用、传递和处理。心理师可告知寻求专业服务者个案记录的保存方式,相关人员(例如同事、督导、个案管理者、信息技术员)有无权限接触到这些记录信息。

3.5 心理师因专业工作需要在案例讨论或教学、科研、写作等工作中采用心理咨询或治疗的案例时,应隐去可能会辨认出寻求专业服务者的相关信息。

3.6 心理师在教学培训、科普宣传中，应避免使用完整案例，如果其中有可被辨识出身份的个人信息（如姓名、家庭背景、特殊易识别的成长或者创伤经历、体貌特征等），须考虑保护当事人的隐私。

3.7 如果对寻求专业服务者的服务是由团队提供的，应在团队里确立保密原则，只有在确保寻求专业服务者隐私的情况下才能讨论其相关信息。

## 二、保密问题

### 1. 管理中的保密问题

**案例 5-2**

你在一所心理咨询中心工作，每周工作三天，每天进行四个小时的心理咨询或治疗，咨询中心内有四位同事。按照咨询中心的规定，所有来访者的记录都必须统一归档，但每位心理咨询师和治疗师都有自己的账号可以看其他记录。你发现自己接待的几位来访者与其他几位心理咨询师和治疗师也有社会往来，在其他同事的案例记录中也有你的朋友的名字。因此，你向咨询中心提出，每位心理咨询师和治疗师的记录应分别单独保管，但咨询中心并不同意。

请思考：
- 对于这种情况，你有什么感觉？
- 你能做些什么？
- 来访者有权利知道这种安排吗？在什么情况下应告知他们事实？
- 如果你是来访者，你认为自己有权利知道这种安排吗？

心理咨询师和治疗师必须保护来访者的隐私，如心理评估、心理咨询与治疗计划等，同时，心理咨询师和治疗师所在机构有责任确保伦理守则的应用和实施，必须有保证记录等文件资料保密性的安全措施。

在实践工作中，最容易被忽视的保密情况有以下四个方面。①保密资料在医疗保险和管理机构中被传播。由医疗保险付费的来访者有统一的情况记录本，心理咨询和治疗的记录会成为一般医学或健康记录的一部分。②管理机构复印治疗计划和治疗记录，并由院方定期随访。管理机构为了检查治疗是否合理、是否符合标准，通常要求获取第一手资料，甚至会直接打电话或找来访者核实情况。③管理机构有时没有严格限制参加案例讨论和分析的人员，常会允许没有资质的人员进行旁听。如在案例讨论中，参与人员不仅有心理咨询师和治疗师，还会有实习生、进修生等等。④管理机构的安全措施不够全面，工作人员可能会无意间把来访者的记录、名字和记录卡片等遗留在公共场所或不安全的地方。如用于实习的教学设备被堆放在没有上锁的公共空间内，他人可轻易获取。

除此之外，心理咨询与治疗室的隔音效果必须得到保障，否则谈话内容可能会被外面的人员听到。

**2. 保险公司付费时的保密问题**

案例 5-3

你对一位来访者进行了为期两年的心理治疗，他存在多种严重的问题，并向你坦露个人的绝对隐私信息。一天，保险公司要求查阅该来访者的全部记录档案，包括病情记录及心理评估的原始资料和结果，目的是决定是否该继续为其治疗进行付费。当你致电保险公司进行沟通时，保险公司坚持要求在五天内要得到上述所有资料，否则就终止付费、结束治疗。

**请思考：**
- 对此你有什么样的感觉？
- 你会做什么样的选择？
- 如果来访者拒绝把资料交给保险公司，这将意味着他自费继续接受治疗或结束治疗，你将怎么办？

在国外，心理咨询与治疗已经进入保险付费领域，我国也正处在发展阶段中。医疗保险常要求来访者提供其所有的就诊记录，否则不予付费，这意味着专业人士有时不得不提供心理咨询与治疗的细节信息，而这些信息都有可能导致来访者的隐私受到一定程度的侵犯。据悉，如果来访者希望通过保险公司来赔付他们的咨询费用，那么这个过程中就可能会有十几个人都有机会得到他的隐私信息。但来访者一般不会注意到并完全理解保险公司关于委托承保的具体内容，因此很容易引起"资料的泄密"问题。当然，如果没有医疗保险的帮助，很多来访者可能并没有可以接受心理健康服务的经济实力。对于该问题，美国学者建议，心理咨询师和治疗师应该在治疗前向来访者说明这类情况："如果选择医疗保险付费，我必须与保险公司立案，并讲明我们约定会谈的时间及应用的治疗方法；同时，必须将你的疾病诊断告知保险公司。你看要如何选择？当然，你也可以选择自费，即不通过保险公司支付费用，这样的话，保险公司就不会知道你的病情资料。"

### 3. 治疗中的保密问题

遵守保密原则是心理咨询师和治疗师工作中的基本伦理道德，但在一些特殊情况下，心理咨询师和治疗师难以保证记录的绝对保密。

（1）团体或家庭治疗。

团体或家庭治疗往往是由多名来访者或治疗对象参加，并非只有一位来访者，而且治疗小组中的任何一名成员的情况都可能会被其他成员或心理咨询师和治疗师交谈与讨论，这种交谈与讨论本身也是治疗的重要内容之一。因此，在治疗前有必要向来访者澄清，个人隐私的法律保护可以仅限于治疗小组或家庭范围之中，但这是相对的并不是绝对的。ACA 的《心理咨询与治疗伦理》（第 3 版）在针对婚姻和家庭咨询的部分指出，在婚姻和家庭咨询中，心理咨询师和治疗师对来访者需有清晰的边界，并和来访者讨论他们对保密的期望，以及保密例外情况的限制。在参与咨询的各方达成一致意见后，心理咨询师和治疗师需要与来访者签订书面协议。参与咨询的各方对于个人享有的保密权，以及必须要遵守的保密义务要有清晰的认识，并做到知情同意。

(2) 治疗师的无心之举。

> **案例 5-4**
>
> **一位心理治疗师的自述**
>
> 美国一位著名的心理治疗师曾在一篇文章中叙述了自己无意中辜负了来访者信任的经过："反移情有时会从最普通的困惑或走神中产生。有一次会谈时，我的一位来访者质问我，为什么我的另一位来访者通过名字查询到相关信息而打电话给她。我大吃一惊，因为他们之间从未在就诊或候诊时相遇过。我怀疑他们是否曾在社交场合相识或者约会过。但我突然意识到，有一天，我在上班的路上撞了车，导致我十分心烦意乱，到单位停好车后，便匆忙走进办公室，心里却还想着那辆被撞坏的车。当时，我不小心拿出了她的病历，而不是正在就诊的来访者的病历。结果导致当时就诊的来访者看到了她的名字，之后就打电话给她。我的心不在焉代表了一种反移情，没有在治疗过程中充分关注和尊重来访者。"

从以上案例我们可以看出，无论心理咨询师和治疗师有怎样高的社会地位，受过怎样广泛而深入的培训，或者天资多么聪颖，都有可能因为某些个人因素而非故意性地违反对来访者资料保密的承诺。

(3) 意外中断工作。

世事难料，生老病死或意外等事件均有可能使心理咨询师和治疗师突然中断工作。一旦出现这些情况，心理咨询或治疗的记录应该怎样保密和交接呢？一般是在不违背保密原则的情况下，心理咨询师和治疗师安排好咨询或治疗记录的转交，以便之后的工作人员能得到来访者的原始记录，延续心理咨询或治疗。

**4. 科学技术发展带来的保密问题**

近年来，网络和信息技术的普及使得许多资料得以在网上下载和查阅，但快速发展的先进技术和科学设备也给保密带来了一定的困难。这就要求心理咨询师和治疗师需要学会运用这些设备，并采取必要的防护措施对来访者的资料加以保密。

(1) 网络。

如今，网络已广泛应用在许多领域，国内外许多医院在检查、治疗、收费和健康保健等方面都逐渐网络化，心理咨询与治疗服务的网络化也势在必行。与传统的纸质记录相比较，计算机可以将大量的来访者信息存储在磁盘中，在带来便利的同时，也会使得咨询或治疗记录容易被偷窃、复制或丢失。如何解决心理咨询或治疗记录网络化数据的保存和保密问题，显得尤为重要。有关网络安全系统的管理规定如下：①不允许非委托人员获取有关信息资料；②正确应用电脑的保存设置来贮存有价值的记录，并建立完整的资料保存系统，防止资料被篡改或取消并定期查验，以保证资料的准确性和权威性；③当资料由于无法预期的事件（如火灾、水灾）而被毁损时，尽可能保存来访者可以利用的资料，并迅速予以赔偿。

由 APA 制定的《美国心理学工作者的伦理学原则和行为规范（2014）》对此有这样的陈述："通过电子媒介提供服务、产品或信息的心理学工作者应通告来访者/患者这一方式对于隐私可能带来的潜在风险，以及保密的限制。心理学工作者贮存来访者保密资料时，必须加倍小心。在保密资料的传递和收发过程中，发送和接收双方都要很好地保存保密资料。有些人不主张用传真或电子邮件的方式来传输保密资料，因为在这个过程中信息很容易被窃取。"

(2) 电话交流。

电话是最为方便的交流方式之一，但非常不安全。因此，不主张心理咨询师和治疗师通过电话来讨论保密资料，因为这样可能会被窃听或者被旁边的人听到。心理咨询师和治疗师同样需要认真地对待和保管关于来访者的电话信息和交流资料，即由其记录的电话内容不应该放在他人可以看到的地方。在心理咨询师和治疗师与来访者会谈期间，若需接听紧急电话，必须格外小心地维护来访者的隐私权。同样，在回复来访者的电话时也需要采取有效而具体的措施，使心理咨询师和治疗师的家庭成员、朋友和其他人不会无意中听到谈话的内容。总之，心理咨询师和治疗师需设法保证信息不会通过各种方式（电脑、电子邮件、传真机、电话、语音信箱和其他电子或电脑技术）被泄露出去。

**5. 案例讨论和发表的保密问题**

伦理学规范允许心理咨询师和治疗师进行以获得专业指导为目的的个

案讨论，此过程难以避免地会透露某些个案信息，否则讨论将无法进行。因此，参与人员需要了解并重视保密的重要性，对来访者的隐私负有同样的责任。如共进午餐或在一起走路时、开会前、或在其他公共场所等，虽然可以在讨论的同时兼顾其他事情，但保密的资料很可能会被旁人听到。尽管这样的讨论是心理咨询师和治疗师向同事咨询的很有效的指导形式，而且可以充分利用时间以获取新信息、新观点和新思路，也对制订治疗方案和提高疗效有极大的价值，但这是不可取的方式，因为无法做到保密。

心理咨询师和治疗师以案例研究或大众文章的形式发表案例资料时必须十分小心和慎重，只删去来访者的名字或某些细节是远远不够的。美国的一名心理咨询师由于出版了一本描述来访者治疗过程的书而遭到起诉，来访者声称该心理咨询师没有征得她的同意便公开了她的治疗过程，而且没有很好地保护来访者个人隐私，最终来访者胜诉。

**6. 咨询记录的保管**

许多国家都有相关规定：在心理咨询与治疗工作中，心理咨询师和治疗师不但要对来访者的病情资料保密，而且还要能够妥善保存和处理来访者的病历和档案。一般来说，心理咨询师和治疗师在治疗中要做到以下三点：一是将来访者的记录资料存放于安全的地方，确保文件应放置在封闭的资料夹内，不能显露来访者的名字等相关隐私信息；二是如果记录资料放在无人看管的地方，则需有相应的保护措施，如上锁等。三是不应该把治疗记录随便丢弃在垃圾堆里，而应撕碎或销毁。因为在垃圾的收集和处理过程中，路人可能无意间看到并阅读记录和保密的资料。由 APA 出版的《工作服务指南》规定，在结束治疗或最后一次治疗性会谈后，心理咨询师和治疗师应将所有的治疗记录至少保留三年，并另外保存记录或病历摘要至少十二年。

20 世纪 90 年代以来，随着电脑应用的普及和网络技术的发展，《美国心理学工作者的伦理学原则和行为规范（2014）》规定，"如果已把保密记录输入电脑数据库或记录系统进行资料备份，则应该加用密码或使用其他保密技术，避免被他人辨认出来。随着电脑应用技术的提高，心理咨询师和治疗师必须警惕和防止保密资料未经过来访者同意便被他人窃取"。

# 第四节 保密例外

在心理咨询与治疗过程中，保密原则是最重要的伦理规范之一。但是，在某些情况下，也需要突破保密原则并实施保密例外（exception to confidentiality）。

## 一、保密例外的范围及措施

### 1. 保密例外的范围

在心理咨询与治疗中，主要有九种可能会打破保密的例外情况：①来访者要求得到保密信息，或同意将保密信息泄露给他人；②法庭要求心理咨询师和治疗师提供保密信息；③针对心理咨询师和治疗师的伦理投诉或法律诉讼；④来访者希望将咨询或治疗的信息作为起诉另外一方的民事诉讼的依据；⑤法律法规对保密例外的限制；⑥可能对自身或他人造成即刻伤害或死亡威胁的危险来访者；⑦未来会有犯罪行为倾向的来访者；⑧患有危及生命的传染性疾病的来访者，如 HIV 病毒感染者，并且来访者的行为会导致他人面临即刻的感染风险；⑨处于生命尽头的来访者希望加速自身的死亡。

在这些情况下，心理咨询师和治疗师必须决定是否要立刻通知有关人员，特别是来访者企图伤害的对象，以免发生不幸。这种决定常常建立在预测的基础上，心理咨询师和治疗师要判定来访者的危险程度并通知有关人员，从而保证来访者和他人的安全。

### 2. 实施保密例外的措施

为指导心理咨询师和治疗师正确应对来访者的自杀、自伤或伤害他人的可能性并采取必要的行动，可以参考以下五个原则。

第一，在开始干预前，心理咨询师和治疗师要明确说明可以为来访者保密，但也有例外。一定要先告知来访者，一旦他们有威胁他人或伤害自己的企图或想法时，便会突破保密原则。

第二，心理咨询师和治疗师在做决定前，可以先征求单位负责人、督导师或其他有关人员的意见，同时制订处理计划，面对不同的来访者应有不同的处理方式。

第三，如果不能确定来访者的威胁性，则需立即与同事、督导商量或请示负责人，并做好记录。如果这样仍然不能确定，则需要请专家会诊。会诊也是一种法律和伦理保护，特别是当威胁不明确时，这更是必要的程序之一。

第四，如果来访者的威胁性明确而具体，则应立即采取行动。如果知道受害者的身份，则有责任立即告知和提醒可能的受害者。同时，也要注意帮助来访者稳定情绪，以保证各方人员的安全。要告诉来访者：你在做什么，以及为什么要这样做。比如告知来访者，你准备让他住院治疗，并保证其在住院期间与其他人的待遇一样，目的在于保护来访者和可能的受害者的安全。当然，来访者有时会把咨询师或治疗师看成"敌人"。如果来访者情绪激动的话，要注意避免发生直接冲突，可以通知警察和保安人员。如果他们不能及时赶到，则向其他同事求助，直到有关救援人员赶到现场。

第五，即使来访者用法律来威胁心理咨询师和治疗师，也不应该成为阻碍专业人士将其危险性告知他人的理由。不过为了安全起见，应该将其存在的潜在危险，如自杀行为和暴力行为的有关内容记录在案，以便日后在有需要时作为证据使用。

## 二、自杀与保密例外

**案例 5-5**

### 来访者在咨询后的第二天自杀

一位心理咨询师给一位来访者进行咨询后的第二天，这个来访者给自己的父母和兄弟姐妹依次打了电话，之后便跳楼自杀。那位心理咨询师事后回忆说，这个来访者在一年前也在他这里做过六次心理咨询，当时也有非常明显的自杀意念，但是都没有采取自杀行动。因此，这次突然来咨询时，虽然也有提及自杀的想法，但心理咨询师判断他实施自杀的可能性不大，所以并没有突破保密原则告知相关人员。

> **请思考：**
> - 你的直觉反应是什么？
> - 你觉得这位心理咨询师的行为恰当吗？来访者以前提到自杀却没有实施，因而心理咨询师对于其自杀言论降低了警惕性，你觉得心理咨询师需要提高危机意识和伦理敏感性吗？
> - 你觉得这位心理咨询师要为来访者的自杀死亡负责任吗？为什么？
> - 如果你是这位心理咨询师，接待这样一位曾经扬言要自杀的来访者，且其在此次咨询中也声称要自杀时，你会怎么做？

在实践中，自杀（suicide）危险的评估是访谈过程中的重中之重，评估自杀危险始终是一个重要的临床关注点。自杀作为一种解决问题、消除困扰的方式，代表痛苦的终结，但同时意味着生命的无可挽回。自杀通常是一个暂时性问题的永久解决方式。此时，出于善行的伦理原则，来访者的自主性可能会受到一定的限制。无论是心理咨询师和治疗师同来访者提前签署不自杀协议，即出现保密例外情形时，向家人或其他能够提供支持的对象及机构寻求帮助，还是采取强制住院的方式，无疑都会对来访者的自主性产生一定的影响。

### 1. 善行与自主性的矛盾

几乎所有心理咨询与治疗的伦理守则都要求心理咨询师和治疗师在有清晰和迫近自杀危险的事件中打破保密原则，并采取有利于挽救来访者生命的行动。对心理咨询师和治疗师来说，自杀干预将无伤害与自主性的伦理原则并置。为了挽救来访者的生命（善行），来访者的自由（自主性）可能会受到暂时的限制，即通过权衡善行和自主性这两种伦理价值观来做出临床决策，并决定实施何种程度的限制以有效地干预企图自杀的来访者。

自杀干预可以是与来访者签订不自杀协议，或由其家庭成员对其进行24小时看护，或非自愿住院。在这些干预措施中，每一种都会限制来访者的自主性。在与来访者协商签订了不自杀协议的情况下，心理咨询师和治疗师应鼓励来访者抵制自杀的冲动，同时为来访者提供最大限度的心理和社会支持。这样不仅使来访者的自主性得到尊重，而且也使来访者的自主性得以发挥作用。在家庭成员 24 小时看护的情况下，来访者的自主性得到了保障，表现为来访者被视为有能力在自杀冲动下做出决策的个体，即通过让家庭成员提供全天候的陪伴来确保来访者的安全。在使企图自杀的来访者非自愿住院时，来访者的自主性受到严重限制，但这种方式也是为了增加来访者生存的机会和福祉，同时帮助其从抑郁以及通常与自杀相关的情绪困扰中回归理性的状态。

在处理来访者企图自杀的案例时，理解相互冲突的伦理原则能给心理咨询师和治疗师提供更多的干预思路与机会。有时，与来访者讨论自杀计划的相关信息反而可以鼓励来访者进行自我反思，如讨论为了保护生命而将对其采取何种限制，以及在多大程度上限制其自主性。这种关于治疗谈话的做法也是尊重和运用来访者自主性的行为。

**2. 应对自杀可能的建议**

以下是关于心理咨询师和治疗师应对来访者自杀可能的些许建议：①建立良好的咨询关系，与来访者发展和维持更高水平的信任和交流；②在咨访关系建立前，确保"知情同意书"中有关保密例外的描述是具体且清晰的，这表明心理咨询师和治疗师有责任在来访者生命遭受威胁之时突破保密协议，同时寻求他人的支持以便更好地为来访者谋取福祉；③签署知情同意书后，需要确保来访者已深刻理解相关内容，必要时可以为来访者提供相应的口头解释；④当出现保密例外的情形，如来访者透露出其将选择自杀作为应对问题的方式，并且拒绝讨论时，根据相关法律、伦理守则和"知情同意书"中的内容，此时心理咨询师和治疗师可以通知特定的对象，如来访者的家人，并寻求帮助。除非讨论会对来访者造成更多的伤害，心理咨询师和治疗师可以提前就通知的内容及范围、通知的对象与来访者进行讨论；⑤向督导师或者有经验的同事寻求建议和支持；⑥牢记善行的伦理原则，心理咨询师和治疗师要持续表达对来访者福祉的关注。

# 三、威胁他人与保密例外

当来访者对第三方人员有威胁时，心理咨询师和治疗师有义务通过告知第三方来保护相关人员。这种威胁他人（threatening someone）的状况亦属于保密例外。危机的一个重要标志是突然出现暴力行为的可能性。虽然从法律、伦理和道德方面看，心理咨询师和治疗师要为来访者保密，但如果来访者有潜在的冲动暴力行为,或有伤害他人的打算或伤害自己的企图时,心理咨询师和治疗师必须决定是否要通知有关人员,特别是来访者企图伤害的那些人,以免发生不幸。这种决定常常是一种推测,心理咨询师和治疗师要在来访者存在高度情绪化的情况下判断来访者的危险程度,并通知有关人员,从而保证来访者和他人的安全。

### 案例 5-6

#### 美国 Tarasoff 案件

1969 年,美国加利福尼亚大学的研究生 Poddar 向同学 Tarasoff 表达爱意被断然拒绝后,感到情绪抑郁而接受心理治疗。在治疗过程中,Poddar 向心理治疗师透露了想在 Tarasoff 度完暑假后杀死她的想法。心理治疗师考虑到 Poddar 有潜在危险性,通知校园警察,建议他们带 Poddar 到精神卫生机构接受治疗。但校园警察与 Poddar 访谈后,认为他处于理性状态,在 Poddar 承诺会远离 Tarasoff 之后就释放了他。之后,Poddar 终止了心理治疗。不久,Tarasoff 被 Poddar 杀害。但由于 Poddar 被确诊患有偏执性精神分裂症,最后被从轻判为过失杀人罪,而不是谋杀罪。

Tarasoff 的父母对学校提出控告,认为在事件发生之前 Poddar 曾经向心理治疗师透露过要杀害死者的犯罪企图,但是心理治疗师没有采取合理的措施告知死者或其亲属,以避免危险的发生。最后,美国最高法院裁定,当心理治疗师有理由认为来访者会对他人构成威胁时,有责任向可能的受害方提出警告。此例是美国涉及向可能遭受威胁的人员告知危险性的最著名的案例之一。

**请思考:**

你认为 Poddar 的心理治疗师在履行保密例外原则时,除了通知警方外,是否还应该通知可能的受害者呢?

在关于咨询中的法律和伦理问题的课程中,著名的 Tarasoff 案都会引起大家的讨论。Tarasoff 案的裁决结果是,如果心理咨询师和治疗师评估某人可能会因来访者的行为而遭遇危险,那么无论其是否认识潜在的受害者,都必须马上采取行动,保护潜在受害者。Tarasoff 案在某种程度上指出了一种在特定情形下的警告义务,但这并不意味在其他个案中,心理咨询师和治疗师只需做到警告义务即可。从更广泛的意义上来讲,这种警告义务体现的是专业人员保护和关怀的伦理。换句话说,心理咨询师和治疗师的职责是采取措施保护潜在的受害者免受来自来访者的可预见的威胁,警告是履行其职责的常见方法之一。

### 1. 关怀伦理和警告义务

关怀伦理是决定心理咨询师和治疗师伦理决策原则的核心部分。关怀伦理包括善行、无伤害、自主性和对来访者诚信的原则。它同样要求心理咨询师和治疗师要了解自己,包括自己的能力和局限,主动追求自我关注和专业支持。在这个范围内,关怀伦理的核心内容是保护来访者的义务,在特定的情形中,便是警告义务。保护来访者的义务,意味着心理咨询师和治疗师要促进来访者积极参与他们自己的决策过程,并提供适当的关注。警告义务是保护义务的子集,保护义务是更大的概念,来源于关怀伦理。关怀伦理与保护义务、警告义务之间的关系如图 5-2 所示。

图 5-2 关怀伦理与保护义务、警告义务之间的关系

### 2. 暴力危机风险评估的要点

值得注意的是,并非一旦在心理咨询与治疗过程中出现威胁第三方的情形,如来访者表达对某个人的暴力倾向,心理咨询师和治疗师就必须突破保密协议。一般而言,该职责被限定在即刻出现的危机中,即视事件的紧迫性和严重性而定。如何进行危机的风险评估,是心理咨询师和治疗师

需要不断学习和提升的地方。

以下这些内容可以作为评估的指导：①来访者对于暴力的看法，即其是否赞成或者反对使用暴力；②来访者是否具备实施威胁的条件和能力，如身体条件是否允许、能否取得工具等；③来访者是否实施过暴力行为，即付诸行动；④来访者所受的家庭教育对施暴行为的观点和态度，以及是否存在可供来访者模仿的对象；⑤他人的建议在多大程度上能够动摇来访者的想法，使其停止想象或计划中的暴力行为。

**3. 应对可能暴力行为的建议**

心理咨询师和治疗师在面对来访者有自杀或伤人的可能性时，应采取的行动原则如下所示：①在开始干预前，要明确表示会为来访者的信息保密，但在某些情况下要实行保密例外，这是心理咨询开始前必须要做的一件事。需要先告诫来访者，一旦他们有威胁他人或伤害自己的企图或想法时，心理咨询师和治疗师便不能继续替他保密。②在心理咨询师和治疗师做决定前，需要先征求督导师、上级领导、单位、警察或其他有处理危险和暴力经验的人员的意见。同时，针对不同的来访者制订不同的计划，即心理咨询师和治疗师该做什么，如何做，以及能做什么。③如果不能确定来访者威胁的程度或他们会做些什么，应与其他专业人员商量、寻求督导师或立即请示机构负责人，并做好记录。如果仍旧不能确定，则需要请其他专业人员来会诊。④如果来访者明确且具体地讲出威胁的话，心理咨询师和治疗师就有责任采取行动。如果知道受害者的身份，便有责任去警告、提醒受害者。同时，心理咨询师和治疗师也要耐心地帮助来访者，使其稳定自己的情绪，以保证各方人员的安全。⑤如果来访者情绪激动或即将爆发，心理咨询师和治疗师要避免直接面对这种情况，可以通知警察和保安人员。如果他们不能及时赶到，则请其他同事一起帮助控制和稳定来访者，直到有关救援人员到场。

关于在遇到有危险性的来访者时，讲什么、什么时候讲以及讲到什么程度，并没有一个明确的特殊规定。一旦来访者严重缺乏自控能力，应该立即采取危机干预的措施，包括理解、关心、正面鼓励等方式。来访者在情绪激动时可能会产生多种威胁，并且有付诸行动的可能。因此，需要心理咨询师和治疗师具备及时识别并判断危险的能力，保护来访者和可能的受害者，避免不幸发生。

## 三、致命传染性疾病与保密例外

> **案例 5-7**
>
> 两个月前,一个与多个性伙伴发生过性关系(未采取任何防护措施)的来访者,被确诊为 HIV 感染者。近期的咨询会谈主要围绕来访者是否对性交对象隐瞒感染 HIV 的事实,并继续不加防护。
>
> **请思考:**
> - 对此你有什么样的感受?
> - 来访者的观点会影响你的判断吗?
> - 在什么情况下,你会不顾来访者的意愿把来访者感染 HIV 及不洁性行为的事实告知第三者?

为 HIV 感染来访者提供心理健康服务的工作涉及几个伦理问题,如来访者所透露信息的保密问题;如果泄密,那么 HIV 感染来访者可能会遭遇被歧视的问题;跟来访者接触可能导致第三方利益受损的问题。当心理咨询师和治疗师权衡 HIV 感染来访者的权益以及有可能出现感染第三人的风险时,便会出现伦理两难问题。

在心理咨询与治疗的过程中,如果确定有明显感染可能的第三方存在,而第三方对于自己正处在危险中的情况毫不知情,并且来访者拒绝采取必要的防范措施时,来访者的福祉仍不容忽视,即便心理咨询师和治疗师出于对其他人生命安全的考虑而必须违反保密原则,在采取行动前,仍需提前告知来访者,并将告知他人的信息局限在必要的内容上,避免扩大告知范围。

保密例外的伦理学规范指出,来访者向心理咨询师和治疗师透露自己患有传染性疾病并且可能危及性命,且有证据显示有第三方被传染的可能性时,心理咨询师和治疗师需让第三方了解此事。传染性疾病不仅关系到当事人的身体健康,而且对大众健康也有直接的影响,从这一角度上来讲,其不再是个人隐私。但医疗卫生单位、心理咨询师和治疗师在一般情况下不得公开患者的病情。在大多数情况下,这些信息对维护当事人的自尊与社会形象有直接的关系，如感染 HIV 的来访者，一旦其隐私泄露，会出现被其他人歧视等状况。故心理咨询师和治疗师需要了解关于保密及保密例外的伦理和相应的法律规定，做到有章可循的同时，在来访者与第三者的权益之间保持一个较好的平衡。

## 四、濒临死亡与保密例外

**案例 5-8**

**能为来访者的决定保密吗？**

秋丽是一位 54 岁的护士，两年前被诊断患有渐进性脊髓硬化症。秋丽早年丧偶，自己把两个儿女培养成人。尽管她的人生不断遇到猝不及防的坎坷，但她依旧比较乐观。即使是在被诊断患有此病之后，秋丽也没有长期沉浸在痛苦之中。她花时间去和子女相处、旅游，并且参与她最喜爱的活动。目前，她的疾病持续恶化，秋丽决定加速自己的死亡进程。在她的护士生涯中，她亲眼目睹了渐进性脊髓硬化症对病人和家庭的长期而持续的摧残，因此，她非常希望让自己的子女免遭这种痛苦。她向心理咨询师寻求帮助，要求心理咨询师对她的计划保密，以期自己和家人都能在心理上准备好迎接她的死亡。

请思考：
- 对此你有什么样的感觉？
- 你会接受来访者的请求，为她的决定保密吗？还是会干预她的自杀想法？为什么？
- 在什么情况下，你会反对来访者的意愿，把来访者想要加速死亡的想法告诉其子女？

工作对象为生命即将走向尽头的来访者的心理咨询师和治疗师有时会面临这样的问题，由于遭受病痛的折磨，来访者会考虑加速自身死亡的过程。在这种情况下，心理咨询师和治疗师面临的是实践工作中最为复杂和麻烦的伦理难题：他们是否有责任像阻止一位普通来访者自杀那样提供干预，从而阻止这些面临死亡威胁的来访者采取行动？而对于一位正在经历痛苦折磨的正常人，心理咨询师和治疗师是否有改变或阻止其有自杀念头的职责？考虑来访者产生自杀行为是否由于其潜在的抑郁状态？换句话说，是否存在合理的自杀念头？如果在某些情况下，加速死亡过程是理智的选择的话，那么在来访者完成自杀的过程中，心理咨询和治疗师为其提供帮助或支持，在伦理上是否可以被接受？关于晚期绝症来访者的临终关怀问题，《美国心理咨询师协会守则》对这一主题进行了讨论，具体内容如下所示。

阅读材料 5-2

### 关于"对晚期绝症来访者的临终关怀"

A.9.a 关怀质量

心理咨询师需采取措施保证：

1. 让来访者获得高品质的临终服务，满足其身体上、情感上、社交和精神上的需求。
2. 尽可能让来访者自我决定。
3. 让来访者有尽可能多的机会对自己是否接受临终关怀做出决定。
4. 在临终关怀方面有经验的心理健康工作者要对来访者做详细、完整的评估，从而决定其是否有能力为自己做出合理、有效的决定。

A.9.b 咨询的能力、选择和转介

由于临终相关决定涉及个人、道德和胜任等诸方面的问题，心理咨询师可以选择是否与晚期绝症病人合作，一起探索他们的临终选择问题。心理咨询师要提供适当的转介信息，保证来访者接受适当的帮助。

A.9.c 保密性

对于那些想加速自己死亡进程的晚期绝症病人，心理咨询师要根据相关法律和具体的情境，并在向相关的专家和法律机构咨询后，再决定是否帮其保守秘密。

根据此规定，即使心理咨询师和治疗师面对的是一个已经接近生命尽头，并且正考虑加速自己死亡过程的来访者，其也没有打破保密性的职责。相反，我国的《伦理守则》建议从业者根据个案的具体情况做出决定，最好寻求建议或督导，而不应独自做出决定。《美国心理咨询师协会守则》允许从业者根据来访者的具体问题来决定是否坚持保密原则。如果来访者出现严重的抑郁倾向，或者病症导致其无法进行知情同意决策，则可以打破保密原则，阻止来访者选择加速死亡的进程，或者采取其他措施以保证来访者的安全。

## 五、未成年人咨询与保密例外

**案例 5-9**

一个14岁的来访者在进行了12个月的心理治疗后的一次会谈中突然透露，在过去4年中一直被其继父性骚扰，以致长期慢性抑郁。但是，她警告说："如果你把这件事告诉其他人，我就自杀。"

**请思考：**
- 对此你有什么样的感觉？
- 如果你是这位心理治疗师，在什么情况下，你可以向儿童保护服务或其他机构、临床督导师、家人或其他人透露此事？
- 哪些客观事实或因素会制约你的干预？
- 哪些潜在的法律义务会影响你的情感反应及行动？

一般来说，伦理和法律表明，心理咨询师和治疗师对于虐待行为有强制性报告的义务，以便保障那些无法保护自己免受虐待的社会群体。

### 1. 是否突破保密的冲突和困难

心理咨询师和治疗师在面对是否举报儿童可能遭受到虐待的个案时可能会面临这样的冲突：一方面，心理咨询师和治疗师希望为来访者保密，这样能够获得来访者的信任，并且可以通过心理咨询与治疗来帮助来访者。心理咨询师和治疗师有时会怀疑这种报告的行为对于来访者来说究竟是利大于弊还是弊大于利？另一方面，他们又希望可以服从法律的规定，并且避免儿童再受到伤害。当面临这一局面时，发展牢固的咨访关系、确保"知情同意书"清楚地描述了心理咨询师和治疗师有义务向儿童及家庭保护机构报告儿童可能遭受到虐待的事件、为来访者提供情感的支持等方式，都能在一定程度上减低该行为对咨访关系的影响。

当心理咨询与治疗的对象是未成年人时，工作的复杂性与难度会大大提升，这与未成年来访者在处理问题时的独立性、判断能力和决策能力尚未成熟有关。并且，对未成年人进行咨询牵涉到其家长的知情权和监护权。在青少年心理咨询和治疗中涉及保密的内容时，心理咨询师和治疗师常面临在家长或监护人的知情权和监护权，以及青少年的隐私权之间作平衡的状况，有时也会涉及学校和老师等第三方人士。心理咨询师和治疗师须事先告知未成年来访者，他们的监护人可能会获得心理咨询或治疗的相关信息，由他们自己选择是否还愿意参与咨询或治疗，同时由自己选择在咨询或治疗中透露的内容及程度。

**2. 综合考量多方面因素**

未成年人的保密权会因为以下四个方面而受到影响：第一，即刻的危险，如自杀或被他人威胁伤害；第二，长期的危险，如药物滥用或持续的情绪困扰；第三，混乱的模式或攻击行为；第四，基于多元文化因素形成的、父母应了解并干预的对其孩子的福祉有争议的情况。

为了增进儿童在这些情境中的福祉，善行原则要求让有能力提供更多长期资源和支持的人员参与其中，尤其是父母。但是，如若已经确定家庭或社区不仅不能增进未成年人的福祉，还会造成生理的、性的或情绪的虐待时，未成年人的保密权利应另当别论。

总之，在未成年人的心理咨询与治疗中，心理咨询师和治疗师需要有更强的专业能力来做出恰当的评估和处理。同时，只有在充分了解未成年来访者、全面了解相关行业伦理及法律规定的情况下，心理咨询师和治疗师才能做出更准确、更合适的判断。

## 六、多元文化背景与保密例外

保密原则的设立基于每个人都有自主权，都有自己做决定的权利，即在咨询中，来访者有做出是否要参与治疗和了解自己在治疗中的信息的权利。自主性根植于伦理原则，但在某些传统文化中，即使对于有能力的成年人而言，自身的自由也要让位于对家庭的忠诚或者长辈的希望。在这种背景下，心理咨询中的保密问题就变得尤为复杂。一位美国心理咨询师总结了三个案例,这三个案例的来访者都来自南亚,咨询则发生在美国。当得知这些成年人正在接受心理治疗时,来访者的家人就要求知道治疗的全部内容和整个进程。他们还表达了对治疗师的强烈不信任感,以及对家庭成员与一个陌生人讨论家中私事抱有极大的敌意。而令这一问题变得更为复杂的是,来访者也很难向父母表达不同意见,因为在其所处的文化中,这表示对长辈的不尊重。

在这种情况下,心理咨询师和治疗师要如何遵循伦理对保密的要求呢?一个显而易见的解决办法是让来访者签署咨询泄密同意书,但是因为来访者很难独自做出决定,故签署咨询泄密的同意书可能无法完全解决问题。一个理想的应对措施便是心理咨询师和治疗师预先就对与自己有不同价值观体系的来访者的咨询复杂性有所了解,并做好心理准备,同时在开始提供服务之前便与来访者讨论如何与其家人沟通咨询事宜等问题。事实上,在这种情况下,家庭治疗可能会是更好的选择。

## 本章要点

(1)《中国心理学会临床与咨询心理学工作伦理守则》(第二版)规定:心理师有责任保护寻求专业服务者的隐私权,同时认识到隐私权在内容和范围上受到国家法律和专业伦理规范的保护和约束。心理师需要了解他们为来访者保密所必须遵守的伦理守则和法律规范,同时,也需要了解如果未能做到这些的法律后果和专业后果。

(2)保密原则是有效的心理咨询与治疗的基石,因为它可以让来访者放心地分享自己的经历,而不必担心信息的不正当泄露。在保密的环境下,来访者可以表露和探索他们自身或关系中有问题的、造成个人痛苦的信息,但这些内容如果在咨询之外被人知道,则可能会对来访者造成伤害,或让其处于尴尬的境地。

(3)与保密相关的伦理原则有关怀、无伤害、善行、自主性和诚信等等。

(4)在心理咨询与治疗中,主要有九种可能会打破保密的例外情况:①来访者要求得到保密信息,或同意将保密信息泄露给他人;②法庭要求心理咨询师和治疗师提供保密信息;③针对心理咨询师和治疗师的伦理投诉或法律诉讼;④来访者希望将咨询或治疗的信息作为起诉另外一方的民事诉讼的依据；⑤法律法规对保密例外的限制；⑥可能对自身或他人造成即刻伤害或死亡威胁的危险来访者；⑦未来会有犯罪行为倾向的来访者；⑧患有危及生命的传染性疾病的来访者，如 HIV 感染者，并且来访者的行为会导致他人面临即刻的感染风险；⑨处于生命尽头的来访者希望加速自身的死亡。

（5）为指导心理咨询师和治疗师正确应对来访者的自杀、自伤或伤害他人的可能性并采取必要的行动，可以参考以下原则：①在开始干预前，要对来访者明确说明保密的范围，并强调一旦他们有威胁他人或伤害自己的企图或想法时，心理咨询师和治疗师便不能继续替他保密。②在心理咨询师和治疗师做决定前，需要先征求督导、上级领导、单位、警察或其他有处理危险和暴力经验的人员的意见。同时，针对不同的来访者制订不同的计划，即心理咨询师和治疗师该做什么、如何做，以及能做什么。③如果不能确定来访者威胁的程度或他们会做些什么，应与其他专业人员商量、寻求督导或立即请示机构负责人，并做好记录。如果这样仍然不能确定具体情况，则需要请专家进行会诊。④如果来访者明确且具体地讲出威胁的话，心理咨询师和治疗师就有责任采取行动。如果知道潜在受害者的身份，便有有责任去警告、提醒潜在受害者。⑤将潜在危险、自杀和暴力的有关内容记录在案，以便作为产生纠纷时的证据。

（6）未成年人的保密权会因为以下四个方面而受到影响：①即刻的危险，如自杀或被他人威胁；②长期的危险，如药物滥用或持续的情绪困扰；③混乱的模式或攻击行为；④由多元文化因素所形成的、父母应了解并干预的对其孩子的福祉有争议的情境。

**思考题**

1. 与保密相关的伦理原则有哪些？
2. 在哪些情况下，需要考虑保密例外情况？
3. 如果来访者有自杀、自伤或伤害他人的可能性，指导心理咨询师和治疗师采取必要行动的原则是什么？
4. 请思考是否存在"理性自杀"？在这种情况下，心理咨询师和治疗师该怎样处理保密问题？
5. 如果来访者有性传播疾病，并告知心理咨询师和治疗师其经常在没有保护措施的情况下与陌生人发生性关系，你觉得心理咨询师和治疗师应该怎么做？应该考虑什么因素？

# 第六章 关系与界限

**学习目标**
1. 从理论和实践角度理解心理咨询与治疗关系中的界限概念。
2. 熟悉涉及性和不涉及性的多重关系以及其对来访者的影响。
3. 掌握并识别对来访者有害的多重关系、界限跨越和界限侵犯。

**关键词**

界限（boundary）；利益冲突（conflict of interest）；界限侵犯（boundary violations）；界限跨越（boundary crossings）；双重关系（dual relationships）；多重关系（multiple relationships）

　　心理咨询与治疗的过程是在心理咨询师和治疗师与来访者双方互动的关系中进行的，这种关系一般被称为"咨访关系"，咨访关系是否良好和谐、是否符合伦理，直接关系到心理咨询与治疗的效果，也关系到来访者在此过程中是获益的还是被伤害的。本章以咨访关系为中心，探讨界限与利益冲突、涉及性和不涉及性的多重关系及其对来访者的影响，识别对来访者有害的多重关系、界限侵犯和界限跨越。

## 第一节　概　　述

### 一、心理咨询与治疗中的关系

**1. 咨访关系**

咨访关系是存在于心理咨询与治疗中的特别关系，它是一种正式的关系，这种关系强调来访者的需求，而不是心理咨询师和治疗师的需要。在心理咨询与治疗过程中，来访者会分享个人的信息以及言语和情感隐私，这类隐私一般是单向的，从来访者指向心理咨询师和治疗师。咨访关系并非像友谊一样的双向关系，即双方可以毫无保留地交流情感。虽然咨访关系中有一些特点是与友谊相同的，如开放、尊重、支持，但这种关系不是也永远不会成为友谊，它只是促进来访者改变的工具之一。

建立咨访关系的本质在于改善来访者的心理和情感，而不是改善心理咨询师和治疗师的心理和情感。咨访关系也可能会促进心理咨询师和治疗师的个人成长，但这并不是咨询和治疗的主要目标。心理咨询与治疗的主要目标是增进来访者的体验和经验，改善来访者的心理和生活水平。善行和关怀这两个伦理原则要求心理咨询师和治疗师要时刻牢记什么对来访者来说是最好的处理方式，并据此制定计划和干预方案。咨访关系对心理咨询师和治疗师及来访者都会产生积极作用，如果心理咨询师和治疗师有未被满足的情感或关系需要，也可能会有什么情况利用咨访关系使自己获益。

### 2. 多重关系

多重关系（multiple relationships）是指心理咨询师和治疗师在从业过程中与来访者除了专业关系之外，还存在其他社会关系，其中最常见的是双重关系（dual relationships），如心理咨询师和治疗师为自己的学生或朋友等提供咨询服务，即在专业的咨访关系之外，同时还存在师生或朋友等关系。

心理咨询师和治疗师也是普通人，也会有一些人之常情或世俗的需要，而且也会通过治疗过程得到自我满足，如来访者给予心理咨询师和治疗师一些礼品或土特产等物品，一旦发生这种情况，心理咨询师和治疗师与来访者之间便形成了咨访关系以外的关系，即心理咨询与治疗中的双重关系。双重关系的形成通常与性、社会、商业、钱财及职业有关，与原有的治疗关系不同，它一般是后来才出现而不是同时发生的。有时，双重关系的产生非常微妙，且双重关系具有潜在的危害性，所以识别和避免双重关系显得尤为重要。由于心理咨询师和治疗师在专业和日常生活中都扮演着多种角色，因而多重关系的产生不可避免。中国是熟人社会，人们无论是就医还是寻求心理咨询与治疗服务，都喜欢托关系找熟人，这大大增加了多重关系发生的概率。偶然的接触中也会发生多重关系，因而多重关系的产生难以避免,除非拒绝为来访者提供服务。心理咨询与治疗的职业要求是心理咨询师和治疗师在工作期间应把自己的需要搁置在一旁,尽心尽力地为来访者的需要而服务。

## 二、界限与利益冲突

### 1. 界限与权力差异

界限(boundary)可视为咨访关系的框架和限制,它规定了来访者与心理咨询师和治疗师的角色和规则。心理咨询师和治疗师拥有心理、情感和人际关系方面的专业知识,而来访者没有;心理咨询师和治疗师的决策和行动要与专业知识紧密联系,因此,心理咨询师和治疗师与来访者之间存在不平衡的权力关系。普通的来访者只能听从这些拥有专业知识的咨询师的指示。无论心理咨询师和治疗师将自己放在专业工作者的位置,还是以合作者的态度为来访者提供帮助,都会存在这种权力的不平衡。

鉴于心理咨询师和治疗师与来访者之间存在权力差异,适当的界限可以保护来访者的权益。相对心理咨询师和治疗师而言,来访者的力量更弱,更容易受到伤害。因为来访者会在心理咨询与治疗中暴露自己在情感、认知、人际上的需求和困难。界限为整个心理咨询与治疗过程提供了基础结构,为来访者提供了安全感,为有效的心理咨询与治疗工作提供了必要的情感距离。因此,心理咨询师和治疗师在伦理上有责任觉察到这种权力的不平衡、来访者的脆弱,以便自觉遵守伦理原则,提升来访者的福祉和健康水平。

### 2. 利益冲突

在心理咨询与治疗中,利益冲突(conflict of interest)是指心理咨询师和治疗师因与来访者存在某种利益不同而使其专业判断受到干扰的情况。当心理咨询师和治疗师的需求和利益占了上风时,即其需求和利益先于来访者的需求和利益时,就会出现权力滥用、界限侵犯等典型的违反伦理的行为。如一名心理咨询师的来访者是她女儿的导师,心理咨询师就可能会有所顾虑,担心自己的行为可能令来访者不悦,这样便会影响心理咨询师的临床判断力。因此,界限问题在心理咨询与治疗中很重要,界限的概念是理解利益冲突的核心,维持单一的心理咨询师和治疗师与来访者之间的关系尤为重要。

## 第二节 界限侵犯和界限跨越

### 一、界限侵犯

#### 1. 界限侵犯的定义

界限侵犯（boundary violations）是指心理咨询与治疗中的剥削或者伤害行为，心理咨询师和治疗师为了自己在性、情绪或经济方面的利益，不恰当地利用心理咨询师和治疗师与来访者之间的权力差异，破坏适当的界限，做出不符合专业标准的行为。界限侵犯被认为是伦理和界限损坏过程中最严重的行为。

> **案例 6-1**
>
> **来访者的投诉**
>
> 某日，我来到草草心理咨询中心，与一位姓董的心理咨询师做了 1.5 个小时的心理咨询。咨询后我的感觉很不好，我觉得该心理咨询师非常不专业，其在咨询的过程中至少犯了三个错误：第一，我迫切想知道自己问题的性质和严重性，但是，直到咨询结束，该心理咨询师也没有回答我的问题，却告诉我需要进行长期心理咨询。第二，在咨询过程中，心理咨询师进行了大量的自我暴露，诉说她的烦恼和不幸，流露出气愤、悲伤和担心等负面情绪。这些自我暴露并不是针对我的问题，却占用了很多咨询时间，我觉得她是在发泄自己的情绪。我甚至弄不清楚，我们两个究竟谁是来访者，谁是心理咨询师。第三，由于心理咨询师做了过多的自我暴露，花费了很多时间，但是，咨询结束后，他们依旧按照 1.5 个小时进行收费，我觉得很不妥当，这位心理咨询师应该付给我咨询费，至少我们应该扯平！她向我倾诉了很久，让我觉得她病得比我还厉害，却还要我支付咨询费，这合理吗？

来访者认为草草心理咨询中心让这样一位心理咨询师给来访者做咨询，就像让一个从来没上过解剖课的人给患者做外科手术一样，极度缺乏职业道德。于是咨询结束后的第二天，来访者便打电话到草草心理咨询中心进行投诉。

**请思考：**
- 对于上面的个案，来访者的投诉有道理吗？
- 你认为该心理咨询师违背了哪些伦理原则？
- 你觉得心理咨询师因诉说自己的烦恼和不幸，占用了大量的咨询时间，这样的行为是否属于界限侵犯行为，为什么？

在这个案例中，该心理咨询师明显破坏了心理咨询的界限，没有将来访者的问题作为咨询的焦点，而是用了很多时间诉说自己的烦恼、宣泄自己的情绪、处理自己的问题，从而来满足自己的需求，这里的界限侵犯是很明显的。心理咨询师没有保持专业人员与来访者之间的距离，没有在督导或个体咨询中关注自己的个人问题，在这个案例中很难发现该心理咨询师有符合伦理原则的行为。从心理咨询师的表现中，我们难以感受到善行、无伤害、尊重自主权和其对来访者的关怀。

### 2. 界限侵犯的发展和表现

在心理咨询与治疗中，界限侵犯被认为是一个过程，而不是孤立的具体事件。界限侵犯很少是心理咨询师和治疗师对抑制不住的欲望的自然反应，而是一种为了满足自己的需要所做出的一系列故意而有计划的行为。界限侵犯最开始出现的是单纯的界限跨越行为，即心理咨询师和治疗师诉说自己也经历过孤单、丧失的痛苦，接着出现升级行为，如拥抱来访者或延长几分钟的咨询时间。之后，心理咨询师和治疗师可能会称赞来访者具有吸引力，暗示可以一起吃饭，而后又升级为更有性意味的行为。这些看似无伤大雅的界限跨越行为有一个共同点，即心理咨询师和治疗师只关注自己的需求和利益，而不是来访者的。涉及性和不涉及性的界限侵犯举例详见表 6-1 和 6-2。

**表6-1 涉及性的界限侵犯举例**

1. 向来访者暴露个人的、私密的性感觉、性幻想和性行为。
2. 暴露其对来访者特有的性吸引、性唤起和性感觉。
3. 在咨询期间对来访者进行性暗示或开下流的玩笑。
4. 握手、拥抱或安慰来访者，主要为了满足心理咨询师和治疗师的性需求或唤起来访者的性需求。
5. 对来访者的外表或穿着做诱惑性的评论。
6. 不怀好意地看着或盯着来访者的身体或穿着。
7. 引导来访者诉说与现有的问题不适合、非必要的详细的性历史。
8. 对某个来访者有性期望，并在为其咨询时会特意打扮。

**表6-2 不涉及性的界限侵犯举例**

1. 暴露详细的个人生活或者与咨询无关的想法或情绪，主要是为了宣泄心理咨询师和治疗师的情绪。
2. 从来访者处接受贵重的礼物，且并不是文化上象征感激或尊重的礼物。
3. 与来访者在咨询以外的情境下会面，如喝咖啡或吃饭，与咨询目标无关。
4. 在咨询中愉快地谈论政治、电影或书籍等共同感兴趣的话题，但并不符合咨询目标。
5. 并非因为临床需要而增加来访者的咨询次数，或者安排更频繁的会面。
6. 暗示来访者有问题，但来访者并未觉得有困扰，并为此延长咨询时长。
7. 对来访者目前或可能的行为给予个人、道德上的建议或评判。
8. 在咨询中没有保持咨询时间界限，咨询时间超出正常的范围，在两次咨询会谈之间给来访者打电话。联系来访者不是出于治疗的目的，而是为了满足自己的需要。
9. 没有尊重来访者的隐私，将来访者的故事告诉其他人，如与配偶、重要他人或朋友闲谈时详细述说来访者的故事，即便隐藏了来访者的身份。

心理咨询师和治疗师在情感、心理或人际关系上有未被满足的需要并不是发生界限侵犯的关键所在，关键在于心理咨询师和治疗师没有自我关怀或者没有接受督导，从而做出不符合关怀伦理的行为。列表中的有些界限侵犯非常恶劣，如果心理咨询师和治疗师早点发现这些想法或行为，便可以提醒自己去处理个人问题。心理咨询与治疗的教育项目应该更为重视心理咨询师和治疗师的自我关怀，以及自我关怀与权力滥用的关系。

### 3. 如何避免界限侵犯

界限侵犯反映了心理咨询师和治疗师不再对咨访关系负责，如与来访者有亲密关系或性关系。对关系不负责意味着心理咨询师和治疗师忽视了一个主要的责任，即察觉自己对来访者的看法以及看法背后的含义。如果心理咨询师和治疗师对来访者持优越的姿态，抱着一种"我知道什么是最好"的态度，而忽视了对这种态度的反思，那么心理咨询师和治疗师极有可能剥削来访者。心理咨询师和治疗师不关注自身问题、反移情、缺乏适当的同伴讨论和督导，都会致使其出现利益冲突和界限侵犯的情况。相反，如果心理咨询师和治疗师意识到咨访关系中权力的不平衡，并且在需要的时候，通过寻求个体咨询、督导、积极的自我关怀等方式承担咨访关系中的责任，那么就可以降低发生利益冲突和界限侵犯的可能性。

滥用权力和界限侵犯是相关联的。心理咨询师和治疗师在遇到压力时寻求帮助是一种自我关怀的行为，符合伦理规范，同时也降低了其发生界限侵犯、出现低于专业标准行为的风险。心理咨询师和治疗师也应该时刻觉察咨访关系中的权力差异以及这种差异对来访者的影响。这一行为既保护了心理咨询师和治疗师，也保护了来访者，降低了因滥用权力而导致界限侵犯的风险。关怀这一伦理原则包括了心理咨询师和治疗师的自我关怀和对来访者的关怀。心理咨询师和治疗师也是人，也会遭遇生活的变迁、个人和家庭的问题，这些遭遇会让心理咨询师和治疗师更容易发生界限侵犯，更容易利用来访者来满足自己的情感或经济需求。因此，应该鼓励、支持有个人问题的心理咨询师和治疗师在遇到巨大压力时寻求帮助。

## 二、界限跨越

界限跨越（boundary crossings）是心理咨询师和治疗师经过深思熟虑和计划之后与来访者建立的一种关系，其目的在于增强咨访关系，最终提高治疗效果。人本主义、行为主义、认知行为主义、系统和多元文化模型均要求心理咨询师和治疗师需要更为主动和投入。界限侵犯和界限跨越的差异很大，界限侵犯一般对来访者有害，而界限跨越通常会对来访者有利。表6-3列举了一些界限跨越的例子，这些例子或是与某种心理流派的操作有关，或是心理咨询师和治疗师为了增进咨访关系而做的某些行为。

表6-3 界限跨越举例

1. 在心理咨询与治疗中拥抱孩子来表示支持,或者回应孩子拥抱的要求。
2. 打招呼或道别时拥抱来访者,这种行为在文化上象征尊重和认可。
3. 接触来访者的手、手臂或肩膀,拥抱来访者(不带性的意味),以表示支持和感谢。
4. 在行为暴露疗法中陪伴来访者外出,如陪来访者乘坐地铁或者去可以触摸爬行动物的公园。
5. 有限、审慎地进行自我暴露,目的在于达到治疗目标。
6. 做驻家的家庭治疗时,在来访者家里的自然环境中与其会面,和他们一起进餐。
7. 叙事疗法中,心理咨询师会持续给来访者写信,鼓励社区中的其他人与来访者通信,以此来让大家了解来访者有不同的身份和角色。
8. 在物质滥用治疗中,正在康复中的心理咨询师进行自我暴露,以促进来访者的治疗效果,增进咨访关系。
9. 在社区中遇到来访者时,友好地跟来访者打招呼,进行简短的交谈。
10. 向来访者推荐认识和认可的心理咨询师为其提供帮助,这与医生为自己或家人选择最有能力的医生一样。

## 三、决定突破界限前需要思考的问题

界限侵犯是违反伦理的行为,而界限跨越则是为了更好地达到咨询目的的一种灵活的处理方式。然而,心理咨询师和治疗师突破界限的行为究竟是界限侵犯还是界限跨越,现有文件没有非常明确的界定,这往往需要心理咨询师和治疗师根据具体情况来具体分析。思考以下这些问题,可以给心理咨询师和治疗师在考虑某一具体关系是否符合伦理时以启示。

(1)心理咨询师和治疗师对自己的角色期望与职责是否存在很大分歧以至于不可调和?

(2)增进来访者的福祉是否是心理咨询师和治疗师与之建立专业关系的唯一动机?

(3)心理咨询师和治疗师是否能对来访者一视同仁,并且可以在此专业关系中保持同样的胜任力?

(4)是否可能出现心理咨询师和治疗师滥用权利的问题?

（5）这一多重关系是否可以带来低风险高收益的结果？

（6）心理咨询师和治疗师是否确信这种多重关系不会对咨询中来访者的情感投入带来消极影响，或者影响来访者实现治疗目标的能力？

（7）这一多重关系是否无法避免？心理咨询师和治疗师是否认真考虑过其他备选方案？

（8）如果心理咨询师和治疗师必须跨越界限，是否启动了知情同意程序，让来访者理解当前的情况，包括其中的风险以及可能需要进行的特别安排？

（9）双方是否都已评估过现在的专业关系可能给他们的其他关系带来的变化？以及双方对于这一变化是否都没有不适感？

（10）如果将这一决策告知资深同行，他们是否会支持？

（11）心理咨询师和治疗师是否愿意将非专业接触记录到个案记录中？

（12）心理咨询师和治疗师是否安排督导，以监控可能给来访者带来的风险和帮助？

（13）当关系并未取得预期的效果时，来访者与心理咨询师和治疗师是否有备选方案可以将伤害降到最低？

（14）心理咨询师和治疗师是否愿意及时对来访者进行跟踪？这样的话，即使在专业接触结束后才出现由多重关系而造成的问题，心理咨询师和治疗师依然可以提供帮助。

以上列出的是心理咨询师和治疗师在跨越界限之前必须特别关注和思考的问题。

## 四、多重关系的弊端和危害

许多文献和临床经验表明，多重关系会影响心理咨询师和治疗师的临床判断、伤害来访者的利益及降低治疗效果，有关弊端和危害包括以下七个方面。

### 1. 危及专业的咨访关系

多重关系会对咨访关系造成严重伤害，使心理咨询师和治疗师与来访者不能保持一定的界限和距离。因为当从业者同时又是来访者的爱人、雇主、亲密朋友时，咨访关系的本质就发生了变化，它会严重影响心理咨询与治疗的进程。

### 2. 影响客观评估

多重关系还可能产生利益冲突，影响心理咨询师和治疗师做出准确的专业判断。心理咨询师和治疗师应该时刻牢记把来访者的利益放在第一位的原则，如果在治疗中产生另一种关系，便有了除疗效之外的利益。此时，心理咨询师和治疗师会更关注其自身的需要或利益，而把来访者的利益放在次要地位。

### 3. 影响来访者的认知判断

多重关系可能会影响来访者的认知过程，使得其对原有的治疗目标有所动摇，或者对治疗的过程产生怀疑，甚至使治疗的依从性受到影响。

### 4. 导致关系不平等

多重关系的存在会使得原先强调的平等关系被打破，导致来访者与心理咨询师和治疗师之间的关系变得不平等。如果来访者认为心理咨询师和治疗师在工作中有违规行为或对自己造成了伤害，可以申请司法鉴定或诉诸法律，通过正当途径来解决。但是，如果存在多重关系，如来访者与心理咨询师和治疗师还在商业、经济等方面有关联的话，即使来访者发现心理咨询师和治疗师有严重的经济违法行为，举报之后也可能会面临很多麻烦，因为心理咨询师和治疗师在心理咨询与治疗期间获知了来访者的许多隐私和秘密，这些可能会被用作自己辩护或交换的条件。

### 5. 改变心理咨询与治疗的性质

如果心理咨询师和治疗师与来访者的关系建立在商业、经济或职业等的基础上，则心理咨询与治疗的性质从一开始就被改变了。心理咨询师和治疗师可能会利用多重关系来掩饰来访者的真实治疗情况，以期满足自己的社会地位、性、金钱或职业等方面的需要和满足。例如，缺乏社交圈的心理咨询师或治疗师在治疗结束后可能会找各种借口与来访者建立治疗以外的社交关系；喜爱影视剧的心理咨询师或治疗师在为某一著名剧作家提供咨询服务时，可能会利用咨询作为约会的借口来制造交往的机会。

### 6. 影响公正和真实性

在心理咨询与治疗过程中，难免会遇到一些司法纠纷，法院或其他司法机构会要求心理咨询师和治疗师提供来访者的诊断、治疗及预后的证明。倘若心理咨询师和治疗师又是来访者的商业伙伴、情人或朋友的话，则其提供的证明或文件的客观性、可靠性、公正性及完整性就有待考证。

### 7. 违法

部分经历多重关系的来访者在治疗结束后会起诉或控告心理咨询师或治疗师未执行伦理规范。即使心理咨询师和治疗师没有与来访者发生性关系，但也可能会因为存在其他非治疗关系而面临指控。在法律层面上，往往要求心理咨询师和治疗师在治疗过程中和治疗结束后都应避免与来访者有多重关系。

## 五、为双重关系辩护的托词

一般而言，在心理咨询与治疗实践中，心理咨询师和治疗师与来访者之间的双重关系会对来访者造成伤害，但在实际工作中，这种关系有时会被允许，为什么会有这种矛盾的现象发生呢？与下述情况有关。

### 1. 选择性忽视

在心理咨询与治疗中，选择性忽视是双重关系及其他非伦理行为得以存在的最普遍的原因。心理咨询师和治疗师可能会采取藏匿证据、把双重关系分裂开来并拒绝承认等方式来推卸伦理责任，选择性忽视实际上是粗心或疏忽的一种托词。许多从事临床工作的人员可能都曾经出现过此类情况，在咨询记录中一般很难发现有双重关系的证据，如果仅根据记录则容易犯选择性忽视的错误，因为许多记录中都完全看不出心理咨询师和治疗师与来访者成为商业伙伴、性伴侣或其他关系的记录或蛛丝马迹。记录中并不会提及这方面的内容，更不会提及两种关系怎样相互作用，或讨论双重关系会怎样影响来访者的治疗、计划、预后、对治疗的反应等，也不会在告知来访者的内容中提及如何界定和避免双重关系。

选择性忽视的存在会助长双重关系的形成，即心理咨询师和治疗师同伴中也存在双重关系的话，则他们本人也可能会试图掩盖或保留证据为自己可能产生的双重关系寻找借口。另外，对于同事发生的双重关系行为，心理咨询师和治疗师往往会采取视而不见的态度，因为不愿破坏同事之间的感情、不想惹是生非，或者害怕被孤立和引起众怒，或者自己也有类似的行为。这样，就可能与同事达成心照不宣的默契，每个人都忽略他人违反伦理的行为，使选择性忽视成为人际或社会平衡的一个重要方面。一旦选择性忽视成为不成文的"游戏规则"，任何人要想改变它，则首先必须过"人情关"、克服社会不合理但又约定成俗的"规则"，但改变这些往往又是很困难的。如果不改变这种情况或听之任之，对来访者来说显然是不合理和有伤害性的。

### 2. 为了来访者的利益

赞同双重关系存在的第二种理由是对来访者有利，如心理咨询师和治疗师对与来访者发生性关系的辩护理由之一，就是强调性关系是治疗的一个重要因素：它给来访者提供了更大的支持及被完全接受的感觉，少了一些冷漠且单纯的咨访关系；通过"公开的移情"使来访者能感觉和确信其在"真正的生活"中进行心理与治疗；正是在心理咨询师和治疗师的关注和帮助下，来访者发展了较健全的性观念、经历了"正确"的性体验，得以从以前性创伤的痛苦中恢复过来，为来访者战胜"精神—身体"分离现象提供了治愈的希望和机会。

但问题是，在实际的咨询记录中，心理咨询师和治疗师并未如实记录，甚至经常忽略和害怕谈及这些事情；同样，在告知来访者的内容中也缺乏相应内容。因此，上述的辩护并非事实，更多是来自一方的狡辩。

### 3. 声称"许多同行也是这样的"

有些心理咨询师和治疗师试图通过宣称许多同行与来访者也存在双重关系来为自己辩护，因为"法不责众"。这种肆无忌惮的说法与某些人不能找到借口为自己的不良行为辩护时便大喊："每个人都是这样做的"十分相似。"许多或大多数专业人员"都会有这种双重关系真的是事实吗？事实上，只是"相当多的少数人"有这种行为。这种"许多心理咨询师和治疗师都有此行为"的论调可能会鼓励或助长双重关系的发生和维持。

### 4. 符合"易货交换"的传统习俗

**案例 6-2**

在一次心理咨询中，一位来访者提到，他因为工作的关系可以得到许多音乐会、游乐场的免费门票。为表示感激之情，他昨天已邮寄了两张音乐会的票给你，因为你曾提及喜欢看演出。当时你正为给你的女儿买票而发愁，她非常想去，但是票已销售一空，出怎样的价钱都买不到。

**请思考：**
- 对此你有什么样的感觉？
- 你认为这是什么问题？
- 在什么情况下，你愿意接受这两张票？
- 此次会谈结束后，在咨询记录中你将怎样记录此事？

### 案例 6-3

你正遭受事业的挫折和家庭的危机，经济上入不敷出，如果不卖掉房子就会资不抵债，但是，近年来房市低迷，没有人愿意购买。一天，一位来访者说："这是非常好的房子，我愿意买下来，尽管我可以在任何其他的地方买，但这是对你心理咨询的最好回报。"

**请思考：**
- 对此你有什么样的感觉？
- 你会怎样回复来访者？
- 你会做出怎样的决定？你会把自己的房子卖给这位来访者吗？

有些双重关系是通过交换服务而产生的，如心理咨询师和治疗师为来访者提供心理咨询与治疗服务，同时，作为交换，来访者为心理咨询师和治疗师打印、整理文稿，装饰、整理房间或照顾子女。心理咨询师和治疗师认为这是符合伦理且无害的行为，因为"易货交换"已经流传多年。但是，如果心理咨询师和治疗师与来访者卷入这样的关系中，后果可能是灾难性的，因为专业心理咨询与治疗的背景不能被忽视。来访者是寻求帮助者，心理咨询师和治疗师是帮助者，二者之间以心理咨询与治疗为目的，并不是完全平等的关系，因而不可以、也不可能用传统的"易货交换"习俗来解释双重关系行为。

### 5. 来访者自愿

> **案例 6-4**
>
> 你生活在一个非常小的城镇里，并且是当地经过管理部门认可的唯一一位心理咨询师。有一天，你的一位相识多年的非常亲密的朋友出现在你的心理诊室，要求接受治疗。
>
> **请思考：**
> - 对此你有什么样的感觉？
> - 假设你拒绝为来访者提供服务，但因为你是当地唯一的心理咨询师，而且只有你了解他的个性。他认定除了你以外不会有人真心地帮助他，你将做怎样的说明和解释？
> - 你的观点和选择是什么？
> - 如果你决定为他进行心理治疗，你将采取什么样的防范措施？

双重关系通常由于心理咨询师和治疗师宣称"来访者自愿"而被认为是合理的，即声称来访者自愿的权利是基本、绝对、毋庸置疑和不受外界干扰的。如果将心理咨询师和治疗师的拒绝看成破坏了来访者的自愿原则，显然这种观点是在狡辩，并不符合伦理及临床实践的要求。一个非常简单的例子是，如果来访者要求没有处方权的心理咨询师或治疗师为其开药该怎么办？很显然，心理咨询师和治疗师会坚决拒绝并解释原因，并与其讨论其他的方法，如建议来访者去看内科医生，而不是以来访者自愿作为提供药物的借口。因为只有医学院教育背景和具有医师资格的人才有处方权，而只有心理学教育背景的心理咨询师或治疗师是没有处方权的。

## 6. 没有解决办法或不可避免

> **案例 6-5**
>
> 你在一所进修学校开设变态心理学课程。第一天上课时有 50 位学生来听课，但你发现其中有两位是你现阶段正在进行心理咨询与治疗的来访者。
>
> **请思考：**
> - 对此你有什么样的感觉？
> - 他们的出现对你的授课会产生什么样的影响？
> - 你应该怎么做？

> **案例 6-6**
>
> 一对夫妇是你的好朋友，得知你将独自过中秋节，便邀请你共度节日，并做了精心的准备和安排。但是，赴约时你意外发现他们还邀请了一个人，而这个人是你两年来一直提供心理咨询与治疗服务的来访者。
>
> **请思考：**
> - 对此你有什么样的感觉？
> - 你将怎样选择，是继续留下来与来访者共度中秋，还是借故离开？
> - 如果这个人是你以前的来访者，或者是你的临床督导师，或者是你自己的心理咨询师和治疗师，你会有怎样的感觉并将做何选择？

> **案例 6-7**
>
> 你在原来的单位里人际关系十分紧张,你已找到一个更能体现自己价值的部门。第一次参加部门会议时,你发现自己的一位来访者也在这里工作。中间休息时他走过来同你打招呼,并表达很高兴同你一起工作。
>
> **请思考:**
> - 对此你有什么样的感受?
> - 你对这位来访者可能会有什么样的感觉?
> - 你考虑到了什么问题?
> - 你应该继续留在这个部门工作吗?什么原因使你有这样的决定?
> - 在来访者的咨询记录中,你会怎样记录这次会面?

有些心理咨询师和治疗师认为,双重关系的发生是"不可避免的",甚至是"必要"的,当时自己别无选择,因而拒绝承担相应的责任。然而,这种所谓"不以我的意志为转移"或"我是不得以而为之"的说法,具有明显的逃避责任的倾向。在实际工作中,的确会发生所谓难以拒绝或不可避免的情境,如来访者主动提出建立治疗关系以外的交往。此时,心理咨询师和治疗师的反应并不应是简单地答应其建立性或非性的双重关系,而是应该通过认真、仔细和想象性的思考与来访者讨论可能的因果关系等,克服"必须"的理由,而不是单纯地拒绝或满足来访者的需要。

## 第三节　心理咨询与治疗中的亲密关系

**案例 6-8**

### 你赞同心理治疗师的做法吗？

阿明是一家综合医院门诊部的临床心理治疗师，负责与新来访者面谈。一天，当他进入接待室向新的来访者打招呼时，却发现这个面孔很熟悉。嘉红是他十年前曾短暂交往过的女性，在他们分手两年后，嘉红嫁给了另外一个人，现在她已经离婚很多年了。她选择阿明为自己提供咨询服务，不仅是因为其他人的推荐，也因为她相信他能够解决自己的问题。阿明告诉嘉红，自己很高兴她仍然清楚地记着他，但是，他必须谢绝接受她作为来访者的请求。他继续解释道，他认为自己不能够为曾经有过亲密关系的人提供咨询，即使是很多年以前的亲密关系。嘉红对于他的拒绝感到心烦意乱，并且认为阿明的解释在伦理上是墨守成规的，对她也是漠不关心的。她气冲冲地离开他的办公室，决定靠自己的努力来应对问题。阿明寄给嘉红一封信，在信中为使她感到心烦而道歉，并试图更加充分地解释他的观点。在信中，他推荐了三位心理治疗师，并告知了他们的名字。

请思考：
- 阿明的所作所为符合伦理吗？
- 你如何看待嘉红对他做出的"墨守成规和漠不关心"的评价？
- 事情发展到这个阶段，他还应该做哪些事情？

在早期的伦理规范中就曾有"从业者不能与来访者发生性关系"的规定。20世纪70年代，美国有多项研究证实，在心理咨询与治疗中有相当多的从业者违反了这一规定。此后，伦理规范明确提出：从业者与来访者之间发生性关系是违反伦理规定的，会对来访者造成伤害。

## 一、相关的伦理学规范

2018年,《中国心理学会临床与咨询心理学工作伦理守则》(第二版)对从业者与来访者之间的性关系进行了明确规定,具体内容如下所示。

阅读材料 6-1

1.8 心理师不得与当前寻求专业服务者或其家庭成员发生任何形式的性或亲密关系,包括当面和通过电子媒介进行的性或亲密的沟通与交往。心理师也不得给与自己有过性或亲密关系的人做心理咨询或心理治疗。一旦关系超越了专业界限(例如开始发展性和亲密关系),应立即采取适当措施(例如寻求督导或同行建议),并终止专业关系。

1.9 心理师在与某位寻求专业服务者结束心理咨询或治疗关系后,至少三年内不得与该寻求专业服务者或其家庭成员发生任何形式的性或亲密关系,包括当面和通过电子媒介进行的性或亲密的沟通与交往。在三年后如果发生此类关系,要仔细考察该关系的性质,确保此关系不存在任何剥削、控制和利用的可能性,同时要有明确可被查证的书面记录。

## 二、心理咨询与治疗中亲密关系的心理学意义

心理咨询师和治疗师对来访者造成性侵害的动机较复杂,但绝大多数心理咨询师和治疗师能够避免这种行为,原因可概括为:认为此种行为不道德、违反职业伦理、违犯法律;对来访者具有伤害性;害怕被指责、被报复;有损自己的人格、尊严;使自己有犯罪感;破坏自己控制移情和反移情的能力。

咨访关系是心理咨询师和治疗师与来访者之间的一种人际互动关系,当他们之间发生诸如亲吻、性交等亲密行为时,应该分别从来访者与心理咨询师和治疗师各自的心理特点和他们之间的关系的性质来加以分析。

### 1. 从来访者的角度分析

从来访者角度来看,主动向心理咨询师和治疗师示爱,表现出想同心理咨询师和治疗师建立比一般咨访关系更加亲密的关系,其心理意义通常有以下几种。

(1) 加强与心理咨询师和治疗师之间的关系。这样的来访者在社会中可能经常处于不被关心的地位,他们对别人缺乏基本的信任,很难与他人建立相互信任的人际关系。事实上,不是别人真的不关心他,而是他不相信别人对他有爱,同时内心深处总有一种不被他人重视和关心的担心和恐惧。这些担心和恐惧可能来源于其幼年的生活经历,因而为了减少内心深处的恐惧和不安,期望能够与他人建立更加密切的人际关系。

(2) 对心理咨询师和治疗师的认同和盲目崇拜。来访者在幼年可能存在与父母认同方面相关的问题,当他面对心理咨询师和治疗师与其建立起的咨访关系、对他的关怀时,从中感受到了从未有过的被接纳、被关怀和被尊重。来访者对这种从未经历过的"爱"特别受触动,无法分辨这种爱与性爱有什么区别,错误地将这种心理咨询师和治疗师对他的关怀当作是对他的爱。其内心的性幻想也同时指向了心理咨询师和治疗师,对其产生"爱慕"之情。

(3) 抵消负罪感的心理。来访者在幼年时可能受到过分严厉的批评或惩罚,在他内心深处存在着明显的内疚感或负罪感。他们认为只有通过多为别人做好事,包括奉献自己的爱情,才可以赎罪,才可以让自己的内疚感和负罪感得以减轻。这种对心理咨询师和治疗师的性爱表示,其实质是来访者自我负罪感的抵消。

(4) 试探心理。来访者想知道心理咨询师和治疗师是否真的喜欢并接纳自己,如果喜欢的话,这种喜欢究竟能达到什么程度。

(5) 控制心理。想通过"爱"上心理咨询师和治疗师来控制对方,通过满足心理咨询师和治疗师的所有愿望和要求来使自己有理由来控制和影响心理咨询师和治疗师。

(6) 被动攻击的表现。其潜意识是"我都爱上你了,你却对我如此不关心,你不是一个好医生"。

(7) 性压抑的释放。来访者幼年压抑的性欲望和性幻想,在心理咨询师和治疗师这里得以唤醒和投射,并把责任归于对方,认为是心理咨询师和治疗师在引诱他,这样既可以让自己的性欲望得以释放,同时又少有内疚和自责。

### 2. 从心理咨询师和治疗师的角度分析

从心理咨询师和治疗师的角度来说，如果其出现主动的性爱言行，则可能有如下意义。

（1）性犯罪行为。心理咨询师和治疗师利用来访者的信任获取性享乐，这是心理咨询师和治疗师故意的性行为，是真正的性犯罪行为。如在进行所谓的性治疗时，心理咨询师和治疗师欺骗来访者，要求暴露双方的性器官作为性及其相关问题的治疗手段并实施性行为。

（2）缺乏自信的表现。有的心理咨询师和治疗师缺乏足够的自信心，认为自己是没有能力的、不受尊重的，甚至没有性魅力。因为在生活中他从来没有遇到真正关心他、爱护他的人，所以在心理咨询与治疗中，心理咨询师和治疗师会有意无意地调动来访者的情感，鼓励来访者对自己产生爱慕之情，使得来访者爱上自己，以获得内心的最大满足感。

（3）利用咨访关系获得情感交流。心理咨询师和治疗师通过与来访者发展亲密关系，获得生活中无法获得的情感交流。此时，心理咨询师和治疗师成为"来访者"，他们的渴望和需要成为咨询过程的关注重点。这种情况往往发生在性格孤僻、生活中不太能与他人建立亲密关系的心理咨询师和治疗师身上。实质上，这是心理咨询师和治疗师利用咨访关系来满足自己与他人建立亲密关系的心理需要。

（4）失去控制。在心理咨询与治疗的过程中，随着充分的关注和共情的发展，心理咨询师和治疗师逐渐失去对情感亲密的掌握，使自己卷入其中，难以自拔。

心理咨询师和治疗师在处理其与来访者之间出现的亲密关系时，不要轻易地相信来访者真的爱上了自己，或者认为自己真的爱上了来访者，而应该仔细考虑来访者示爱的动机和意义是什么，自己内心深处的动机和需要又是什么，自己是如何认识和处理与来访者之间的关系的。如果能这样考虑的话，发现隐藏在"亲密关系"深层的心理症结及其心理意义并不是难事。

总之，心理咨询师和治疗师与来访者之间的亲密关系，通常具有多重深层心理意义，应分析来访者与心理咨询师和治疗师各自的深层心理需要，并分析这种亲密关系的性质和意义。

## 三、在心理咨询与治疗中亲密关系的处理原则

心理咨询与治疗非常重视心理咨询师和治疗师的人格，以及其与来访者间相互信任的关系，而使来访者较有感触的又是心理咨询师和治疗师的人格力量及对其的信任。如何处理好这之间的平衡非常关键，一般来说，心理咨询师和治疗师的真诚关心可能是保护来访者不受诱惑的关键。这种关系中同样也存在着"同性相斥，异性相吸"的现象，尤其是在多次咨询和治疗会谈后更易产生。如果处理恰当，当然会提高心理咨询与治疗的效果和增强来访者的依从性，以及增强来访者对心理咨询师和治疗师的信任和尊重；但如果处理不恰当，则会导致咨访关系中断、造成来访者生理、心理，乃至家庭和社会功能的伤害。在实际工作中，时有心理咨询师和治疗师与来访者之间发生感情纠葛，甚至发生性行为等，给心理咨询与治疗工作带来负面影响。因此，如何减少或避免性别差异导致的不良关系，往往是心理咨询与治疗工作正常开展和取得疗效的重要前提。

在伦理学方面，心理咨询师和治疗师与来访者发生任何性亲密行为都是不被允许的，任何原因、任何地点及任何条件下的这种行为均是不被伦理学接受和不可原谅的。此规定已成为现代国内外伦理学的一个基本通则，认真地履行和坚守这一规定标志着心理咨询师和治疗师开始遵守伦理道德标准。以下所列出的基本原则对专业人员具有指导意义。

**1. 不断进行反思，提高内省水平**

许多心理咨询师和治疗师与来访者的感情矛盾或不良移情关系的形成并非一朝一夕，而往往是一个发展的过程。因此，心理咨询师和治疗师在心理治疗过程中应注意时刻内省自己的感情、敏锐地察觉来访者的心理变化和言外之意，及时与同行或督导探讨和分析案例与治疗进程，以避免或减少不良移情与性关系的发生。换句话说，认真总结和分析每个治疗案例，不仅有助于治疗技能的提高，而且有助于克服治疗中的不足、减少遗憾的情形发生。

当心理咨询师和治疗师不知道某个决策是否应该实施时，可以学习和研究相关的调查结果和文献资料，也可以向自己信任的人请求咨询或督导。而在执行完以上步骤后，心理咨询师和治疗师对是否要实施行为仍然犹豫不决，这时应意识到，这个决策很可能是有问题的，并具有潜在的伤

害性。坚决否定这一行动的做法，可能会破坏心理咨询师和治疗师的创造性、直觉和对来访者需要的有效反应。然而，如果采取行动，则有可能对来访者造成伤害。当心理咨询师和治疗师遇到这种左右为难的困境时，可以从以下十个方面思考并进行预防。

（1）是否违反最基本的伦理规定。心理咨询师和治疗师首先要思考自己的行为是否违反伦理学中有关从业者与来访者性关系的规定，如果已经违反或有违反倾向，必须立即停止。

（2）是否有潜在的可能伤害。心理咨询师和治疗师需要深入地认识、探索和反思自我以及其行为是否会导致与来访者发生性关系。从表面上看，它可能与来访者的性伤害完全无关，但是，凭借心理咨询师和治疗师的人格力量，也可能会造成潜在的伤害。因此，要学会"三思而后行"和"未雨绸缪"。

（3）反思相互交往的程度。心理咨询师和治疗师需要经常回顾治疗的进程，反思其对来访者的性亲密是否会使治疗关系发生改变，或者违反医患关系原则。

（4）必要的澄清。心理咨询师和治疗师对某些行为的目的不清楚或不明确时，尤其是可能涉及性及有关问题时，可以做澄清或做推迟实施的处理。如一位来访者要求心理咨询师和治疗师每次会谈前都要先相互拥抱，而这种仪式性拥抱有可能会产生许多复杂的问题，粗暴拒绝会影响咨访关系、治疗过程和疗效，但如果不加以澄清，则有可能会进一步加深心理咨询师和治疗师与来访者的亲密关系。

（5）以来访者利益为先。维护来访者的利益是心理咨询与治疗最基本的原则之一，心理咨询师和治疗师的任何行为都需要考虑是否符合来访者的利益。在心理咨询与治疗中，如果心理咨询师和治疗师的感情太强烈或太深入，会模糊或减弱来访者的临床需要，造成对来访者的伤害；同样，来访者表达的需要或情感太强烈或直接，也会影响其治疗的初衷，甚至会伤害到自己。因此，从业者须时刻提醒自己不要伤害或影响来访者的利益。

（6）思考来访者是否可以理解。心理咨询师和治疗师应该学会换位思考或预先想象一下，来访者会对自己这一行为有怎样的理解和反应。

（7）反省自己的专业能力。心理咨询师和治疗师应反省自己是否有能力把握和实施这种干预？是否相信自己的教育、训练、督导实践可以充分发挥并游刃有余地胜任工作？

（8）明确自己的角色和职责。社会心理学家早就提出，每个人在不同的场合与环境下，都有其不同的社会角色和义务或应遵循的不同规则，心理咨询师和治疗师亦不例外。相对于有心理障碍而来求助的来访者而言，心理咨询师和治疗师是在心理门诊或特定治疗场合下出现的。因此，要时刻意识到自己的角色是心理咨询师和治疗师而非其他角色，这一点非常重要。心理咨询师和治疗师是以帮助和治疗来访者为目的而与来访者保持接触的；心理咨询师和治疗师的职责是应用自己的专业知识和人格魅力、通过言语和非言语沟通去影响和矫正来访者的心理问题，而非通过性关系或其他亲密关系进行治疗。

（9）警惕和避免有违常规的行为。心理咨询师和治疗师面对一些有违常规的行为时，应该警惕该行为是否超出治疗的一般行为规范？当然，有违常规的行为并不一定就是错误的。有些心理咨询师和治疗师想尝试创新的、特别的干预方法来帮助来访者，这种行为应该受到鼓励，但需慎重和小心。

（10）注意保密与隐私。心理咨询师和治疗师是否愿意与其他同事或督导师讨论其治疗行为？如果不情愿或认为这是自己的隐私，或认为公开自己的治疗行为会泄露来访者的秘密，则表明这有可能是一个不合适的行为。如果心理咨询师和治疗师已经实施了该行动，却不愿意让他人知道，那么也更应该寻找机会，尽可能与可信赖的同事或其他专业人士咨询讨论此事，以便澄清问题与解除顾虑。

简而言之，心理咨询师和治疗师在实践过程中一定要耐心地倾听、共情与理解来访者的痛苦与经历，细心厘清问题的前因后果，去伪存真，更要避免卷入来访者的感情之中；另外，心理咨询师和治疗师还要时刻意识到对来访者而言，自己的角色是心理咨询师和治疗师，是帮助者，而非其他社会角色，敏锐地意会到来访者的"言外之意"和"话外之音"，及时纠正或避免超出治疗关系的进一步发展，确保正常治疗关系的维系。

## 2. 不断进行再学习，提高专业治疗技术

"常在岸边走，哪有不湿脚"，这句话虽有其本身的道理，但心理咨询师和治疗师的工作如同临床医生一样，"临床医疗如履薄冰"，容不得半点疏忽大意。因此，不断学习专业理论和提高治疗技术水平非常重要。"来访者是最好的老师"，心理咨询师和治疗师从治疗中学习知识和提高专业

水平，从与同行的交流、督导的指导和帮助中学习并改善自己，从社会发展、人文背景中汲取新知识和新理念。只有这样，才能较好地把握心理咨询与治疗中关系的分寸，更好地帮助来访者，避免非治疗关系的发生。

### 3. 转介、会诊或中断治疗

从伦理学角度来看，一旦心理咨询师和治疗师与来访者的交往关系超出治疗关系，便应该及时转诊、会诊或中断治疗，以免非治疗性关系的进一步发展，影响来访者的心理、生理健康水平以及心理咨询师和治疗师的声誉。表面上看，这可能是推卸责任，但实质上是有利于来访者和心理咨询师双方的"冷处理"。

### 4. 管理和监督

预防心理咨询师和治疗师与来访者发生性行为的另一个关键措施是严格管理，防患于未然，即各级医疗和咨询机构及其他有关部门在聘用、考核和管理心理咨询师和治疗师及社会工作者时，应该负责地、认真地审核受聘人员，包括核实其教育、督导、注册、工作经历、伦理学投诉等方面的情况，以及个人的人格特点；组织学习和培训相关法令和法规，努力把风险减至最小。这种考查形式和规范化程序在国内外已被确定为心理治疗管理方面的重要内容。具体的内容如下所示。

（1）考核申请人所接受的培训经历。

（2）填写申请表，具体填写申请人从大学毕业到目前的详细工作情况，确保在教育和聘用方面没有遗漏的地方。

（3）提供可以公开的信息以便核查之前的培训、聘用和实践工作的情况。

（4）向申请人的督导或原单位核查。

（5）核对申请人曾被授予的所有学位。

（6）核实所有实习、实践或过去从医及咨询工作的经历；核查以前在心理咨询与治疗方面所受的教育、训练、督导和聘用的情况。

（7）核实申请人注册的部门，证实其没有被撤消资格或有惩罚行为。

（8）获取所有重要证书的复印件，并与原件核实。

（9）得到申请人执业证书的复印件，确保与申请表一致。

（10）确保申请人充分理解法令和法规禁止的行为，以及对临床工作的承诺。

## 四、如何对待曾发生过性关系的来访者、心理咨询师和治疗师

### 1. 对待来访者

如果心理咨询师和治疗师遇到以前与其发生过性关系的来访者,则有责任保守这个秘密,这一点非常重要。要想达到真正帮助这些来访者的目的,心理咨询师和治疗师就要正确认识和处理自己对来访者的情感反应,如不信任感、强烈的不快感、对来访者有性体验等,减少和避免因为知道来访者的隐私而产生的负性情绪体验。心理咨询师和治疗师要清楚地认识、分析和处理这些情感反应,以避免进行无效的治疗干预。当然,如果心理咨询师和治疗师感到难以面对和处理困难,必要时可寻求督导的帮助,以获得信心和理解。

### 2. 对待心理咨询师和治疗师

为了确定哪种类型的来访者更易被心理咨询师和治疗师所性伤害,多项研究对其进行分析并得出最有效的预测因素:不是来访者的过去史和个性特征,而是心理咨询师和治疗师以前的行为,即他们以前是否曾与来访者发生过性关系。许多研究证实了该分析,80%曾与来访者发生过性关系的心理咨询师和治疗师报告,他们不只与一位来访者发生过性亲密关系。换句话说,如果一位心理咨询师和治疗师对一位来访者实施了性侵害,那么他很可能在以前或今后对别的来访者也有类似的行为。因此,处理心理咨询与治疗的伦理学行为时,对涉及与来访者发生性行为的心理咨询师和治疗师,一般主张采取"一票否决",不提倡"下不为例",其目的是最大限度地保护来访者。

心理咨询师和治疗师与来访者发生性行为不仅会对来访者造成伤害,对其自身也会造成不利影响,但这常常被大众忽略,或以某种方式试图掩盖其应承担的责任。相当一部分的心理咨询师和治疗师经过一段时间的"恢复"或"改邪归正"后,继续从事其本职工作。与心理咨询师和治疗师的"改邪归正"等相关的伦理学问题,可以归纳为以下几个方面。

(1) 是否真的具有自控能力。

惩前毖后和既往不咎的出发点是好的,的确也会挽救一些人,但"改邪归正"的心理咨询师和治疗师是否在与来访者的性关系方面真的拥有自

控能力呢？显然至今仍无证据证明。且目前的问题是，怎样才能证明或保证心理咨询师和治疗师真的"改邪归正"。

（2）如何评价心理咨询师和治疗师的"改邪归正"。

心理咨询师和治疗师是通过何种方法来"改邪归正"的，是否能达到最低的专业伦理学标准。在心理咨询师和治疗师"改邪归正"的成功案例研究中，是否充分考虑其再次发生的可能性？因为经验表明，作恶者在"改邪归正"期间和之后，甚至被督导期间都可能继续与来访者发生性关系。而这种情况一般只有依靠来访者的揭发才能被知晓，然而，这种揭发率非常低。

（3）是否会再次滥用权利和信任。

《中国心理学会临床与咨询心理学工作伦理守则》（第二版）给予了心理咨询师和治疗师一定的权利，并赋予必要的信任，因为只有这样才能达到帮助来访者的目的。但前提是心理咨询师和治疗师是诚实的和遵守职业操守的人，如果他们已经违反了伦理学的相关规定，是否仍然给予其权利和信任呢？万一其"秉性难移"，是否会对更多来访者造成伤害呢？然而，即使他已"痛改前非"，也不再给予其从业的权利，是否也会造成更多来访者失去了一位有经验的心理咨询师和治疗师呢？这些问题难以直接回答。不过，以下两个案例，或许对心理咨询与治疗的伦理问题有启发作用。

**案例 6-9**

一名法官在其任职期间滥用权利，根据罪犯向自己行贿的数量来对其进行判刑。案发后，法官偿还了所有受贿款项，表示将"痛改前非"，该法官是否可以恢复原职？事实上，不管他有怎样的工作能力，或有任何证据表明其已"改邪归正"，都不可能再让其"官复原职"。

> **案例 6-10**
>
> 　　一名小学二年级的班主任对学生有性虐待行为,将面临民事和刑事处罚,但同时他又有"深刻检查"和"下不为例"的决心,希望能有改正的机会。是否可以相信其保证"不再会对学生有性伤害"? 是否可以"既往不咎",让他继续担任教师和班主任? 事实上,不管其决心和保证如何,教育管理部门都不会给他重新担任教师和班主任的机会。

　　法官和学生班主任拥有重要的权利,他们一旦违反了规则,便永远失去了在法律和教育领域掌握特别职权的机会。心理咨询师和治疗师的角色也具有类似的不可侵犯的信任和权利,因此,不难理解对于那些与来访者发生性行为的心理咨询师和治疗师来说,即使他们表示已"改邪归正"或"痛改前非",也不会有继续从事本职工作的机会,这是职业伦理的要求,也是对来访者的保护。

## 五、怎样处理对来访者的性吸引?

### 1. 识别性吸引的早期信号

为了帮助心理咨询师和治疗师识别早期信号,以下信息可供参考。

(1) 你是否发现自己将在来访者身上所观察到的令人满意的特质与你的配偶或重要的人身上不太令人满意的特质进行比较?

(2) 你是否认为只有来访者与你有积极的恋爱关系时,他的问题才能得到彻底的解决?

(3) 当你想到来访者或与之面谈时,会感到兴奋并期待这个机会吗?

(4) 你是否对来访者有过不合适的性幻想,并乐在其中?

(5) 当来访者做出诱惑你的举动时,你会将其理解为满足自己性要求的信号吗?

(6) 你会触碰来访者吗? (握手除外)

(7) 在治疗后,你会与来访者发展私人关系吗?

如果性吸引促使心理咨询师和治疗师寻求心理咨询与治疗,或将来访者转介给其他同事,那么这种吸引是否应该告知来访者。毕竟,来访者可能会有所察觉,或想知道转介的原因。在这种情况下,心理咨询师和治疗师必须衡量来访者的权益,以及这一信息对治疗过程可能造成的伤害或阻碍。移情的性质、来访者的痛苦和专业人员的权力造成这种披露具有危险性,并具有相当的潜在危害。这种披露可能将注意力从对来访者所关注问题转移到心理咨询师和治疗师的问题上。只有5%～10%体验过性吸引的心理咨询师和治疗师将这种感觉披露给了来访者,大多数人则选择隐瞒,不仅出于个人原因,也因为他们认为心理咨询师和治疗师的这种自我暴露是不符合伦理的。

### 2. 暴露性吸引之后的可能后果

在来访者那里体验到性吸引的心理咨询师和治疗师,如果向来访者暴露了对其产生性吸引时要怎么办呢?一般来说,即使没有付诸实施的意图,也要警惕披露这种感觉,除非披露有明确的治疗目的。很多研究均支持这一看法,通过对一项模拟咨询的录音进行研究后发现,相比控制自己的心理咨询师和治疗师,那些披露了对来访者产生性吸引的心理咨询师和治疗师的心理治疗效果更差,且缺乏专业性。即使模拟咨询中的心理咨询师和治疗师明确表示,他不会根据感觉到的性吸引而采取行动,但这种消极的评估结果仍然存在。大多数专业人员认为,来访者对心理咨询师和治疗师的性吸引的表达应该被视为来访者痛苦的表现,而不是真正的爱恋。当然,这并不意味着要忽视来访者所表达的吸引,而是把它当作促使他们进入咨询问题的可能表现来处理。应该告知来访者,很多来访者在治疗关系中都会出现这种感觉。

## 六、非性爱的身体接触

在心理咨询和治疗中,心理咨询师和治疗师是否应该触碰成年来访者,即使这种触碰不意味着性?非性爱的接触包括握手、胳膊或肩膀的接触、拥抱或其他短暂的身体接触。

是否接触成人来访者取决于对文化和社会问题的理解。在不同的文化中,触碰具有截然不同的含义,不了解情况的心理咨询师和治疗师很容易触犯文化规范。如传统的犹太人把对异性的任何接触都看作非常不恰当的行为。而在某些文化中,两颊的亲吻是普遍和非性爱的一种类似于握手的问候。是否触碰来访者要考虑来访者对接触的理解。社会心理学家也教育我们，触碰的特权立足于社会经济地位。较高地位的人比较低地位的人拥有更多的触碰自由，比如教授比学生具有更大的权力。因此，如果心理咨询师和治疗师没有注意到触碰的行为源于权力，便是对权力的滥用。

思考与身体触碰相关的问题，可以从以下五个方面来展开：①澄清触碰、性感觉和治疗的界限；②来访者发起和保持触碰的控制力；③咨访关系的程度与触碰之间是否一致；④触碰是为了来访者的利益，还是治疗师的利益；⑤来访者对治疗的预期及其所体验的治疗之间是否匹配。

若要确定触碰行为是否恰当，应该着重考虑来访者的特质和经历。如果触碰使来访者产生不自在的感觉，那就应该避免此类行为的出现。很多有性虐待和性骚扰经历的来访者都不愿意被心理咨询师和治疗师触碰，他们可能会曲解这种行为，或因为触碰而使他们的治疗问题发生转移。其他一些不喜欢触碰的来访者，可能是由家庭历史、个人经历抑或促使其参与咨询的心理问题等原因造成的。例如，一位强迫性神经症的来访者害怕细菌，他可能因为心理咨询师和治疗师的触碰而不知所措。在心理咨询的初期，身体接触甚至可能促使这个来访者放弃咨询而免于再一次被触碰。即使是不排斥触碰的来访者，心理咨询师和治疗师也必须精确评估他们对于触碰的接受度。最好是在咨询中与来访者讨论非性爱触碰的问题，并在发生身体触碰之前得到许可。简而言之，所有这些因素都表明，心理健康专业人员应谨慎对待触碰的行为。在恰当的情形下，触碰是可以的，因其可能会有益于治疗。

当为孩子提供心理咨询或治疗时，非性爱触碰的话题变得更加复杂，因为触碰对年少的孩子来说是正常的。心理咨询师和治疗师必须接触来访者以保护其安全并使其不受到伤害，或预防对其造成的伤害。正常情况下，心理咨询师和治疗师必须考虑儿童的年龄和成熟度、文化背景、诊断和历史、父母的偏好，以及儿童用言语表达其需要和偏好的能力来衡量对儿童的触碰是否恰当。当存在质疑的时候，限制触碰行为并请教别人是谨慎的做法。

## 第四节 非性的双重关系

### 案例 6-11

#### 帮助朋友

近几个星期，律师罗小姐的腹部经常感到轻微的不适，在一次准备出庭辩论时发生严重疼痛和肌肉痉挛，导致无法完成工作而病休。去医院就诊时，妇产科医生为其简单检查后告知，她卵巢上有一个较大的肿块，建议两天后做进一步检查以确定肿块的性质，同时强调那个肿块很可能是肿瘤。罗小姐感到十分害怕，她不仅要忍受疼痛的煎熬，而且很担心两天后检查的可能结果。于是，她立即去找最好的朋友心理治疗师小吴，吴治疗师建议并指导她做一些自我催眠和想象训练以应对疼痛和焦虑，罗小姐感觉疼痛症状得到了明显的缓解，她感到舒服了很多。不过，当罗小姐在家独自练习时却丝毫没有效果。吴治疗师因此决定为罗小姐每天指导两至三次的催眠和想象练习。在第四次指导训练时，罗小姐说她们现在的关系很像她还在孩提时代的感觉。在第六次指导训练结束时，吴治疗师意识到罗小姐已对她产生了强烈的移情，便建议其去找其他心理咨询师和治疗师。但是罗小姐拒绝了，并说她不信任任何人，如果就这样结束治疗的话，她会认为自己被人抛弃了，不知道该如何面对今后的生活。

**请思考：**

● 吴治疗师应该为其好友罗小姐继续进行训练吗？

● 如果吴治疗师决定不再继续这样的训练，他应该怎样和罗小姐解释，并促使其接受其他心理咨询师和治疗师的专业帮助？

● 如果吴治疗师决定继续帮助罗小姐，他需要考虑哪些可能的风险？如何规避这些可能的风险出现？

### 案例 6-12

#### 提供机会

心理咨询师小白刚刚开始从事心理咨询与治疗工作，目前独立接待的来访者数量还不多。他接待的来访者之一李先生是一位投资分析师。李先生感激小白通过心理咨询与治疗给他带来了新生，让他摆脱了抑郁烦恼，能把主要精力集中在财政事务上。在一次治疗中，李先生谈到自己正在策划的一项投资能赚大笔钱款，如果小白愿意投资的话，他可以帮忙。小白觉得这是一个千载难逢的机会，不仅可以帮助李先生找回自信的感觉，而且自己又可以增加经济收入，更好地开拓自己的事业。最后，小白决定把自己的积蓄交给李先生，让其帮忙进行投资。

请思考：
● 你觉得小白把积蓄给来访者，并让其帮忙投资的做法妥当吗？
● 如果这样做的话，小白和李先生之间有几重关系？分别都是什么关系？
● 这样的双重关系的潜在风险是什么？该如何避免？

### 案例 6-13

#### 雇员利益

艾医生是一个成功的私人执业心理咨询师，他聘请小王为秘书和助理。最近他发现小王虽然工作出色，但有时会自作主张、随便签字报销，给单位带来了相当大的财政损失。不过，艾医生碍于情面，没有批评小王，仅与她进行了认真而坦诚的交谈。小王告知艾医生，其工作业绩的下降是因为个人及工作上的压力，并不是故意违反条例。艾医生想辞退小王，因为她无法胜任秘书的工作，但重新招聘一个合适的秘书又十分困难，而且还要培训和互相熟悉。最后，艾医生打算用一个两全其美的办法：他让小王每周接受他2～3个小时的心理咨询与治疗，并免去心理咨询与治疗费用，同时让小王继续负责秘书工作。

**请思考：**
- 你觉得艾医生给自己的秘书做心理咨询的做法妥当吗？
- 如果这样做的话，艾医生和秘书小王之间的关系发生了怎样的改变？
- 这样的双重关系的潜在风险是什么？该如何避免？

以上三个案例是心理咨询与治疗的过程中，心理咨询师和治疗师与来访者在咨访关系之外还存在朋友关系、商业利益、雇佣关系等的情况，你认为其中的心理咨询师和治疗师的做法合适吗？如果不合适，你认为心理咨询师和治疗师违反了什么原则？你认为在中国文化背景下，这样做有其合理性吗？请带着这些问题来学习本节内容。

## 一、有关规定和管理

许多协会或有关机构都很关注心理咨询师和治疗师与来访者之间关于性方面的双重关系，以保护来访者免受伤害和侮辱。近年来，美国许多州的心理咨询师和治疗师注册管理部门开始加强对非性双重关系的管理，尤其是服务交换方面，如美国加州注册部门强调，心理咨询师和治疗师雇用来访者为其工作，或用心理咨询和治疗进行物质或服务交换，均是不恰当及滥用权利的行为。

《美国心理学工作者的伦理学原则和行为规范（2002）》中指出："因为多重关系很可能影响心理学工作者的客观判断或干扰他们有效履行作为专业人员的责任，并可能伤害和利用他人，所以，心理学工作者应避免形成多重关系。如果由于无法预见的因素，一个有潜在伤害性的多重关系已经产生，心理学工作者要以服务对象的最大利益为主并以最大程度地遵从伦理学规范为原则，设法解除多重关系。"

2018 年发布的《中国心理学会临床与咨询心理学工作伦理守则》(第二版)中明确规定的内容如下。

> **阅读材料 6-2**
>
> 1.4 心理师不得以收受实物、获得劳务服务或其他方式作为其专业服务的回报,以防止冲突、剥削、破坏专业关系等潜在的危险。
>
> 1.7 心理师要清楚地了解多重关系(例如与寻求专业服务者发展家庭的、社交的、经济的、商业的或者密切的个人关系)对专业判断的不利影响及损害寻求专业服务者福祉的潜在危险,尽可能避免与寻求专业服务者发生多重关系。在多重关系不可避免时,应采取专业措施预防可能带来的影响,例如签署正式的知情同意书、告知多重关系可能的风险,寻求专业督导、做好相关记录,以确保多重关系不会影响自己的专业判断,并且不会对寻求专业服务者造成危害。
>
> 1.10 当心理师和寻求专业服务者存在除性或亲密关系以外的其他非专业关系时,如果该关系可能对寻求专业服务者造成伤害,心理师应当避免与其建立专业关系;心理师不得与朋友及亲人建立专业关系。
>
> 1.18 收受礼物时,心理师应清楚了解寻求专业服务者赠送礼物对专业关系的影响。心理师在决定是否收取寻求专业服务者的礼物时需要考虑以下因素:专业关系、文化习俗、礼物的金钱价值、赠送礼物的动机以及心理师决定接受或拒绝礼物的动机。

## 二、双重关系的评估

评估双重关系时,应将重点放在权利滥用、潜在的剥削、有害的影响上,而不是双重关系本身。因此,关键在于如何评估双重关系,如何区分剥削性的关系和非剥削性的关系。涉及性的双重关系被一致认为是严重的界限侵犯,既有剥削性又有操纵性。非性的双重关系的范围更宽泛一些,包括与学生、被督导者的双重关系,与商业合作者的双重关系,等等。非性的双重关系可能会让来访者受益,但也可能会损害来访者的利益。关于不牵扯性的双重关系的评估，必须针对每一个个案的情况，即需要评估权利使用的程度、心理咨询师和治疗师对来访者的影响、心理咨询师和治疗师更关注哪一方的利益等等。在评估非性的双重关系对来访者是否有帮助时，伦理决策模型可以提供非常重要的决策参考。

**1. 对非性的双重关系的伦理评估**

从更为复杂、灵活的角度理解双重关系和界限问题是极具挑战性的事情，挑战性在于要提出富有意义的指导方案来确定某一关系或行为对来访者和心理咨询师及治疗师是否有利，这个过程必须考虑特定的情境，以下是心理咨询师和治疗师在伦理决策中需要思考的关键问题。

（1）针对某一具体情况，心理咨询师和治疗师所在机构的伦理守则是什么？是否已有清楚的伦理标准？如果有，伦理守则或法律是怎样的？如果没有，是否可以从现有的规定中做出合理推论来涵盖这一情况？

（2）针对某一特定情况，哪些伦理原则有助于采取最好的行为？善行、无伤害、尊重来访者的自主性、忠于职业标准和价值观，还有最重要的一点，即关心来访者，这些伦理原则如何帮助心理咨询师和治疗师做决策？

（3）作为一名心理咨询师和治疗师，应该依据哪些咨询理论或临床模型开展工作？采取的行动、与来访者的关系是否与其临床模型一致？临床模型采用的技术是否与理论一致，是否能够作为临床模型中的关怀标准而被接受？

（4）在考察心理咨询师和治疗师和来访者之间权力的不平衡时，会有什么困难？如果清楚地向来访者说明存在权力的不平衡，以及这种不平衡的含义，这种坦诚的说明会对心理咨询师和治疗师的决策产生什么影响？此外，对于个人生活中的应激源及产生的影响，心理咨询师和治疗师有多大程度的觉察？是否需要个体咨询？是否意识到自己对来访者产生了反移情？

（5）还有什么因素影响心理咨询师和治疗师的临床和伦理决策？是否有经济上的困扰，是否存在家庭或人际关系问题，是否正被孤立或感到很孤单，以至于影响了心理咨询师和治疗师的临床判断？

（6）针对某一具体情况，向信任的同事寻求督导或协商是否会有所帮助？其他的建议会对心理咨询师和治疗师的决策产生什么影响？如果向督导师寻求建议，督导师可能会说些什么？心理咨询师和治疗师是否支持自己的决定，是否认为自己所做的决定符合伦理且处理恰当？如果告诉同事自己的做法，心理咨询师和治疗师是否会感到不舒服？

(7) 目前，心理咨询师和治疗师的职业状态和个人方面的自我关怀计划是什么样的？是否关心自己的情感和关系需要？对此，心理咨询师和治疗师处理得怎么样？寻求个人咨询、花更多时间和家人待在一起、放松的环境，是否会对心理咨询师和治疗师有帮助？心理咨询师和治疗师的社交活动是否适度？是否有一些朋友？是否能满足自己情感和性亲密的需要？对待来访者是否能一视同仁，还是会特殊对待某个来访者？

以上这些问题为心理咨询师和治疗师处理得比较困难的界限问题和双重关系提供了更为丰富的思考空间，这些问题不仅包括专业伦理守则、法律，而且指出以更为个体化的反思方式考察在界限、权力滥用问题上的决策过程是很重要的，即一方面心理咨询师和治疗师需要注意个人和专业的发展，另一方面咨询的最终目标需要注重特殊性和情境关系。

**2. 评估咨询后关系**

咨询后关系是指心理咨询师和治疗师所考虑的跟以前的来访者建立的非性的多重关系。我们判断这种关系的建立是否恰当时，最好用伦理决策模型来思考。

(1) 咨访关系是否已经明确结束，关系的结束是否顺利，结束后是否有足够长的时间得以让来访者和咨询师进入新的互动中？

(2) 在这一咨询后关系中，是否能保证咨询中暴露的内容得到保密处理？双方是否明确了这一问题？

(3) 来访者是否清楚：如果建立了这种咨询后关系，即表明来访者需要放弃继续跟这位心理咨询师和治疗师重新建立咨访关系的机会？来访者是否清楚由此衍生的其他问题？

(4) 在来访者接受咨询服务的时候，问题的严重程度、移情的强烈程度，以及治疗结束时问题解决的程度如何？问题是否重新出现？来访者的情绪是否稳定？如果来访者的问题十分严重或属于性格上的缺陷，心理咨询师和治疗师应当避免所有治疗后的接触。

(5) 如果咨询后关系是可以避免的，那么心理咨询师和治疗师涉足此种关系的动机是什么？如何严肃分析其对来访者可能产生的后果？

# 本章要点

(1) 咨访关系是存在于心理咨询和治疗中的特别关系，它是一种正式的关系，这种关系强调来访者的需求，而不是心理咨询师和治疗师的需求。在心理咨询和治疗过程中，来访者会分享个人的信息以及言语和情感隐私，这类隐私一般是单向的，从来访者指向心理咨询师和治疗师。咨访关系并非像友谊一样的双向关系，即双方可以毫无保留地交流情感。

（2）建立咨访关系的本质在于改善来访者的心理和情感，而不是改善心理咨询师和治疗师的心理和情感。咨访关系可能会促进心理咨询师和治疗师的个人成长，但这并不是咨询与治疗的主要目标。心理咨询和治疗的主要目标是增进来访者的体验和经验，改善来访者的心理和生活水平。

（3）多重关系是指心理咨询师和治疗师在从业过程中与来访者除了专业关系之外还存在其他社会关系，其中最常见的是双重关系，如心理咨询师和治疗师为自己的学生或朋友等提供服务，即在专业的咨访关系之外，同时还存在师生或朋友等关系。

（4）界限可视为咨访关系的框架和限制，它规定了来访者与心理咨询师和治疗师的角色和规则。理解界限的概念是理解利益冲突的核心，维持单一的心理咨询师和治疗师与来访者之间的关系尤为重要。

（5）界限侵犯是指咨询中的剥削行为或者有害的行为，心理咨询师和治疗师为了自己在性、情绪或经济方面的获益，不恰当地利用心理咨询师和治疗师与来访者之间的权力差异，破坏适当的界限，做出不符合专业标准的行为。界限侵犯是伦理和界限损坏过程中最严重的情况。

（6）界限跨越是心理咨询师和治疗师经过深思熟虑和计划之后与来访者建立的一种关系，其目的在于增强咨访关系，最终提高治疗效果。人本主义、行为主义、认知行为主义、系统和多元文化模型均要求心理咨询师和治疗师更为主动和投入。界限侵犯和界限跨越的差异很大，界限侵犯一般对来访者有害，而界限跨越通常会对来访者有利。

（7）多重治疗关系会影响心理咨询师和治疗师的临床判断、损害来访者利益及降低治疗效果，其弊端和危害包括以下七个方面：危及专业的咨访关系；影响客观评估；影响来访者的认知判断；导致关系不平等；改变治疗的性质；影响公正和真实性；违法。

（8）心理咨询师和治疗师与来访者之间亲密关系的处理原则包括四个方面：不断进行反思，提高内省水平；不断进行再学习，提高专业治疗技术；转介、会诊或中断治疗；管理和监督。

（9）心理咨询师和治疗师要不断反思与来访者之间的亲密关系，可以从以下十个方面来思考：①是否违反最基本的伦理规定；②是否有潜在的、可能的伤害；③反思咨访双方相互交往的程度；④必要的澄清，如咨询目的的澄清；⑤以来访者利益为先；⑥思考来访者是否可以理解；⑦反省自己的专业能力；⑧明确自己的角色和职责；⑨警惕和避免有违常规的行为；⑩注意保密与隐私。

（10）心理咨询师和治疗师与来访者身体触碰的相关问题，可以从以下五个方面进行思考：澄清触碰、性感觉和治疗的界限；保证来访者拥有发起和保持触碰的控制力；咨访关系的程度与触碰之间是否一致；触碰是为了来访者的利益，还是治疗师的利益；来访者对治疗的预期及其所体验的治疗之间是否匹配。

**思考题**

1. 什么是咨访关系？这种关系的特点是什么？
2. 建立咨访关系的目的是什么？
3. 什么是多重关系？常见的多重关系有哪几种？
4. 什么是心理咨询与治疗中的界限？界限侵犯和界限跨越的本质区别是什么？为什么？
5. 多重关系的弊端和危害包括哪些方面？
6. 对于来访者的礼物，你会采取什么样的态度？
7. 如果某位来访者被你吸引，你会怎么做？如果你被某位来访者所吸引，你会怎么做？

# 第七章　多元文化心理咨询与治疗

**学习目标**
1. 了解多元文化差异在心理咨询与治疗中的表现和影响。
2. 掌握多元文化胜任力的要素和相关伦理规范。
3. 了解东方文化在心理咨询和治疗中的作用。

**关键词**
多元文化胜任力（multicultural competence）

俗话说"百里不同风，千里不同俗"，任何一个地区或社会都有其文化氛围和习俗，虽然心理问题和心理障碍的表现和诊治有统一规范，但潜在的文化、环境等因素的影响也不容忽视。如果忽视心理咨询师和治疗师与来访者之间不同的文化背景或社会阶层，将会影响心理咨询师和治疗师与来访者之间的交流和有效的咨询关系的建立，也势必会影响心理咨询与治疗的效果。因此，本章重点讨论社会文化、民族和种族等差异对心理咨询与治疗的影响，目的是使心理咨询师和治疗师认识和理解这些差异对心理咨询与治疗的影响，并采取积极有效的解决办法。

## 第一节 多元文化差异的表现和影响

**案例 7-1**

黄女士是一名 45 岁的汽车修理工，患有精神运动性癫痫，服药后病情已得到控制；她还患有糖尿病，正在接受医学治疗，15 年前随家人从中国移民至美国。因为她上班经常迟到，工作时又注意力不集中，在其雇主的强烈劝说下，她同意接受心理治疗。当时的心理治疗师为美国人彼得，他虽然没有治疗在中国文化背景下长大或患有慢性病患者的经验，但还是决定为黄女士做心理治疗。治疗很有规律地持续了三个月，但却没有建立起牢固的治疗关系，之后黄女士中断了治疗，且没有支付最后六次的会谈费用。两周后，黄女士要求治疗师彼得把心理治疗记录转给她的新治疗师，但彼得则通知黄女士，她须先把所欠费用付清后才可以进行治疗记录的转介。

不久后，美国心理学协会伦理学委员会告知治疗师彼得，他已被起诉为渎职罪：他在治疗中国文化背景下成长的人或患有多种严重慢性疾病的患者方面没有受过正式的教育、培训或督导，因而并不胜任此方面的工作。

美国心理学协会伦理学委员会认为，治疗师彼得"以记录为抵押"的讨费行为滥用了心理治疗师的权利，侵犯了黄女士的利益，剥夺了其随后的心理治疗师及时全面了解黄女士治疗情况的权利，而且其在治疗不同文化背景下成长或患慢性病的患者方面没有胜任力。这一发生在美国的案例表明，重视不同的社会文化和社会阶层之间的巨大差别，对于心理咨询与治疗有重要的伦理学意义。

# 一、多元文化差异在心理咨询与治疗中的体现

文化被定义为影响习俗、规范、行为、社会互动，包括心理过程、组织体系和价值取向的社会现象，文化是动态的，而非静止的。多元文化心理咨询与治疗是指任何来访者与心理咨询师和治疗师文化相异的情境，有时也会称为跨文化咨询或交叉文化咨询。有效的心理咨询与治疗关系的基础是心理咨询师和治疗师对多元文化维度的敏感性。多元文化维度可广义地理解为民族或种族、性别和年龄、经济地位、国籍、性取向等。具有文化胜任力的心理咨询与治疗才能称得上具有伦理敏感性的专业行为。

不同个体有不同的文化和背景，每一个个体的社会文化特征可能随着生活环境的改变而发生变化。在心理咨询与治疗中，多元文化的差异主要体现在以下几个方面。

**1. 社会文化和语言的差别**

### 案例 7-2

你来自东北，现在在华中地区某精神卫生机构带领一个心理治疗小组。在一次会谈开始时，一位来访者打断你说："我要问你一些问题，你已经注意到这里没有一个医生是其他省市的人，都是我们本地人，所以你为什么要在这里工作？你没有想过外地医生连本地来访者的话都听不懂吗？"

**请思考：**
- 对此你有什么样的感觉？
- 你可能会回答什么？
- 你会继续带领这个小组进行心理治疗吗？如果继续，你对待那个来访者的态度会与以前一样吗？你能够克服自己内心的不快和愤怒，平等地对待那个来访者吗？
- 这样的机构可能对来访者有什么影响？

在心理咨询与治疗工作中，心理咨询师和治疗师要认识和承认现今社会存在着巨大的文化和经济的差别。人们很容易通过自己生存的周边环境形成对世界的认知图式，而忽视对有显著差异的社会与环境的注意，没有意识到人与人之间的差别及其含义。作为心理咨询师和治疗师，在为生活在不同环境下的以及从不同地区来的来访者提供专业服务时，首先要承认和理解这种差异和来访者的客观情况，并且提醒自己要充分地注意和关心他们。

### 2. 身体健康状况的差异

在现实生活中，大多数人的身体状况良好且功能完整，但也有相当多的人有不同程度的身体残疾。心理咨询师和治疗师在心理咨询与治疗中应对身体状况的差异给予充分的理解和关注。

美国哈佛大学的研究者曾做过系列研究，要求儿童思考残疾人可能会遇到哪些特殊的困难，而对照组儿童仅回答残疾人是否会遇到困难。如看一幅妇女坐在轮椅上的照片，问这个妇女"怎样"开车或"能否"开车；同时，让实验组儿童思考这些残疾人除了有躯体障碍（如失明）和功能上的障碍外，还有哪些擅长的功能。实验发现，儿童知道是否残疾不是由人的主观意志决定的，而是由先天或偶发事件形成的。可以启发和引导儿童对残疾的正确认识，即功能障碍的产生是客观因素或外界造成的，并不是个人的错误，从而教育儿童待人的态度应该是相对的而非"以貌取人"；使受训练的儿童接纳身体残疾者，并减少偏见，在行为上更少有带有回避性的做法。

对心理咨询师和治疗师而言也是如此，对待有身体残疾的来访者更应该采取开放、热情、真诚和平易近人的姿态，而不是"拒人于千里之外"的冷漠和高傲。

### 3. 评估和测验工具代表性的差异

缺乏标准化的心理测验与评估工具不具有法律效力。换句话说，单纯引进国外的测量工具而没有经过本土化和标准化研究，没有形成本土人群常模，则不能推而广之。如原版明尼苏达多项人格测验（MMPI）的参照对象是20世纪80年代的都接受过八年教育的、已婚、生活在小城镇或农场、工作多为办事员或有技术的小商人，且都是白人，都是处在6岁以上、65岁以下的人群，样本人群中没有包括生活在美国的非洲裔、西班牙裔和亚洲裔等人群。以这样的常模结果来判断其他人群显然是不合适的，结果肯定也是不可信的。对于原版 MMPI 中的某些项目对不同种族的人可能会有完全不同的答案，也就是说，美国的非洲裔与高加索裔对同一问题的回答可能完全不同，甚至恰恰相反。

**4. 其他差异**

> **案例 7-3**
>
> 在心理咨询门诊中，一位来访者就诊的第一句话是："我在性取向上有一些问题，我只同意与我有同样性取向的人进行治疗，否则没有人能理解我。你的性取向是什么？"
>
> 请思考：
> - 对此，你有什么样的感觉？
> - 你对这个来访者的看法是什么？
> - 在什么情况下，你会对来访者暴露自己的性取向？
> - 你接受过有关性取向的理论和实践培训吗？

在心理咨询和治疗中，还包括性取向、性别、民族等差异，心理咨询师和治疗师应对这些差别持伦理敏感性，以期进行较好的服务。

## 二、多元文化差异对心理咨询与治疗的影响

心理咨询师和治疗师与来访者之间的社会文化和背景差异会影响心理咨询和治疗过程的各个环节。对此，心理咨询师和治疗师应充分认识并时刻保持警觉，减少和避免这些因素对心理治疗进程的影响，以保证治疗的效果。

**1. 对心理咨询师和治疗师与来访者之间沟通和交流的影响**

社会文化和其他差异，尤其是语言或方言的差异，会影响咨访双方的有效沟通和交流。在国外，心理咨询师和治疗师在考虑是否为来访者治疗时，需要评估自己的沟通能力或专长是否适合来访者；如仅会说英语的心理咨询师和治疗师，面对一个仅会讲少量英语的西班牙裔或日本裔来访者时，应该认真考虑自己是否为合适的人选。即使心理咨询师和治疗师与来

访者有相同的母语环境，也可能存在方言或地区文化差异，如广东人与东北人之间、闽南人与宁波人之间等等。我们必须充分认识到，语言差异可能会导致双方对问题的理解产生歧义，以致南辕北辙。

#### 2. 对心理症状理解的影响

对于同一症状或现象，不同文化背景的人可能会有完全不同的解释和结论。因此，在工作中，心理咨询师和治疗师不仅要承认现实存在的差别，而且还要积极主动地理解来访者的文化背景及其生活环境，避免偏见和先入为主。

**案例 7-4**

> 一位48岁的华裔美国妇女因抑郁症而服用抗抑郁药物和接受抗精神病药物治疗，心理治疗师考虑该来访者可能有精神病性症状，因为她告知治疗师已死去的母亲经常出现在她的梦中，并从去世的地方回来劝导她也到另外的世界中去，来访者坚信自己看到和听到已逝的母亲。在治疗期间，来访者的体重仍在减轻，并且感到更悲伤和绝望，无法自行活动。

案例中的这位女性的症状是幻觉或妄想吗？仔细分析这个症状，并结合来访者的文化背景，可以发现该症状更多的是与文化相关。因为中国自古就有"托梦"的传说，并且迷信的人还会有"梦见亡人预示未亡人有凶兆或死亡"等信念。因此，心理治疗师让这位来访者停用抗精神病药，并调整抗抑郁药量，结果来访者反应良好、症状减轻，同时开始接受每周一次的心理治疗。

事实上，东西方文化对精神症状的理解有非常大的差异，如西方人情绪低落时很容易主动表述"我有抑郁"；东方人则不然，更多的是主诉"我睡眠不好、胃口不好，精神不好……"很少会主动表达或承认"我有抑郁"。倘若不能认识到这一点，许多中国来访者的抑郁症就会被疏忽。

#### 3. 对建立治疗关系的影响

在心理评估、心理咨询或治疗过程中，心理咨询师和治疗师与来访者之间的相互作用动力方式对建立积极有效的治疗关系亦有重要影响。即使除去种族等因素，在接受心理卫生服务的来访者中，少数民族来访者的脱诊率仍然是最高的。

美国有学者做过有关不同访谈对象对评估结果的影响的研究，他们首先安排白人访谈者向白人及非裔美国人（即黑人）分别提问相同的问题，结果发现：访谈者的行为有显著差别，评估白人来访者花费的时间更多，而且大部分时间能够注视来访者，很少出现口误，身体之间的距离较近；而评估黑人时则结果恰恰相反。

研究的第二个阶段，研究者对白人访谈者进行培训，让其认识到其面对不同访谈对象表现出了两种方式和态度。然后，让访谈者再对白人来访者进行一次访谈，但一半是采取上述与白人来访者访谈时的方式（较长的时间和较近的身体距离）；另一半则是采取与上述黑人来访者访谈时的方式（较短的时间和较远的身体距离）。结果发现：与第一次访谈相比，后一半的白人来访者对测验评估完成得不好。因此，这项研究说明，尽管测验和评估工具本身相对公平，但是访谈者的不同行为方式和态度会影响来访者的行为和反应。

**4. 对心理咨询和治疗选择和效果的影响**

### 案例 7-5

你在国外接受过正规心理治疗训练，养成了非常守时的习惯。目前，你在治疗一位与你性取向不同的来访者。一天，来访者迟到了15分钟，为此你花费了一些时间与来访者讨论迟到的原因。但当你与督导师谈及此事时，督导却说："哦，这并不意味着什么，仅仅是这里大多数人的习惯方式。"

请思考：
- 对此，你有什么样的感觉？
- 对于督导师的评论，你可能会做出什么反应？
- 你可能会对督导师说些什么？
- 性取向问题会影响到来访者是否守时吗？为什么？

在治疗过程中，对来访者持有的成见或偏见会在心理咨询师和治疗师的言语行为和非言语行为中表现出来，从而对来访者造成进一步的心理伤害。在美国，情感障碍和精神分裂症等精神障碍的误诊多见于黑人和西班牙裔来访者；如果病史相同，男性被诊断为反社会人格障碍的比例明显高于女性；而女性被诊断为癔病性人格障碍的比例明显高于男性。同样，在美国的心理咨询与治疗案例中，治疗对象大多是中产阶级的来访者，因而通常被建议接受以洞察和领悟为主的心理治疗，而处于社会下层的来访者通常被建议接受支持性心理治疗；在抗精神病药的使用上亦如此，常让黑人来访者服用药物（即使症状不是很严重）；对于情感障碍等精神疾病来访者，黑人和西班牙裔通常比白人得到的治疗服务更差。

**5. 对研究结果解释的影响**

在现实社会中，人与人之间的种族、文化、性别、性取向、身体状况、地理位置或社会经济等差异是不可避免的，个体所组成的群体也逐步导致了社会的多种形式差异，从而产生一些陈规陋习、社会偏见或歧视。而这种已根深蒂固的社会观念会左右或影响人对"科学"研究的解释，下述的案例非常具有代表性。

> **案例 7-6**
>
> 美国宾夕法尼亚大学的学者们曾研究观察不同性别及种族的人在反应时间上的异同。他们首先比较了男女之间的差别，发现男性比女性反应时间更短、反应更迅速，因此研究结论认为："以同样方法进行操作，女性的反应速度比男性慢，该结果与脑的发育情况是一致的。即男性大脑的发育比女性更完善，甚至对比匹配的男女个体也同样可以发现男性的体重相对也比女性更重。"其结论是男性智力较女性更高。
>
> 然而，研究者们在随后比较种族之间差异的实验研究中却发现，白人相对印第安人和非洲人的反应速度更慢。但是，研究者们根据这一结果又推论出白人智力优于印第安人和非洲人的结论。虽然，关于男女性别差异研究的结果分析为，较快反应速度的人意味着其智力更优越，但这次的解释是，白人的智力是以自动即刻反应能力的损失为代价而获得的，通过补偿原理，较慢反应者的智力更发达。

## 第二节 多元文化心理咨询与治疗的伦理守则

要充分重视多元文化社会中心理咨询与治疗的伦理标准，首先需要承认在自己的文化传统之外还有很多其他文化，还要承认在我们的社会中，不是所有文化群体都是平等的。心理咨询师和治疗师应该意识到，即使他们努力避免偏见，同时希望能对多元文化保持敏感性，但他们也可能会在不经意间差别对待不同文化的来访者。这些偏见经常以微妙和无意识的方式表现出来。鉴于此，业界正致力于为不同文化人群提供有效、负责的服务，其中的很多方式都聚焦于帮助心理咨询师和治疗师觉察隐藏的信念和态度。

1. 《美国心理咨询师协会守则》中有关多元文化的论述

在《美国心理咨询师协会守则》中，序言的第一段以及每一个主要部分都会提及多元文化咨询，多样性问题几乎分布在守则的各个部分，具体内容如下。

> **阅读材料 7–1**
>
> **《美国心理咨询师协会守则》中关于多元文化的部分**
>
> 导言：美国心理咨询师协会是一个兼具教育性、科学性和专业性的组织，成员来自多种工作背景，具备不同的专业能力。ACA 的成员致力于促进人类生命全程的健康发展，他们重视人的多样性，秉承跨文化的视角，充分尊重不同社会和文化背景下的人的价值、尊严、潜力和独特性。
>
> A：咨访关系
>
> 简介：心理咨询师和治疗师以促进来访者利益和福祉的方式鼓励来访者的成长和发展，促进双方良好咨访关系的形成，心理咨询师和治疗师需要主动了解来访者的多元文化背景，同时，探索自己的文化认同感以及这种认同感对自己的咨询价值观和信念的影响。

此外,《美国心理咨询师协会守则》关于促进来访者福祉的部分明确了心理咨询师和治疗师非歧视的责任,要求成员了解并尊重知情同意和保密程序中的文化差异,提醒专业人士避免将个人价值观强加在不同社会文化的来访者身上,鼓励心理咨询师和治疗师重视在送礼方面的文化差异。这些部分都表明了咨询与个人价值观和信念是无法分离的,心理咨询师和治疗师的力量很容易被误用。同时,该文件也提醒心理咨询师和治疗师,其职业是为他人服务,而非自我服务,当心理咨询师和治疗师以有偏见的或单一文化的方式行事时,他们是在满足自己的需求,而不是来访者的需求。

**2.《美国心理学工作者的伦理学原则和行为规范》中关于多元文化的论述**

美国心理协会(APA)的《美国心理学工作者的伦理学原则和行为规范》也有很多涉及多样文化问题的描述,包括在其"总则"里的一段陈述。《美国心理学工作者的伦理学原则和行为规范》也在心理学服务条款中要求非歧视的部分提及这些信息,同时还禁止性或其他方面的骚扰。具体内容如下。

---

**阅读材料 7-2**

### 《美国心理学工作者的伦理学原则和行为规范》中关于多元文化的部分

总则:尊重人的权利和尊严

心理学工作者尊重每个人的尊严、价值、隐私权、保密权和自我决定的权利。要知道对于由于自身问题而不能自主决定的人和群体,给予特别的照顾,保护他们的权利和福祉。心理学工作者对文化、角色和个体差异要有充分的觉察和尊重,这些差异包括:年龄、性别、性别认同、民族、种族、文化、国籍、宗教、性取向、残疾、语言、社会经济地位。在与不同的人工作时,需要充分考虑以上因素。心理学工作者要尽力避免自己由于以上因素产生偏见而影响工作,不得在知情的情况下纵容其他人有这样的偏见和行为。

这两个守则传达的信息是相同的：心理咨询师和治疗师必须对可能影响咨询的背景性因素——来访者的生活与世界观，以及自己的生活中起作用的背景性因素时刻保持敏感性。

# 第三节　多元文化胜任力

成为一个具有文化胜任力的心理咨询师和治疗师需要三种能力：第一种能力有关心理咨询师和治疗师对种族、文化、民族、性别以及性取向的态度和看法，心理咨询师和治疗师应当具备觉察个人偏见的能力，用积极的态度看待多元文化；第二种能力是文化胜任力，这需要心理咨询师和治疗师知道并理解自身的世界观，拥有关于各种不同群体的文化知识，对社会政治有基本的理解；第三种能力包括有效地使用心理评估、干预技术以及服务不同来访者群体的必要技能。

## 一、多元文化胜任力的要素

美国咨询协会的指南确定了多元文化胜任力（multicultural competence）的四个主要因素。一是了解自身的传统文化对经验、态度、价值观和行为的影响，以及文化限制或增进对不同来访者咨询有效性的方式。二是对存在文化差异和来自不同文化的来访者保持舒适的感觉，并发展出一种珍视并欣赏文化差异的态度，而不是轻视或有容忍的感觉。三是对自己的负性情绪反应以及对其他文化的预设概念保持警觉，能及时意识到这些反应会给来访者带来不利的影响，并承诺改变这些态度。四是具备尊重和重视文化差异的信念和态度，这可以反映在尊重社会支持网络和重视双语能力上。

**1. 心理咨询师和治疗师需要具备对自我以及来访者文化知识的了解能力**

（1）理解个体自身的文化是如何影响其对正常、异常以及咨询过程的定义的。

（2）重视不同来访者的文化传统，以及文化认同发展可能给来访者带来的影响。

（3）对文化可能影响来访者态度的方式持有敏感性，如人格发展、职业选择、求助行为、心理痛苦的表现等等。

（4）理解社会和政治因素对不同文化来访者的影响，重视种族主义对个体可能造成的伤害。

（5）了解传统咨询可能与特定来访者文化相抵触的地方，包括评估工具和干预策略。

（6）了解不同文化来访者获取咨询服务的障碍。

（7）熟悉关于家庭结构的文化规范和行为，了解不同文化群体如何使用家庭和团体咨询帮助有心理困扰的来访者的。

**2. 心理咨询师和治疗师应当掌握胜任多元文化的技能**

（1）参加各类活动，以增进自身对文化的理解，正视并控制文化偏见对其行为的影响，积极参与扩展不同文化群体知识，包括理性和经验知识的活动。

（2）灵活使用言语和非言语反应，并判断应在何时适当地运用它们。

（3）帮助来访者有效地应对文化差异带来的障碍，使其有使用社会资源的能力。

（4）重视来访者使用母语进行咨询的需要，当来访者有需要的时候安排合适的转介。

（5）具有对不同人群负责任地使用测验工具的专业技术。

（6）积极参与可以减少偏见、增进社会跨文化知识的活动。

（7）在进行知情同意流程时，需要注意能否被不同文化的来访者所理解。

## 二、多元文化与个体差异

心理咨询师和治疗师在多元文化观点中要避免两个极端。一是在心理咨询和治疗过程中不考虑文化，不理解个人特质、文化规范、价值观和行为以及社会和全球化力量之间的互动。二是不承认文化差异和个体差异。并非所有来自相同文化的人都是一样的，即使他们处在同一种亚文化中，他们个人的信念、价值观、行为和预期也可能与其主流价值观有本质区别。文化群体也有交叠，一个人可能会有一个亚裔母亲、一个非洲裔美国人的父亲及一个拉丁美洲裔的继母，而他本人是同性恋取向。在这种情况下，多种文化都影响了他的发展和当前的行为，挑选任何一种群体作为"他的文化"都是不合适的。人与人之间的每一次邂逅都是一个多元文化的相遇。心理咨询师和治疗师要注意选取独特的视角，即每一个个体都是很多社会身份的混合，这种混合对于心理评估以及治疗的效应都是至关重要的。

文化传统必须被视为对个体的一种假设性影响，直到有证据显示它们确实有效，换言之，要实现一种平衡——既不过分强调，也不忽视文化对人行为的影响。如果心理咨询师和治疗师发现自己有这样的想法，如"她是美国原住民，所以她肯定觉得……"或者"他是拉美人，所以他一定会想……"，就说明自己已经成为种族主义者。此外，文化须被理解为一种复杂且动态的力量，心理咨询师和治疗师需要与其来访者探索文化不断改变的意义，避免固定式的解释。

所有心理咨询师和治疗师都需要注意文化多样性问题，任何文化中的心理咨询师和治疗师都可能会遇到与自己文化背景不一致的来访者，任何文化群体都可能僵化地认为或假定其文化传统是组织社会方式最好的或唯一的方式，对多元文化保持敏感性是所有心理咨询师和治疗师必备的能力。

## 三、应对多元文化咨询的能力

（1）对其他文化的世界观持开放态度。理解文化对个体的发展、价值观、信念以及社会行为的影响，是形成这种态度的先决条件。如果能够看到个体的行为在文化中的根源，就不太可能对它的普遍真实性或概括性产生预期假设。

（2）心理咨询师和治疗师必须要具备关于特定文化的知识。忽视普遍的文化现象可能导致心理咨询师和治疗师对来访者产生严重误解，是跟随自己的文化还是打破成规、接纳多元，对于来访者文化知识的了解是非常关键的。

（3）心理咨询师和治疗师要有能力使文化中其他可以支持来访者的人参与其中。胜任力包括使用来访者语言的能力，当心理咨询师和治疗师与来访者之间语言不通时，要么使用一个合格的翻译人员，要么做出合适的转介。心理咨询师和治疗师应清楚了解如何通过与同伴及督导讨论来获得支持，以及更加了解来访者的文化。

(4) 心理咨询师和治疗师需要根据情况调整干预措施，或者使用为跨文化咨询设计的干预方法。心理咨询师和治疗师必须有足够的能力适应或使用跨文化咨询发展的不同方式。

(5) 心理咨询师和治疗师要学会容忍观点的模糊性和分歧，要有能力去接受他人不同的行为观、世界观或道德体系。如果来访者自由地选择了一条道路，并且考虑过其他选择，那么心理咨询师和治疗师有责任尊重这种选择。社会从来都不是文化同质的，这就意味着心理咨询师和治疗师需要将技巧、信念和态度共同运作，以便为不同文化背景的来访者提供有效的服务。伦理守则非常强调多元文化问题，承诺公平公正变得越来越重要。既然需要实现咨询服务的公平与可获得性，心理咨询师和治疗师就应该具备多元文化咨询的胜任力。这些能力包括自我觉察、对自身文化的理解、对种族主义与种族歧视给自己和他人带来的影响的觉察，还包括了解其他文化及其对人类行为的影响，尤其是文化如何影响来访者表达痛苦与功能不良的方式，以及其对咨询的反应。

(6) 心理咨询师和治疗师要拥有跨文化咨询的技术，拥有灵活使用不同咨询干预方式以满足不同文化来访者需求的能力。在心理咨询师和治疗师与不同人群工作的过程中，他们会遇到一些特别难以解决的两难问题，因为这些问题可能包含深层个人价值观和信念的冲突。发生这种情况时，心理咨询师和治疗师应谨慎行事，向其他更了解来访者文化的人请教，并参阅多元文化咨询与治疗的文献。

# 第四节 东方文化在心理咨询与治疗中的作用

现代心理咨询与治疗起源于欧美国家，已有100多年历史，在近30多年得到了飞速发展，心理治疗的技术和方法目前多达600余种，应用的领域涉及精神病学、心理学、临床医学、社区保健、教育学与管理学等方面。随着中国的对外开放、经济改革，以及学术交流频率的增加，国内的心理咨询与治疗从当初的翻译介绍阶段逐步发展到广泛应用阶段。如何将西方的心理治疗理论和方法应用到受东方历史、文化熏陶的中国人身上并使其行之有效，这对中国的心理咨询与治疗工作者来说，无疑是一项必须要面对和思考的挑战——不能全盘照搬西方的理论和方法，更不能全盘否认、只相信中国传统的理论和方法。

在中国，现代医学的发展主要受到西方医学的影响，但传统的中医学并未萎缩或淘汰，而是走出了一条令世人瞩目的"中西医结合"之路，即应用中医学的理论和方法来治疗西医诊断分类的疾病，并成为中国现代医学中的一个重要组成部分。心理咨询与治疗的发展和应用同样也面临类似问题，甚至更为复杂，因为它涉及诸如文化、风俗、信仰、政治、历史、人类学、社会学和医学等范畴。西方心理咨询与治疗的理论和方法是在研究西方人群的基础上发展起来的，有一定的文化背景和特定条件，因此，在治疗中国人的实践过程中应该考虑到这些因素，并予以解决。近年来，已有许多国内外学者在这方面进行了探索与研究，并提出了一些有效的建议与设想。

**1. 探究东方文化和思想对人的影响**

心理障碍的发生与加重，乃至对其治疗的认识和预后的估计，除了涉及遗传、生物学特性之外，也与社会环境、文化思想及宗教信仰等密切相关。在中国，人们长期以来一直受到儒家、道家、佛家等思想的影响，"与人为善""退一步海阔天空""心定自然凉"等说法常成为人们劝慰他人和面对挫折时自我慰藉的法宝。

最原始的心理治疗方法可追溯到《黄帝内经·素问·移精变气论》中的论述"余问古之治病，惟移精变气，可祝由而已"，即治疗只可能是祝告神明、祈祷上天。虽然在现代人看来，这种思想无知且愚昧，但这种质朴的思想和方式的影响仍延续至现在，至今我们仍可见到这种似曾相识的情况，一个人患病乃至求医时，病人和家属常以占卜或祈祷等方式以期早日康复。

儒家的"人"与"为人"思想、道家的"无为而治""恬淡虚无"等修身养性哲学、佛家的"参禅打坐""意守入静"，以及中医的"五行生克""阴阳平衡"理论等观点，在过去几千年的历史长河中，早已成为特有的东方文化思想贯穿于中国人的日常生活之中，并且不知不觉地融入一个人的思想方式、情感表达、人际交往、人格塑造、社会适应、健康保健等方面。如孔子《论语》季氏篇中的"益者三乐，损者三乐。乐节礼乐，乐道人之喜，乐多贤友，益矣！乐骄乐，乐侠游，乐宴乐，损矣！""君子有三戒：少之时，血气未定，戒之色；及其壮也，血气方刚，戒之在斗；及其老也，戒之在得"，简称"三益""三损""三戒"，时至今日仍作为许多中国人保持心身健康的理念。庄子的"回归原始""恬淡虚无"等思想，主张人要适应自然、淡泊名利、避免无谓的人际纠葛、世事纷争，为许多中国人在面临挫折、遭遇不幸时提供了自我心理防御的出路，避免或减轻了心理或情绪危机的发生。

当然，许多民间谚语或哲学，如"塞翁失马，焉知祸福""三十年河东、三十年河西，六十年风水轮回转"等观点也影响着人们的思想、心理和行为应对方式。因此，现代的临床心理咨询和治疗需要认识、掌握和灵活运用这些思想，并融入中国人所熟知的文化、哲理等内涵，做到"以情感人，以理服人"，心理咨询与治疗方能取得较好的效果。倘若一味照搬西方的理论与方法，而不熟悉、知晓来访者的文化背景和习俗等，无疑会步入"隔靴搔痒"的境地。

**2. 借鉴传统中医学的治疗通则**

20 世纪 70 年代后期，现代医学逐步从生物医学模式发展为生物心理社会医学模式（亦称整体医学模式）。用一个简单的方式来表达，就是从原先的"看病""治病"转变为"看病人"和"治病人"。虽然只是加上了一个"人"字，但其所饱含的意义却大不相同，这里特别强调了"人"的重要性与特殊性，即一个人的心理、思想、行为、情感，乃至认知、社会活动等，对医学诊断和治疗都有很大的影响。心理咨询与治疗的建立与发展是以人为中心的，强调人的特殊性，揭示人的内在心理动力与外在行为之间的关系，可以说是以"心理、社会"模式为基础的。与传统的生物医学模式相比，心理咨询与治疗是临床实践的另一个极端。对心理治疗实践者来说，医学模式的转变无疑是一个福音，但同时也存在问题，即生物模式的临床医学工作者开始认识到要用"心理""社会"知识来武装自己。而作为只有心理学模式的心理治疗实践者，是否也该有所反思、内省或转变呢？实际上，中国的传统中医学理论与治疗一直强调"人"的整体性，总结归纳了一系列非常实用、有效的治疗通则，其中有一些理论是值得心理咨询与治疗工作者将其"古为今用"的。

（1）心身统一，形神相连。人的精神（神）与身体（形）是相对统一的，《灵枢·天年》篇中的"血气已和，营卫已通，五脏已成，神气舍心，魂魄毕具，乃成为人"说明了中医临床实践中"形神合一"的整体观——形具神生，即人的心理功能取决于脏腑气血等物质形态的盛虚，若脏虚神去，生命终结。但"失神者死，得神者生也"又提出了心理活动在人的生命中的重要性，即神对形的制约。这一辩证关系一直贯穿于中医的治疗体系之中，对心理咨询与治疗工作者来说有重要的借鉴价值。

（2）辨证论治，标本兼治。中医的临床实践中要求实践者辨明疾病、症状的主次、前因后果和内外关系，再予以综合治疗和处理，这是很重要的一点。同样的症状或疾病可用不同的药方，但将同样的药方用于不同的疾病或症状，便要求实践者学会"辩证法"。西方生物医学在中国长期以来是以"一元论"贯穿于临床实践之中的，即尽量用一个疾病单元的诊断来解释病人的所有症状，这显然有所偏倾。因此，近年来的国际疾病诊断分类和美国的精神疾病诊断分类标准开始使用多轴诊断系统以强调"多元化"的重要性，一个病人可以同时有数个疾病单元的诊断。心理治疗工作者一般是以各自遵从的理论来指导临床实践的，因而各有所长也各有所短。作为教育和理论工作者可以这样形成"一家之说"，但临床实践者面对的是病人与来访者，重要的是帮助病人解决问题，而不是解释理论，因而就需要"多元化"地学习和借鉴中医的辨证论治与标本兼治的原则。

（3）行医济世，普救众生（医德与医诫）。国外非常重视心理咨询师和治疗师对来访者的态度在治疗中的作用，即治疗性关系的好坏直接影响到治疗的效果。反观国内，近年来心理咨询与治疗虽然在各地蓬勃发展，但心理咨询师和治疗师却或多或少存在着职业道德和业务素养等方面的问题。对于心理咨询师和治疗师仅有热忱、助人之心而无精专的业务技术作为后盾，或仅恃有精湛的业务技术而无"仁心"和医德作为前提，都是难以为继的。《千金方》（"凡大医治病，必无欲无求。"）和《医宗必读》（"圣人以不失人情为戒，欲令学者思之慎之，勿为陋习所中耳。"）等中医著述中也早已提出了医者的职业道德。对此，心理咨询师和治疗师必须知之且正确处之，也应该以"而道上知天文，下知地理，中知人事，可以长久，以教众庶，亦不疑殆，医道论篇，可传后世"（《素问·著至教论》）来要求自己，提高业务素养。因为心理咨询师和治疗师只有拥有广博的知识和精深的专业技术，才能得心应手地面对和处理来自社会各阶层的来访者，真正达到为他们"分忧解难"的目的。

### 3. 东方文化思想与西方心理治疗技术的结合

近30年来，许多西方心理治疗的理论和方法不断地被介绍和应用到国内，各种短期和长期培训班纷纷在各地举办，相关的病例报告、经验总结、研究论文，以及学术专著和译作的数量直线上升。行业内的专业人员不仅有心理学家、教育工作者、精神卫生人员，而且还有为数甚多的临床内科、外科、妇科和儿科等各个科室的医生、护士，社会工作者和志愿者也参与其中。现阶段所面临的问题是，如何看待如此众多的西方心理治疗理论与方法？如何在东方文化背景下，运用西方的心理治疗技术为东方人服务呢？归纳起来，可以从以下四个方面予以考虑。

(1) 认知行为治疗的技术。

认知行为治疗是近50年来发展最快、应用最广的心理治疗方法，它的基本理论假设是人类行为和心理问题的产生是后天习得的，与个体的态度或认识问题的角度（认知偏见）有关，可以通过再学习或改变认知（换个角度看问题）来扫除其心理障碍。因为方法直观、实用技术比较简便、易操作、疗效易见、数据可测量等特点而得以被广泛接受和应用。这一类方法在国内已有系统的介绍和相关的应用研究，是目前应用最广的心理治疗方法之一。

在实践应用过程中，心理咨询师和治疗师如果仅机械式地生搬硬套这类技术方法，则是不恰当的，应该结合中国的文化底蕴。如在实施系统脱敏和暴露疗法时，用"一回生，二回熟""熟能生巧""少见多怪，多见则不怪""千里之行，始于足下""不入虎穴，焉得虎子"等通俗易懂的道理来代替"交互抑制""经典/操作条件反射"等学习理论，则更能被来访者所接受，因为诊室毕竟不是教室，来访者毕竟不是学生；同样，在实施认知转变治疗时，用"瞎子摸象""塞翁失马，焉知祸福"等典故来代替"自动性思想""功能失调性认知图式"等专业术语则更为恰当；再如实施自信心训练、社交应对技巧指导和行为强化等实际操作时，认知行为治疗可以使用"该出手时就出手""靡不有初，鲜克有终""要做先生，先做学生"等概念，避免或减少使用简单的说教和生硬的指导。

(2) 侧重关系的治疗技术。

侧重关系的治疗技术包括家庭治疗、夫妻治疗、人际心理治疗、集体治疗等疗法，它强调关系分析和人际交往中的相互动力对心理和行为问题的影响。由于人是社会性的，而家庭是最小的社会单元，每个人每天都在

"与人打交道",家庭矛盾、夫妻不和、人际关系等问题在日常生活中往往是心理障碍产生和延续的重要影响因素。

同样,此类关系治疗的方法应用也面临着如何进行关系分析的问题。国外理论的专业术语甚多,有时,中国的心理咨询师和治疗师自己在学习过程中都一时难以理解,因而在实践操作过程中,求治的来访者及其家庭成员更难领会其含义。心理咨询师和治疗师需要将书本上的这类关系理论由繁化简、深入浅出地移植到自己的临床实践中,既要避免"说教式"的简单化,又要避免"高谈阔论"之后对方仍是"云里雾里""不知所以"的现象。如何运用"一娘生九等子""三人行必有我师""青菜萝卜各有所长""五十步笑百步""鸾凤和鸣""少年夫妻老来伴"等来诠释概念均是需要认真思考的问题。

(3)人本主义的心理治疗技术。

这类方法主要以罗杰斯(Carl Rogers)的来访者中心疗法为代表,一般广泛应用于非临床的普通心理咨询,强调将咨询对象视为正常人,主张理解、支持和情感的共鸣,调动和发挥人的潜能,提高自信,使之更能适应社会和达到"物尽其用,人尽其才"的目的。国内的学校心理咨询、青年心理咨询、职业与管理心理咨询等大多是以这类方法为心理治疗的基础手段。

(4)精神动力学与分析性治疗技术。

现代心理治疗的发展与弗洛伊德(Sigmund Freud)创立的精神分析学说和治疗密不可分,它强调成年期心理障碍的产生与潜意识的内心冲突、童年期的创伤经历等有关。在过去的一百多年里,其治疗的技术和方法已从最初经典的长程精神分析发展到现在包括动力学取向短程心理治疗在内的数十种技术方法,其中一些基本理论和方法已被其他各类心理治疗方法所采纳与应用。国内在这一领域的翻译著作甚多,早在20世纪30年代便已有关于"精神分析引论"的中文译本。

分析性心理治疗的根本在于了解人、揭示人的外在行为的内在动力。换句话说,要"透过现象看本质""不仅知其然,而且知其所以然",学习和灵活应用这类技术已成为中国心理咨询师和治疗师提高专业水平的关键所在。但对一些传统的分析理论与解释,有必要结合中国的文化和实情作改良和修正,否则难以被来访者认同与接受。

意识的分层、人格的解释与梦的释意等内容在书本、教学中均可见,但在实践上需注意"中国化"的情况，这样来访者才会比较容易接受这些信息；在这方面已做过较好探索的例子是对心理防卫机制的阐述，如将"掩耳盗铃""阿Q精神""指桑骂槐""此地无银三百两"等中国典故有机地结合到理论中去，使更多的人能够理解其真实含义。埃里克森（Erik Erikson）的人格发展理论已在发展心理咨询中得到了广泛应用，可借用"三十而立，四十不惑，五十而知天命"等中国名言对其加以形象化地说明。总之，虽然躺椅式的自由联想、治疗者被动式倾听的疗法不再被提倡，但强调治疗性关系（工作同盟）、基本的倾听和不轻易打断来访者的叙述等心理治疗技术仍应是心理咨询师和治疗师必须掌握的；同样，澄清、分析问题的症结、注意移情与反移情、提供恰当且可接受的解释等也不应被忽视。

在心理治疗中，好大喜功和急功近利是不可取的，刻意追求和探询来访者的内心冲突往往会欲速则不达或事与愿违，反之，应提倡"水到渠成""欲擒故纵"和"无心插柳柳成荫"的策略。换句话说，建立良好的咨访关系是心理治疗成功的关键。当然，咨访关系可以用文字很简单地表达，但实践操作过程常包含了诸多非言语所能表达的复杂技巧与内涵，只有不断进行临床积累和总结才会在不知不觉中有质的飞跃。

## 本章要点

（1）多元文化心理咨询与治疗是指来访者与心理咨询师和治疗师文化相异的任何情境，有时也会称为跨文化咨询或交叉文化咨询。有效的心理咨询与治疗关系的基础是心理咨询师和治疗师对多元文化维度的敏感性。具有文化胜任力的心理咨询与治疗才能称得上具有伦理敏感性的专业行为。

（2）心理咨询师和治疗师与来访者之间的社会文化和背景差异会影响心理咨询和治疗过程的各个环节，其中包括：对心理咨询师和治疗师和来访者之间的沟通和交流的影响；对心理症状理解的影响；对建立治疗关系的影响；对心理咨询和治疗选择和效果的影响；对研究结果解释的影响。对此，心理咨询师和治疗师应有充分的认识并时刻保持警觉，减少和避免这些因素对心理治疗进程的影响，以保证治疗的效果。

（3）心理咨询师和治疗师应该致力于促进人类生命的健康发展，尊重人的多样性，从跨文化的视角审视不同社会和文化背景下人的价值、尊严、潜力和独特性。

（4）心理咨询师和治疗师应通过促进来访者利益和福祉的方式来鼓励来访者良好成长和发展。为形成良好的咨访关系，心理咨询师和治疗师需要主动了解来访者的多元文化背景，同时，探索自己的文化认同感以及这种认同感对自己的咨询价值观和信念的影响。

（5）成为一个具有文化胜任力的心理咨询师和治疗师需要三种能力：第一种能力关注心理咨询师和治疗师对种族、文化、民族、性别以及性取向的态度和看法，心理咨询师和治疗师应当具备觉察个人偏见的能力，用积极的态度看待多元文化；第二种能力是文化胜任力，这需要心理咨询师和治疗师知道并理解自身的世界观，拥有关于各种不同群体的文化知识，对社会政治有基本的理解；第三种能力包括有效地使用心理评估、干预技术以及服务不同来访者群体的必要技能。

（6）多元文化胜任力的四个主要因素：一是了解自身的传统文化对经验、态度、价值观和行为的影响，以及文化限制或增进对不同来访者咨询有效性的方式。二是对存在文化差异和来自不同文化的来访者保持舒适的感受，并发展出一种珍视并欣赏文化差异的态度，而不是有轻视或容忍的感觉。三是对自己的负性情绪反应以及对其他文化的预设概念保持警觉，能及时意识到这些反应会给来访者带来不利的影响，并承诺改变这些态度。四是具备尊重和重视文化差异的信念和态度，这可以反映在尊重社会支持网络和重视双语能力上。

（7）心理咨询师和治疗师需要具备对自我以及来访者文化知识的了解能力，表现为：①理解个体自身的文化如何影响其对正常、异常以及咨询过程的定义；②重视不同来访者的文化传统，以及文化认同发展可能对来访者造成的影响；③对文化可能影响来访者态度的方式持有敏感性，如人格发展、职业选择、求助行为、心理痛苦的表现等等；④理解社会和政治因素对不同文化的来访者的影响，重视种族主义对个体可能造成的伤害；⑤了解传统咨询可能与特定来访者文化相抵触的内容，包括评估工具和干预策略；⑥了解不同文化来访者获取咨询服务的障碍；⑦熟悉关于家庭结构的文化规范和行为，掌握面对不同文化群体，如何使用家庭和团体咨询帮助有心理困扰的来访者。

（8）心理咨询师和治疗师应当掌握的胜任多元文化的技能包括：①努

力参与各类活动，以增进自身对文化的理解，正视并控制文化偏见对其行为的影响，积极参与可以扩展不同文化群体知识（包括理性知识和经验知识）的活动；②灵活使用言语和非言语反应，并判断应在何时适当地运用它们；③帮助来访者有效地应对由文化差异带来的障碍，使其有使用社会资源的能力；④重视来访者使用母语进行咨询的需要，当来访者有需要的时候安排合适的转介；⑤具有对不同人群负责任地使用测验工具的专业技术；⑥积极参与可以减少偏见、增进社会跨文化知识的活动；⑦在进行知情同意流程时，需要注意能被拥有不同文化的来访者理解。

（9）应对多元文化咨询的能力包括：①对其他文化的世界观持开放态度；②心理咨询师和治疗师必须具备关于特定文化的知识；③心理咨询师和治疗师要有能力使其他可以支持来访者的人参与进来；④心理咨询师和治疗师能够调整干预措施，或者使用为跨文化咨询设计的干预方法；⑤心理咨询师和治疗师要学会容忍观点的模糊性和分歧，要有能力去接受他人不同的行为观、世界观或道德体系；⑥心理咨询师和治疗师要拥有跨文化咨询的技术，拥有灵活使用不同的咨询干预方式以满足不同文化来访者需求的能力。

**思考题**

1. 什么是多元文化胜任力？具有文化胜任力的心理咨询师和治疗师需要具备哪三种能力？
2. 多元文化胜任力的四个主要因素是什么？
3. 心理咨询师和治疗师应当掌握哪些能胜任多元文化的技能？
4. 应对多元文化咨询的能力有哪些？

# 第八章 心理咨询与治疗的设置

**学习目标**

1. 了解时间设置的内容、原则及意义。
2. 熟悉实际工作中与设置有关的各类问题的处理方式。
3. 掌握基本的紧急情况处理方式。

**关键词**

设置（setting）；时间设置（time setting）；疗程（treatment course）；会谈时间（length of a session）；会谈频率（session frequency）；电话咨询（phone consultation）；紧急情况（emergency situation）；紧急预案（emergence response plans）；救援热线（crisis hotline）；社会支持（social support）

心理咨询与治疗作为一种专业性的助人活动，与一般人际帮助活动的不同首先体现在其场景是一个非自然的、"人工的"场景，这个场景是通过特定的设置（setting）构成的，如咨询的地点、时间、费用等等。这些设置只有一个目的，即用来保证和促使咨询向有利于来访者成长的方向发展，以便更好地帮助来访者解决问题。本章重点阐述心理咨询与治疗过程中的设置及其相关内容。

## 第一节 心理咨询与治疗的时间设置

在心理咨询与治疗的设置中，最易受忽视、影响最大、难度最大的就是时间设置（time setting）及其相关问题。心理咨询师和治疗师有责任让来访者了解治疗开始和结束的时限，了解可利用的治疗资源，知道什么时候、在什么情况下可以进行面谈或电话联络，知晓无法与心理咨询师和治疗师联系时的紧急情况处理策略，以便来访者得到及时的帮助。

## 一、时间设置的内容

心理咨询与治疗中所需要进行的时间设置主要涉及以下三个方面：每次咨询的时间、频率和疗程（或次数）。

### 1. 心理咨询与治疗的时间

个体心理咨询的会谈时间（length of session）一般以每次 50 分钟左右为宜。主要原因有以下三点：一是咨询双方都能全神贯注而不会感疲劳的限度在 1 小时左右；二是从整点时间开始计时，便于心理咨询师和治疗师记忆和安排，如果来访者较多，心理咨询师和治疗师也可以在前后两个咨询中留有 10 分钟的休息时间，既可以处理一些紧急事务，也可以用来补记重要的咨询片段或者准备接下来的会谈；三是前后两个来访者基本不会碰面，这也符合保密原则。

当然，不同对象或不同疗法的咨询时长也有所差异：精神分裂症康复期的来访者的咨询时间一般为 20～30 分钟；婚姻家庭咨询或团体咨询的时间一般多为 90～120 分钟。

### 2. 心理咨询与治疗的频率

经典精神分析的会谈频率（session frequency）通常是每周咨询 4～5 次，其他形式的个体心理咨询一般每周一次或每周两次，团体心理咨询通常一周一次，家庭咨询也有两周一次或一月一次。比较而言，一周两次、每次 50 分钟咨询比每周一次 100 分钟的咨询效果会更好。

### 3. 心理咨询与治疗的疗程（或次数）

心理咨询和治疗的疗程（treatment course）指的是从第一次会谈到实现咨询目标的整个心理咨询与治疗过程将持续的时间长度。疗程长短取决于来访者心理问题的复杂程度、咨询的目标及所用的疗法，短则一次，长则需几年时间。

在不同的咨询阶段，咨询时间和频率还需要根据实际情况进行调整。如在心理咨询与治疗的初期阶段，心理咨询师和治疗师的主要任务是通过了解来访者的病史、个人生活史等信息来进行心理诊断与评估，建立良好的咨访关系，50分钟的咨询时间略短，有些心理咨询师和治疗师在实践中会针对这一特殊阶段做特殊设置，如延长时间、增加每周会谈频率，这对双方相互了解、发展稳固的咨访关系的效果会更好。在心理咨询与治疗的结束阶段，来访者越来越独立，则可以逐步减少每月的咨询频率，如从一周一次调整到两周一次，直到咨询结束。

## 二、时间设置的基本原则

### 1. 清晰明确

对于每次咨询的时间、频率，咨询疗程，特殊情况如何处理，延时、迟到或不来是否收费等问题，来访者应当清晰且明确地知晓相关信息，做到咨访双方心中有数。一般尽量在正式疗程开始前就讨论并确定何时开始、何时结束等相关问题。

### 2. 周全具体

除了以上提及的临时改变咨询时间、迟到、未到等情况的处理方法外，对于长程的心理咨询与治疗可能还需要考虑到关于节假日如何处理、心理咨询师和治疗师是否有固定的休假安排等相关事宜，对此应考虑周全为宜。

### 3. 稳定和不轻易改动

心理咨询师和治疗师尽可能不要临时变更咨询时间，至少应保持一段时间内的稳定，否则易导致咨访关系的削弱甚至解体。原因在于，如果来访者的心理冲突根源恰好是强烈的依赖和不安全感，那么他会对与心理咨询师和治疗师的每一次分离都感到难受甚至恐惧，变更时间常常会引起这类来访者的愤怒和攻击，或者其会因对分离的恐惧而提前结束咨询。

## 三、时间设置的意义与影响因素

心理咨询师和治疗师对来访者的了解如果仅限于他倾诉的是远远不够的，更需要观察他的行为表现、态度与情感。如果设置比较稳定，那么在这已确定的时间框架之内，心理咨询师和治疗师就可以通过观察来访者对这一框架的态度、在这一时间前后的表现等，由此了解来访者的处事模式或情感反应等特点。比如在来访者中，有人会将时间拖长，有人会迟到，有些人会早来半个小时，还有些人会像"报时的钟"那样准时到来，或者突然开始迟到，等等。这些现象都有其特定的潜意识的动力学意义，就这些现象进行澄清和解析，来访者也更容易接受和理解这种方式。但如果时间设置不固定，就缺少对来访者的心理世界进行研究的框架，从而无法为来访者解析这些反应。而且由于时间设置的不固定，咨访双方之间很难建立起稳固的工作联盟关系，也容易引发来访者的移情反应。在心理咨询与治疗的临床实践中，时间设置常会受到以下因素的影响。

1. 医院心理科咨询的设置

由医生兼任或改行的心理咨询师和治疗师，习惯延用对待一般医院门诊患者的方式对待来访者：来访者随时来挂号然后排队等待会谈，心理咨询师和治疗师的任务主要是简单听听主诉，大致做到心中有数之后就开"处方"。来访者拿到"处方"，咨询就算告一段落。因此，每位来访者的咨询时间时长时短、变化不定。但是，如果来访者不认可大夫提出的"医心药方"，就会出现来访者纠缠不断直至医生硬性结束，而后来访者快快离去的情况。医生感到沮丧受挫，来访者自己也感到被应付、不被重视，使得咨询脱落率极高，同时也影响社会对心理咨询行业的认识。因此，医院开设的心理门诊需要认识到心理咨询师和治疗师与医生在工作形式与方式上的重要差别，妥善处理时间设置的问题。

2. 日常人际相处习惯的影响

心理咨询师和治疗师也是普通人，良好的咨访关系就包含着知心朋友的关系。在中国人的文化习惯中，朋友之间相处时极少会说我们今天的见面什么时候结束，讨论结束常常意味着送客、拒绝。尤其是心理咨询师和治疗师面对的是正在遭受心理痛苦的来访者，可能会更难把这样的"朋友"推出门外。而在这时，心理咨询师和治疗师仍需要保持自己的职业性，不能将咨询关系混同于朋友关系。

3. 源于心理咨询师和治疗师本身的影响因素

心理咨询与治疗的初学者常常助人之情高涨，会将整个身心完全投入心理咨询中，和来访者的会谈长达几个小时，这不仅导致自己精疲力竭，咨询效果也常常不尽人意。其实，这种情况可能出于心理咨询师和治疗师潜意识中的自以为无所不能、自恋或意欲来访者依赖自身的心理。有些心理咨询师和治疗师会对某种类型的来访者感到极其不耐烦，因而会无意识地提前结束咨询或缩短咨询时间。其实这种反感常常来源于心理咨询师和治疗师的负性反移情，这种情况的出现也提醒心理咨询师和治疗师需要及时接受督导。还有些心理咨询师和治疗师固执地延用医生的接诊方式，其中也含有他们潜意识地运用隔离的防御方式以避免被来访者卷入情绪冲突的可能。

总之，良好的时间设置在促进形成巩固的咨访关系、帮助咨访双方了解双方的内心世界方面都起到了独特的作用，心理咨询师和治疗师需要对时间设置及其相关问题给予足够的重视。

在实践中，多数心理咨询师和治疗师能够遵守准确的治疗时间，按时开始和结束会谈，即使来访者刚刚经历了痛苦或感到非常忧伤，一般情况下也不会延长治疗的时间。因为按时结束每次治疗是工作要求的一部分，而且可能心理咨询师和治疗师与另一个来访者的预约时间已到，需要即将开始另一个治疗会谈。如果出现超时的情况，可能是心理咨询师和治疗师想促成来访者的领悟，或心理咨询师和治疗师与来访者有其他超出治疗范围的情感需要。在国外，一般在工作时间且没有在会谈来访者时，心理咨询师和治疗师可以接听来访者的电话。

## 第二节　对设置的澄清和说明

大多数来访者在接受心理咨询与治疗前，对于心理咨询与治疗中应该遵守的规则、会谈间隙能否联系心理咨询师和治疗师等一系列设置问题并不清楚。因此，心理咨询师和治疗师有责任事先对设置进行告知与说明，以减少或消除来访者不合理的期望及不必要的误解。

## 一、会谈前澄清不合理的期望

> **案例8-1**
>
> 有些来访者会对心理咨询师和治疗师纠缠不休,提出许多不合理的要求,例如,要心理咨询师和治疗师说出家庭住址及家里的电话号码等;对明确的治疗时限感到不舒服甚至发怒,或在非约定时间来做咨询,如遭拒绝则以"心理咨询师和治疗师服务态度不好、缺乏医德和同情心,要举报投诉",或以"终止治疗""治疗是骗人的""生活太痛苦了""不想活了"等话语来威胁心理咨询师和治疗师,严重干扰正常工作。

因此,在正式的心理咨询与治疗开始前,心理咨询师和治疗师需要向来访者澄清:心理咨询与治疗是定期、限时、有计划、有目的的,在约定或规定的治疗会谈期间,心理咨询师和治疗师有责任和义务帮助来访者,但在非治疗期间,来访者应遵守相关规则。

## 二、会谈间隙期需要注意和遵守的规则

> **案例8-2**
>
> 当来访者出现情绪冲动或抑郁、悲伤的情绪但身边又没有家人和朋友的陪伴时,可否打电话给心理咨询师和治疗师或工作人员(不管是否为工作时间或其他时间),以避免自杀或其他意外的风险?

心理咨询与治疗的频率安排一般是每周一至两次,或二至四周一次,那么来访者在其他非治疗时间可否与心理咨询师和治疗师联系(非紧急状态的联系)?如果可以联系的话,应该在什么时候和什么情况下与心理咨询师和治疗师进行电话交流?在国外,一般安排在工作时间(如9:00—21:00),且心理咨询师和治疗师没有接待来访者的时间段。如果正在进

行心理咨询与治疗，则大多数心理咨询师和治疗师都不会接听电话，因为在心理咨询与治疗过程中接电话是对正在会谈的来访者的不尊重，并且对治疗有负面影响。同时，也会给正在接受心理治疗的来访者留下这样的印象：任何时候都可以打电话给心理咨询师和治疗师，且治疗可以被任意中断。

有些来访者希望能通过打电话给心理咨询师和治疗师，将上次"未说清楚"或"未解决"的问题再叙述一遍，或希望解析新出现的梦境，或讨论如何面对工作，等等。当然，也不排除有些来访者为了琐事经常反复来电。一般认为，电话会谈可以帮助来访者增加心理治疗的疗效，尤其对于依赖、感情脆弱的来访者来说，可以及时指导来访者进行适应性技能训练；否则他们可能需要每天接受心理治疗、频繁的门诊或短期的住院治疗。因此，电话会谈可以作为正式治疗性会谈与来访者现实独立生活指导之间的"桥梁"或补充。不过，有些心理咨询师和治疗师认为，治疗间隙期的过多电话会谈是不应该被提倡的，它会对治疗有负面的影响（除非是十分紧急的危机情况），并且与上述未遵守时间限制的会谈性质是一样的。

至于在治疗会谈间隙期来访者与心理咨询师和治疗师是否有必要保持密切联系或接触，目前尚无定论，可以因情况而异。不过，心理咨询师和治疗师在决定用某种方法（包括电话沟通）保持治疗间隙期的联系时，需认真思考下述四个问题：①是否符合心理治疗职业的要求；②是否对来访者产生影响；③自己的能力和资源是否能胜任；④咨访双方是否真正理解治疗的时间规则。

## 三、心理咨询师和治疗师休假或停诊的处理

**案例 8-3**

某位来访者已定期接受了两年有规律的心理治疗，期间并未有特殊情况与心理治疗师电话沟通过。近来，心理治疗师患病住院，而来访者最近遭遇工作和生活的双重打击——失业和孩子突然遭遇车祸而亡，出现了明显的自我挫败和自伤行为，并有自杀风险，几次就诊和预约心理治疗师未果，此时该怎么办？

在该案例中，如果心理咨询师和治疗师未雨绸缪、事先告知相关的求助途径或资源，或认真思考并预防可能的意外情况，则便于来访者有寻求其他帮助的准备，而不是仅依赖于某个心理咨询师和治疗师。

心理咨询与治疗是一个连续的过程，但是心理咨询师和治疗师往往还会有其他的工作或社会活动，甚至遇到意外状况等，这样就使得有规律的治疗或预约可能会被暂时或长期取消。对此，心理咨询师和治疗师应该对这些情况有充分的估计和准备，并提前告知来访者。

### 1. 休假或可预知的停诊

澄清治疗时限也可以使心理咨询师和治疗师认真考虑自己的需要，从繁忙的工作责任中解脱，不至于被过重的工作负担压垮或感到精疲力竭。应该鼓励心理咨询师和治疗师学会享受生活，劳逸结合，注意满足个人的情感需要。这实际上也是心理咨询师和治疗师保持"情感能力"的关键。

由于心理治疗在一段时间（如3～6个月）内是连续的，如果心理咨询师和治疗师随意取消或缩短已约定的时间，可能会给来访者带来伤害，少数来访者会出现强烈的情感波动或感到迷惘与无助。因此，心理咨询师和治疗师需要在治疗前事先告知来访者其可能的时间安排（如何时要休假、何时要外出开会等），以减轻来访者心理上的"创伤性休克"，同时让来访者事先有所心理准备，同时考虑运用其他的社会资源或求助方式，以应付心理咨询师和治疗师不在时的情况；另外，偶尔的中断或停诊还可促进来访者的心理独立和成长，使其思考和对比有无心理咨询师和治疗师的治疗对自己的生活和工作的影响。

### 2. 患病或临时停诊

许多来访者会认为，心理咨询师和治疗师应该是无所不能和不会患病的，包括有些心理咨询师和治疗师本人也会有这样的想法，并喜欢这种给来访者以保护的感觉。部分来访者还可能用这样的幻想来自我安慰，不肯面对现实。

然而，任何人都不得不承认，在日复一日的工作中，心理咨询师和治疗师也会患病，即谁都无法预测自己何时患病和患何种疾病，因为患病是不以人的意志为转移的。心理咨询师和治疗师可能会突发脑卒中、心脏病，可能患痴呆、癌症，外出车祸遇难或食物中毒，也可能被抢劫、殴打或接到电话去处理必须立即处理的意外，等等。当然，最常见的还是因患感冒、咳嗽等疾病而不能工作。

心理咨询师和治疗师必须要考虑因偶发事件而临时停诊的情况可能对来访者造成的影响，应提供适当可行或可变通的方法来减少对来访者的伤害。一般来说，多数情况都可以找到解决的办法，但必须符合心理咨询师和治疗师个人及专业的身份，不能违背心理治疗的本质、理论取向与治疗模式，以及来访者的具体需要。这要求心理咨询师和治疗师必须回答如下问题：如果心理咨询师和治疗师因故不能工作，由谁来通知来访者？在下一次会谈之前用什么方式通知来访者？如果心理咨询师和治疗师不能再继续工作，应该怎样处理来访者的治疗记录？接替者可以复印治疗记录吗？

## 四、结束阶段需要注意的问题

　　当疗程告一段落时，结束和终止治疗关系也是心理咨询师和治疗师的责任之一。《中国心理学会临床与咨询心理学工作伦理守则》明确规定："当来访者不再需要治疗以及治疗对来访者不再有利或可能造成伤害时，心理咨询师和治疗师有责任结束治疗。不过，在治疗结束前，心理咨询师和治疗师应考虑来访者或来访者的观点和需要，并做好充分恰当的结束前的咨询，在适当的时候建议来访者选择其他的替代治疗；如果来访者需要继续治疗，也可考虑用可行的方法进行转诊。"

　　但需要注意的是，对于特殊情况或危机状态，心理咨询师和治疗师有责任拒绝结束和终止治疗关系，即使来访者拒绝治疗或表示放弃，因为"救死扶伤"是基本的人道主义精神。如果考虑到结束治疗会对来访者造成伤害或导致其自杀时，即使来访者不能继续支付其治疗费用时，心理咨询师和治疗师仍应该继续治疗，而不是轻易放弃。

## 第三节　紧急情况的处理

　　心理咨询师和治疗师应该与来访者一起讨论和计划特殊、紧急情况（emergency situation）的处理方案，尤其是针对当来访者在需要及时帮助却无法联系到自己的心理咨询师和治疗师时，事实上，这是让来访者在危机出现时主动承担一定的自我保护责任，提高其自信心和自我帮助的能力，而不是把治疗看作被动的过程。这样，当面对即将发生的危机或心理咨询师和治疗师不在的情况时，来访者也会镇定自若，减少不必要的惊恐和无助。从某种意义上说，这种紧急预案（emergence response plans）变成心理咨询师和治疗师给来访者的授权，无形之中增加了来访者的信心。

如果来访者遭受突然的打击，并陷入极度的情绪危机之中而需要紧急帮助，但心理咨询师和治疗师又因为种种原因不能立即赶到时，来访者该怎样应对？下面四种策略可使来访者得到充分的帮助。

### 1. 求助精神卫生服务机构

处于心理危机中的来访者首先应该去有精神卫生服务的医院，一般在国内的区、县级以上医院中就有精神卫生科室。但问题是：来访者住所附近有这样的医院吗？该医院的专科服务有急诊吗？来访者或家属知道这些机构的地址及电话号码吗？这些情况或问题需要事先就考虑到，因为在危机状态下，来访者有时连最基本的常识，如医院的名字，都可能无法想起。再者，如果医疗质量不能得到保证的话，危机干预的效果可能会适得其反，反而会加重危机的严重性。

### 2. 拨打热线电话

热线电话或其他24小时服务电话都可以提供即刻的救援，并可以为来访者找到当时可得到的专业帮助。国内有全国范围的危机救援电话（crisis hotline），部分地区开通了24小时热线电话服务。电话服务至少可以帮助来访者度过处在危机中的那段时间，可以起到心理支持或救援的作用，即第一时间给予危机者帮助以稳定其情绪，把自杀或死亡的危险降至最低。

### 3. 寻求社会支持系统的帮助

朋友或家人等社会支持（social support）也相当重要，可以帮助来访者减少孤独、无助和绝望的感觉，并使其感到温暖和善意，分散或转移注意力，延长生存时间，最终度过危机。社会支持不仅指朋友和家人，还包括非专业的社会团体，如国外的酒精依赖联盟、国内的各级工会、妇联等组织，这类社会支持在危机干预中有时会起到非常关键的作用。

### 4. 采取随机应变的策略

如果上述办法均不奏效或难以实施，不能帮助来访者度过危机，那么心理咨询师和治疗师根据当时来访者的具体情况进行分析，寻找其他可行的方法是至关重要的。

> **案例 8-4**
>
> 国外曾报道过一个通过想象训练处理危机的成功案例：一位年轻女性有明显的孤独感、焦虑和抑郁，目前存在严重的情绪失控和强烈的自杀意念，既没有经济来源，也没有亲友，又自我封闭。安全起见，心理咨询师和治疗师和她商定，在经历危机而自己又不在的时候，可以去附近医院的候诊室，急诊附近的候诊室全天开放。结果，这种安排取得了很好效果。对来访者而言，在处于严重的消极情绪和想要结束生命的时候，去医院候诊室会让她觉得更积极、正在为自己做事，而且是坐在"清洁而又灯光明亮的地方"，周围有许多人，让她不会感到孤独，并且这些人不会"命令"她做任何事，这些环境因素使她的悲观和消极情绪逐步减轻；尽管她没有与他们接触，但她知道周围有医务人员，如果真的自杀也会得到及时的救助。另外，来访者还意识到，她是在执行与心理咨询师和治疗师一起制订的"治疗计划"，这使得她更加镇静和减少了与社会的隔离，最终顺利度过危机。

实践表明，"候诊室策略"可以使某些有高度自杀意向的来访者安全顺利地度过危机，不过，前提是来访者有高度的治疗依从性。因此，在门诊治疗初期，由于种种原因，来访者得不到迅速、及时且有效的帮助时，想象训练也是必要和可行的方式。

## 本章要点

（1）心理咨询与治疗的设置是为了保证和促使咨询向有利于来访者成长的方向发展，以便更好地帮助来访者解决问题。

（2）时间设置的内容包括每次心理咨询与治疗的时间、频率、疗程（或次数）等等。

（3）时间设置的基本原则是清晰明确、周全具体、稳定和不轻易改动。

（4）固定的时间设置为心理咨询师和治疗师提供了研究来访者心理世界的框架，也有利于咨访关系的建立。

（5）在正式的心理咨询与治疗开始前，心理咨询师和治疗师需要向来访者就设置和规则等事项进行澄清、说明；对于可能出现的停诊等事项，心理咨询师和治疗师应该有充分的估计和准备，并提前告知来访者；当心理咨询和治疗即将结束时，应做好充分恰当的结束前的咨询。

（6）心理咨询师和治疗师应该与来访者一起讨论和计划对特殊、紧急情况的处理方案，尤其是来访者需要及时帮助却无法联系到心理咨询师和治疗师时的应对策略。

**思考题**

1. 在哪些情况下，咨询时长应该根据对象或疗法的不同而有所调整？如何调整？
2. 针对来访者的设置的澄清和说明应该包含哪些内容？
3. 在疗程即将结束时，你会如何安排结束前的咨询？
4. 有哪些可以帮助来访者度过紧急情况的策略？

# 第九章 心理评估和心理测验的伦理

**学习目标**

1. 掌握心理评估和测验涉及的各类伦理问题。
2. 熟悉影响心理评估和测验结果的因素。

**关键词**

心理评估（psychological assessment）；心理诊断（psychological diagnosis）；戈德华特法则（the Goldwater rule）；心理测验（psychological test）；实施测验（test implementation）；指导手册（instruction manual）；标准化（measurement standardization）；信度（reliability）；效度（validity）；测验结果（test results）；决策的多重标准（multiple criteria for decision making）

心理评估和心理测验是临床心理工作的重要内容之一，通过评估和测验，心理咨询师和治疗师可以更好地理解来访者及其心理问题。越是准确地进行心理评估，越有可能成功地解决问题。不恰当的评估和测验不仅会影响治疗的效果和来访者进一步接受治疗的机会，而且会严重干扰心理咨询与治疗的正常进行。本章重点介绍心理评估和心理测验的伦理规范和相关问题。

## 第一节 心理评估的伦理

来访者寻求心理咨询师和治疗师的专业帮助，主要有两个目的：一是更好地理解自己存在的问题；二是寻求解决问题的方法。实现第一个目标的过程被称为心理评估（psychological assessment）或心理诊断（psychological diagnosis）。目前，已经有多种评估方式，从临床访谈到标准化测验、行为观察、精神状态检查、来自重要他人提供的信息，以及对个案的记录。理想的心理评估诊断是由心理咨询师与来访者合作完成的，包括来访者问题的性质、严重性以及预后等内容。心理评估可以通过多种方式进行，主要取决于临床工作者的理论取向，以及对心理疾病分类系统的选择。心理咨询师和治疗师越是准确地评估问题，越有可能成功地解决来访者的问题。无论心理评估的内容与背景如何，准确、公正、负责的评估都是成功心理干预的基础。

## 一、心理评估的意义与作用

**案例 9-1**

### 我不想被控制

当你与一个来访者首次会谈时，来访者说："我整个星期觉得非常易怒，情绪不稳定，不知道自己怎么了。我总有打人的冲动，我想揍他，但我不知道那个人是谁，我控制不住这种想法。我不想被控制，他为什么控制我？他让我杀掉我的同学，我为什么要杀他们？"

请思考：
- 听到来访者这样说，对此你有什么样的感觉？
- 当此人停止说话时，你的第一句话应该是什么？
- 来访者的可能诊断是什么？
- 在这种情况下，你会怎样安排心理评估，应该怎样处理这个个案？

很显然，这个来访者的症状非常符合精神病性障碍的表现，可能疑似有明显的命令性幻听症状和被控制体验，需要去精神病专科医院进行诊治。心理评估诊断在心理咨询与治疗中的意义和作用包括以下五个方面。

**1. 有助于界定来访者的基本情况和主要问题**

如果要进行有效的心理咨询，心理咨询师和治疗师需要收集来访者的资料，包括主诉、个人发展史、医疗史、家庭史等内容。心理评估的实施可以提醒心理咨询师和治疗师系统地收集来访者的临床资料，以了解来访者的问题与相关信息。

**2. 有助于排除生理与药物的因素**

在进行心理评估诊断时，心理咨询师和治疗师要注意来访者的心理问题是否起因于生理与药物因素。在进行心理咨询之前，首先要排除生理疾病以及药物的影响，必要时进行医疗转介。

**3. 有助于辨别精神病性障碍**

当来访者具有自我伤害或伤害他人的行为或意图、严重脱离现实的幻听或妄想、严重的抑郁或躁狂、酒精或药物成瘾的戒断症状，以及器质性脑损伤等问题时，需要转介到精神卫生机构进行专科治疗。

**4. 有助于评估心理咨询师和治疗师是否具有胜任力**

心理咨询师和治疗师明确来访者的心理评估结果后，可以依据评估结果判断来访者的问题是否属于自己的胜任范围。例如，评估结果表明来访者的主要问题是强烈的强迫观念和强迫行为，而心理咨询师和治疗师的专长是婚姻咨询和辅导，不大擅长有心理病理性症状的疾病的心理咨询与治疗。此时，该心理咨询师和治疗师就不能冒然接受这个来访者，而应该在征求来访者意见的基础上，将其转介至合适的心理咨询师和治疗师或相应的专业机构。

**5. 有助于制订合理的咨询计划**

对于来访者的心理问题，心理咨询师和治疗师只有对此有清晰的诊断和了解，才能制订适合来访者情况的咨询计划，不同的心理疾病有其不同的咨询处置。详细、专业的心理评估通常可以告诉我们来访者可能的病程和预后，以及咨询的方向和策略。心理咨询师和治疗师越能够正确了解来访者的问题，也就越能够拟订一个完整而可行的咨询计划。在咨询结束时，心理咨询师和治疗师要对来访者的问题再度进行评价，以了解来访者是否发生了积极的变化、咨询效果是否理想等等。

## 二、心理评估诊断的影响力

> **阅读材料 9-1**
>
> **一个关于心理疾病诊断的著名心理学实验**
>
> 在著名的罗森汉恩实验中,研究者要求由正常人假装的病人描述说他们一直听到某些声音,以被获准进入精神病院。一旦获准,他们便不再表现出任何症状,也不再声称听到声音。罗森汉恩让他们自入院以后就表现得尽量正常。尽管在医院待了一段时间,但没有一个假病人被医生确认为正常,出院时他们的表格上都带有精神病学诊断,只是有些被注明"正在缓解"。令人讽刺的是,真正的病人经常质疑假病人有问题,但医护人员却从未表达过这种顾虑。尽管罗森汉恩的研究受到了批评,但无论这个研究本身有什么缺陷,关键在于它证实了心理健康工作者的一种倾向,即歪曲他们获得的信息以适应已经存在的分类。这种将普通行为病理化的倾向也可以在其他不那么戏剧化的情况中看到,如心理咨询师将正常的丧失亲人后的感受认为是抑郁,或将普通青少年的叛逆判定为行为障碍。在评估中,心理咨询师的首要责任是客观地评价可利用的证据,而不是预先假设如果一个人处在来访者的角色中,他就必定有可能被诊断的精神障碍。

正如上面这个著名的心理学实验所呈现出来的结果,目前还没有客观的实验室或影像学指标来进行心理疾病的诊断,心理诊断的效度尚存在争论,问题诊断被一些专业人员蔑称为"贴标签"。事实的确如此,如果诊断不当,这种评估便等同于做"标记"。但是恰当的诊断可以发挥有效且有益的作用。诊断与治疗的关系就像地图之于公路旅行,比起凭直觉选择路径,按照地图指引更可能到达目的地。诊断就像一张指明方向的地图以及一个抵达目标的计划,即一系列要走的路。

心理诊断可能会对来访者产生深远的影响。一个诊断名称会有力地影响来访者生活的很多方面,如自尊、职业机会、社会身份,以及受教育的资格。在心理疾病被污名化的社会中,一个正式的诊断可能会给来访者带来痛苦,产生强大的心理影响。来访者可能会对结果感到羞耻或尴尬,可能会变得沮丧,可能断定自己"无可救药",甚至会做出一些不当的自毁行为。不过,来访者也可能对诊断有相当积极的反应——有些人松了一口气,之前所经历的思想、情绪和行为问题都有了诊断命名,这使他们相信自己的问题是可以解决的。

诊断可能会变成"自我实现的预言",如一个人被误诊为抑郁障碍,他可能开始将自己在情绪上的正常波动解释为心理问题,从而产生过度反应,别人对待他的态度也会开始有所不同。如果一个孩子被误诊为注意缺陷,他可能不再尝试集中精力来完成学校的功课,因为他认为自己没有能力做到。

总而言之,心理评估诊断是一种力量强大的工具,心理咨询师和治疗师必须负责地运用这种工具,恰当地表达评估结果,并为来访者提供建设性的意见,以便帮助来访者,而不是伤害他们。

## 三、心理评估诊断的伦理原则

> **阅读材料 9-2**
>
> ### 戈德华特法则
>
> 20世纪60年代,当时的巴里·戈德华特(Barry Goldwater)正在竞选美国总统。很多心理工作者公开质疑巴里的精神稳定性,他们怀疑巴里不适合此职位。但是实际上并没有专业人士对他进行过访谈或评估。在没有任何专业接触的情况下就做出诊断的做法促使美国精神疾病学会对此做出规定,禁止在不做检查的情况下进行心理诊断,此规定后来被称为"戈德华特法则(the Goldwater Rule)"。

以上的戈德华特法则提醒我们,心理咨询师和治疗师在进行心理评估诊断时,需要遵守伦理规则,不能滥用职权。心理评估诊断要遵守的伦理规则如下。

**1. 保护隐私**

与医生对患者的身体进行的检查相似，来访者的经历属于隐私范畴。因此，询问一个人的隐私时必须具备以下条件：有充分的理由和必要性，询问者必须具有专业胜任力，得到来访者的知情同意。

**2. 恰当选择评估工具和访谈形式**

心理咨询师和治疗师进行心理评估诊断时，最好采取面对面与来访者直接互动的形式，这样可以通过访谈和观察全面获悉来访者的信息，而且要恰当地选择合适的工具并加以合理运用，以期谨慎地对来访者做出恰当的心理疾病诊断。

**3. 具有文化敏感性**

文化习俗会影响心理咨询师和治疗师对来访者问题的界定。心理咨询师和治疗师在对来访者进行心理诊断时，要考虑其社会经济地位和文化背景。定义一种行为是否功能不良并非在社会或文化真空中进行的，所有关于非正常行为的定义都植根于文化。在一个社会中显得怪异的行为可能在另一个社会中被视为正常和合适的，如不同文化对丧失亲人的反应是不同的：有些文化鼓励人们毫无保留地表达情绪，并将其视为完全正常的；在另一些文化中，则被认为是极端的表现或功能不良。如果心理咨询师和治疗师没有充分考虑来访者的社会和文化背景，就可能会错误地把正常行为断定为病态行为。因此，对来访者问题的心理评估应包括文化背景访谈，在此过程中，心理咨询师和治疗师需要系统地了解来访者的生活背景以及对健康和异常行为的理解。

# 第二节 心理测验的伦理

心理测验（psychological test）的每一个环节均存在与伦理相关的问题，需要心理咨询师和治疗师在实践中具有敏感性并自觉遵守相应的规范。与心理测验有关的伦理规范内容如下所示。

> **阅读材料 9-3**
>
> **心理测量与评估**
>
> 《中国心理学会临床与咨询心理学工作伦理守则》（第二版）的相关规定（2018年2月）
>
> 5 心理测量与评估
>
> 心理测量与评估是咨询与治疗临床工作的组成部分。心理师应正确理解心理测量与评估手段在临床服务中的意义和作用，考虑被测量者或被评估者的个人特征和文化背景，恰当使用测量与评估工具来促进寻求专业服务者的福祉。
>
> 5.1 心理测量与评估的目的在于促进寻求专业服务者的福祉，其使用不应该超越服务目的和适用范围。心理师不得滥用心理测量或评估。
>
> 5.2 心理师应在接受相关培训并具备适当专业知识和技能后，实施相关测量或评估工作。
>
> 5.3 心理师应根据测量的目的与对象，采用自己熟悉的、已经在国内建立并证实信度、效度的测量工具。若无可靠信度、效度数据，需要说明测验结果及解释的说服力和局限性。
>
> 5.4 心理师应尊重寻求专业服务者了解和获得测量与评估结果的权利，在测量或评估后对结果给予准确、客观、对方能理解的解释，避免寻求专业服务者误解。
>
> 5.5 未经寻求专业服务者授权，心理师不得向非专业人员或机构泄露其测验和评估的内容与结果。
>
> 5.6 心理师有责任维护心理测验材料（测验手册、测量工具和测验项目等）和其他评估工具的公正、完整和安全，不得以任何形式向非专业人员泄露或提供不应公开的内容。

# 一、测验操作的标准化

心理咨询师和治疗师需按标准化程序实施测验（test implementation），如果不能在标准化（standardization）条件下实施测验，则需要在解释结果时对例外情况加以说明，且不得在缺乏有效监督的情况下让来访者使用测量工具。心理咨询师和治疗师有责任对影响测验信度（reliability）和效度（validity）的因素保持一定的警觉，尽可能降低这些因素的影响，如昏暗的灯光、频繁的打扰、嘈杂的环境、服用药物或测验前已经个别接受过指导等，而且，在解释测验结果时，必须考虑这些因素并书写在正式的报告中。

需要注意的是，让来访者把心理测验问卷带回家自行测验的行为是不符合测验伦理要求的。因为施测者对来访者在什么条件下进行测验是一无所知的。来访者可能没有遵守指导语、违反时间限制，或与他人商量测验项目的答案。事实上，施测者甚至不能确定他们收到的测验结果是不是来访者所填写的，也许是其室友或家庭成员回答了这些问题，也可能是多人一起讨论的结果，让测验变成了一个集体项目。如果有以上任何一种情况发生，那么这个测验就是无效的。因此，心理咨询师和治疗师应该设法使来访者在控制条件下完成测验。科学的精确性也要求测验实施的条件要尽可能与测验标准化中设定的条件接近，这样结果就可以和群体常模进行比较。

## 二、保证测验的安全性

**案例 9-2**

**可以复印韦氏成人智力测验的结果吗？**

一名大学生在一家心理咨询机构做了韦氏成人智力测验（WAILS）。完成测验后不久，她要求复印心理健康记录中所有信息，包括测验结果。这个要求使机构很为难，因为标准 WAILS 的记录单既记录着受测者的反应，也包括了测验项目，而这些项目是在测验安全性与版权保护范围内的。

> **案例 9-3**
>
> **可以复印明尼苏达多项人格测验的结果吗?**
>
> 一名32岁的女士在进行心理咨询前做了明尼苏达多项人格测验（MMPI），心理咨询师和来访者都觉得结果很符合该女士的状况，对咨询很有参考价值。进行了六周的咨询后，双方同意终止咨询。数周后，该女士要求复印完整的记录，包括与咨询相关的记录、表格、MMPI报告、标有其分数的图表，以及测验手册。

面对这些两难困境，心理咨询师和治疗师首先需要保证的是测验的真实性和安全性，且使用的测验技术要符合法律和使用协议。测验材料包括指导手册（instruction manual）、工具、协议和测验问题或刺激。测验数据包括原始的测验分数、对于测验问题或刺激的反应以及在测试过程中的言语或行为的记录。如果来访者或与其相关的人士要求提供数据，应在法律和规范下保护测验数据。

根据测验的伦理规定，应该拒绝向案例9-3中那位女士提供明尼苏达多项人格测验项目的手册，因为它是测验材料，并不包含来访者的信息。案例9-2情况则更为复杂，因为韦氏成人智力测验（WAILS）的记录纸包含来访者的个人答案，也包括测验项目。根据伦理守则的规定，一般情况下，来访者可以复印记录纸，但是其中包含的韦氏成人智力测验项目则涉及版权。因此，理想的解决办法是与来访者讨论，其是否愿意接受记录的修改版，即删掉版权保护内容后的记录摘要。

## 三、测验的胜任力

> **案例 9-4**
>
> ### 究竟应该怎样解释这个结果？
>
> 一位刚刚被殴打过的妇女进行了韦氏成人智力测试，用计算机处理得分，结果是：按照 MMPI 的得分，被殴打的妇女可能有精神分裂症或边缘型人格。得出这样错误结论的关键之处在于，施测者没有考虑那位妇女遭受暴力的事实。在遭受暴力的情境下，完全可能出现异常的测验结果。在测验中，来访者的抑郁情绪很可能是其负性生活事件的合理反应；因遭受配偶的殴打而出现抑郁、迷惘，甚至情感崩溃等症状均应在测试前被考虑。因此，如果结合受测者填写问卷时的背景，则该案例应该考虑为急性应激反应状态，而非人格或精神病性问题。

上述案例提示我们，对于测验结果（test results）的解释需要考虑来访者进行测试时的背景，不能只根据测试分数就做出判断。在心理测验领域，要求心理咨询师和治疗师具备丰富的理论、专业的工作水平、督导及实践经验；同时要求测验者能够正确理解各种心理测验的适用范围、信度和效度，进而为临床诊断和治疗提供客观、真实而有效的依据。如果心理咨询师和治疗师不能深入、全面地理解某种心理测验的用途和适用范围，过分依赖测验的数据结果、忽略测验过程的标准化，不与临床观察相结合，则可能使结论出现偏差。

在心理测量中，心理咨询师和治疗师进行测量的前提条件是其具有胜任力，能根据预期目的和来访者的情况选择正确的测验，这个过程要求高水平的专业判断以及大量的训练以理解测验手册和结果数据。同样，恰当地实施测验对结果来说至关重要，其中需要的不仅仅是遵循测验指导的能力，还需要知道如何在调整测验条件以适应来访者情况的同时又不影响结果的效度。

综上所述，决定胜任力的因素包括以下四个方面。对测验的正式学习，包括仔细阅读测验手册和其他相关材料；理解测验的信度、效度和常模；掌握该测验的优点和局限，并了解其对不同人群的适用范围；具备使用测验的经历和资格，能正确和专业地对结果进行解释。

## 四、来访者的权利和知情同意

测验应当符合来访者的需要，为了心理咨询师和治疗师的目的或机构的要求而进行测验都是不合理的，因为测验可能导致来访者感到紧张、来访者的隐私被侵犯，或者结果被人误用。因此，必须设定测验结果的使用标准，用于研究的测验结果只有在双方有明确的知情同意时才能进行使用。

对测验的知情选择是来访者的首要权利，来访者应被告知计划实施测验的目的、含义和作用，包括可能会有的风险和利益。在进行测验之前，心理咨询师和治疗师需向来访者解释测量工具的性质、测量的目的以及相应的测量结果。在对结果进行解释时，心理咨询师和治疗师要用来访者（或其法定代言人）易懂的语言，需考虑来访者的个人和文化背景、来访者对结果的理解水平，并向来访者介绍结果会对来访者造成的影响。如果测验报告的附件会保留在来访者的档案中，也应该向来访者解释清楚。

来访者的第二个权利是关于测验结果的反馈。不论测验的计分和解释是由心理咨询师和治疗师、助手、自动化服务系统还是外在服务系统所进行的，都应向参与测验的个体或法定代言人解释，且这一事实应在当事人进行测验前即予以通知。心理咨询师和治疗师不得滥用评估的结果和解释，同时其也有责任防止他人滥用评估的相关信息。心理咨询师和治疗师需尊重来访者的知情权，用来访者能够理解的语言向其反馈测验结果，以简单的语言说明测验所包含的内容，分数的含义，以及分数将被如何使用，并向来访者告知测验的结果，并对结果进行解释，说明自己的结论以及提出建议的依据。

反馈面谈的原则包括以下四个方面。使来访者感到满意，且使其明白测验结果的意义和含义；心理咨询师和治疗师认为其反馈已经足以澄清测验的结果；来访者与心理咨询师和治疗师就测验结果对之后的咨询和治疗计划达成共识；如果来访者在测验之前同意可以透露测验结果，则可以向其他人透露。

向来访者提供测验结果的反馈应当被记录在案,同时还应包括来访者对反馈的评价,以及测验中需要追踪的内容。

## 五、测试结果的解释

### 1. 评估的多重标准

测验绝不能作为临床或教育决策的唯一标准。测验的预测能力有限,心理咨询师和治疗师需要分辨测验是否有效或结果是否可靠。因此,所有对来访者可能产生影响的决定都必须建立在多重标准(multiple criteria for decision making)之上。如诊断抑郁绝不能单纯凭借测验分数的上升而做出判断,还需要结合心理访谈、行为表现、重要他人的报告等资料。准确的评估应该是多来源、多水平、多方式的。当心理咨询师和治疗师在测验结果的基础上做出推论时,应当明白测验的局限性。例如,抑郁量表分数的升高可以反映测验时来访者的不安,但不能预测未来的情绪状况。因此,心理咨询师和治疗师对这些预测所做出的相关解释不能超出可知的证据范围,且必须说明测验的局限。

### 2. 测验的时效性

测验的结果会在什么时间点失效?这个问题因测验类型、测量内容等的不同而有所不同。例如,抑郁情绪具有高度可变性,一般的抑郁评定量表都是测量最近两周的情绪状况,因而一次抑郁测验的分数可能很快就会过期。但是,内倾、外倾特质等人格特征的测量可以在一段较长时间内保持稳定。

### 3. 计算机化的计分和解释

在心理测验中运用计算机化的计分和解释已成为普遍现象。使用计算机来计分是符合伦理的,而且可以避免一些因手工记分导致的错误,同时,相比人工操作,由计算机处理心理测验的计分和简单的结果解释可以节省大量时间。但是,计算机化的结果解释也存在一些争议。计算机化报告不能对结果进行多种解释,因为报告不是个性化的,不能将受测者的独特性考虑在内。因此,计算机化的测验解释只能作为参考,必须与心理咨询师和治疗师的专业判断相结合。

心理咨询师和治疗师应准确地解释测验的目的、标准、效度、信度、施测程序以及其他测验要求。当心理咨询师和治疗师对评估结果进行解释，包括机械化解释时，除了应考虑测验的意图外，还要注意到其他会影响到测验的因素，如环境、性格、语言能力、文化差异等，因为这些都可能影响专业人士的判断并降低其解释的准确性。

## 六、心理测验中的多元文化问题

选择测量工具时，需慎重考虑其效度、信度、局限性和适切性。在对来访者进行测量和结果解释时，需考虑年龄、肤色、文化、是否残疾、民族、性别、种族、语言、宗教或信仰、性取向和社会经济地位等因素的影响。心理咨询师和治疗师应避免文化歧视，接纳文化差异，保证公正和公平地对待所有来访者。

没有一种测验是脱离文化的，也没有一位完全不存在偏见的心理咨询师和治疗师，因而心理咨询师和治疗师必须胜任多重文化测验，以便根据来访者的文化背景选择评估工具并予以解释。心理咨询师和治疗师需要了解自身存在的偏见可能会对测验结果造成的影响，并且具有使用测验让不同来访者获益的技能。

是否获得来访者所属群体的常模数据对于恰当的结果解释来说非常重要。当一个测验没有特定文化群体的常模时，则应当使用其他测验工具。如果没有其他可替代的测验，那么解释测验结果时就应当极为谨慎。例如，明尼苏达多项人格测验的常模群体没有拉丁美洲人或亚裔美国人，明尼苏达多项人格测验（第二版）则包括了这部分群体，因此如果心理咨询师和治疗师在对这部分人进行测验时应该选择明尼苏达多项人格测验（第二版）。

施测者还应当仔细检查测验的内容偏差，当不同文化中的群体对于测验中同一个项目的理解和熟悉程度不同时，就可能发生内容偏差。去除项目中的内容偏差已经成为一些著名的人格问卷修订版的重要内容。有时，某些群体在某些测验上的得分偏高或偏低，可能也是内容偏差造成的。

## 本章要点

（1）心理评估诊断包括多种评估方式，从临床访谈到标准化测验、行为观察、精神状态检查、来自重要他人提供的信息，以及对个案的记录。

理想的心理评估诊断是由心理咨询师和治疗师与来访者合作完成的，包括确定来访者问题的性质、严重性以及预后等内容。心理咨询师和治疗师越是准确地评估问题，越有可能成功地解决来访者的问题，准确、公正、负责的评估是成功心理干预的基础。

（2）心理评估诊断在心理咨询与治疗中的意义和作用包括五个方面：有助于界定来访者的基本情况和主要问题；有助于排除生理与药物的因素；有助于辨别精神病性障碍；有助于评估心理咨询师和治疗师是否具有胜任力；有助于制订合理的咨询计划。

（3）心理评估诊断是一种力量强大的工具，心理咨询师和治疗师必须负责地运用这种工具，恰当地表达评估结果，并为来访者提供建设性的意见以便帮助来访者。心理咨询师和治疗师在进行心理评估诊断时，需要遵守伦理规则，保护来访者隐私，恰当地选择评估工具和访谈形式，并具有文化敏感性。

（4）心理测量与评估是心理咨询与治疗临床工作的组成部分。心理咨询师和治疗师应正确理解心理测量与评估手段在临床服务工作中的意义和作用，考虑被测量者或被评估者的个人特征和文化背景，恰当使用测量与评估工具来促进寻求专业服务者的福祉。

（5）心理咨询师和治疗师需按标准化程序实施测验。如果不能在标准化条件下实施测验，则需要在解释结果时对例外情况加以说明。不得在缺乏有效监督的情况下让来访者使用测量工具。心理咨询师和治疗师有责任对影响测验信度和效度的因素保持一定的警觉。

（6）心理咨询师和治疗师使用的测验技术要符合法律和使用协议。测验材料包括测验的手册、工具、协议和测验问题或刺激。测验数据包括原始的测验分数、对于测验问题或刺激的反应以及在测试过程中的言语或行为的记录。如果来访者或与其相关的人士要求提供数据，应在法律和规范下提供测验数据。

（7）在心理测验领域，要求心理咨询师和治疗师具备丰富的理论、专业工作、督导及实践经验，同时要能够正确理解各种心理测验的适用范围、信度和效度，进而为临床诊断和治疗提供客观、真实而有效的依据。如果心理咨询师和治疗师不能深入全面地理解某种心理测验的用途和适用范围，过分依赖测验的数据结果、忽略测验过程的标准化，不与临床观察相结合，则可能使结论出现偏差。

(8）在心理测量中，心理咨询师和治疗师进行测量的前提是具有胜任力。根据预期目的和来访者情况选择正确的测验，这个过程要求心理咨询师和治疗师有高水平的专业判断、大量的训练、理解测验手册和结果数据。同样，恰当地实施测验对测验结果来说至关重要，需要的不仅仅是心理咨询师和治疗师有遵循测验指导的能力，还需要知道如何在调整测验条件以适应来访者的情况的同时又不影响结果的效度。决定胜任力的因素包括四个方面：对测验的正式学习，包括仔细阅读测验手册和其他相关材料；理解测验的信度、效度和常模；掌握该测验的优点和局限，并了解对不同人群的适用范围；具备使用测验的经历和资格，能正确和专业地对结果进行解释。

（9）测验应当符合来访者的需要，为了心理咨询师和治疗师的目的或机构的要求而进行的测验都是不合理的。对测验的知情选择是来访者的首要权利，来访者应被告知计划实施测验的目的、含义和作用，包括可能带来的风险和利益。来访者的第二个权利是得到测验结果的反馈。不论测验的计分和解释是由心理咨询师和治疗师、助手、自动化服务系统还是外在服务系统所进行的，都应对参与测验的个体或法定代言人作出解释，且这一事实应在当事人进行测验前即予以通知。

（10）测验绝不能作为临床或教育决策的唯一标准。测验的预测能力有限，心理咨询师和治疗师需要分辨测验是否有效或结果是否可靠。因此，心理咨询师和治疗师做出的可能对来访者产生影响的决定都必须建立在多重标准之上。准确的评估应该是多来源、多水平、多方式的。

（11）在心理测验中运用计算机化的记分和解释已成为普遍现象。与人工操作相比，由计算机处理心理测验的计分和简单的结果解释可以节省大量时间。使用计算机来记分是符合伦理的，而且可以避免一些因手工记分导致的错误。但是，计算机化的结果解释存在争议。计算机化报告不能对结果进行多种解释，因为报告不是个人化的，不能将受测者的独特性考虑在内。因此，计算机化的测验解释只能作为参考，必须与心理咨询师和治疗师的专业判断相结合。

（12）没有一种测验是脱离文化的，也没有一位完全不存在偏见的心理咨询师和治疗师，因此，心理咨询师和治疗师必须胜任多重文化测验，以便根据来访者的文化背景选择评估工具并予以解释。心理咨询师和治疗师需要了解存在的偏见可能会对测验结果造成的影响，并且具有使用测验以使不同来访者获益的能力。

**思考题**

1. 心理评估诊断的意义和作用包括哪些方面？
2. 如何恰当地运用心理评估诊断？
3. 心理测验为什么要按照标准化程序进行实施？实施测验前是否需要来访者的知情同意？
4. 在心理测量中，施测者的首要责任是什么？决定心理测验胜任力的因素有哪些？
5. 测验结果能作为临床或教育决策的唯一标准吗？为什么？
6. 心理测验中运用计算机化的计分和解释时，需要注意哪些伦理问题？

# 第十章 心理督导中的伦理

**学习目标**

1. 了解督导的概念、种类和形式。
2. 了解督导的作用、流程和功能。
3. 重点掌握督导中关于胜任力、知情同意、保密原则、界限与关系等伦理规范。

**关键词**

督导（supervision）；系统取向督导（system approach supervision，SAS）

在临床心理工作中，督导师正确地履行责任和权利可以保证督导过程向良性方向发展。督导过程同心理咨询与治疗的过程及作用明显不同的是，担任督导角色的人不仅要把握和调节心理治疗的进展，对来访者负责，同时还要评估、指导和监督被督导者的工作，因为这些工作会影响被督导者今后的职业发展与前途。本章主要介绍督导的定义、作用、流程、功能、种类及形式，以及督导中关于胜任力、知情同意、保密原则、界限与关系等伦理规范。

# 第一节 概 述

## 一、督导的定义及相关内容

**案例 10-1**

### 究竟是谁的错？

兰督导师是某咨询培训机构负责管理实习的执行主任及临床督导师。这一年来，他认真负责地督导了一位非常优秀的博士生马青。马青在实习中表现出很大的潜力，她的来访者反馈十分良好。实习结束后，她在有关部门注册并在距离该培训机构几条街的地方开设了个人诊所。在结束实习前，兰督导师要求马青把实习时进行心理治疗的所有病例转介给该中心的另一位治疗师。但是，有来访者希望继续在马青的新诊所接受心理治疗，不愿转介到其他治疗师那里。兰督导师对马青的行为十分不满，雇请了一位律师指控她没有职业道德，并向有关部门及伦理学委员会正式起诉马青拒绝执行督导师的安排，同时拒绝证实和担保马青已经顺利完成实习的事实。

马青则提出反诉，指责兰督导师对她非法限制，没有满足来访者的最大利益。她认为来访者已经对她产生了强烈的移情，并且她们之间已经建立了积极有效的工作联盟关系，失去治疗师将对来访者造成很大的伤害。同时也正式提出诉讼，指责兰督导师不应该拒绝证实她已完成实习的事实，这违反了专业标准。

同时，有几位来访者也起诉了该咨询机构、兰督导师和马青，因为内部人员之间的矛盾及管理问题，他们的治疗档案没有经过来访者同意便被作为证据提交给法庭，侵犯了其隐私权，并给他们的治疗造成了阻碍。

> **请思考：**
> - 你认为该咨询机构、兰督导师和马青三方是否对来访者造成了伤害？
> - 他们有违反伦理规范的行为吗？
> - 他们之间的督导以彼此欣赏、赞同开始，却以对簿公堂结束，他们之间一定要以这样的方式结束吗？怎样的协调和处理会导致结果有所不同？

专题研讨会得出的结论是：兰督导师和马青都滥用了各自的权利，违背了伦理原则，事先没有向来访者澄清马青的实习心理治疗师的工作身份，而且在督导合同中也没有写清楚相关的限制和规定。

### 1. 督导的概念

所谓督导（supervision），是指在一定的可控情形下与心理咨询师和治疗师进行实践、观察、讨论并给予监督和指导的活动。心理咨询与治疗培训过程中的督导制度，是指学习者在有经验的督导师的指导与帮助下，实践咨询过程、改进咨询技巧、提高自身专业水平的过程。

### 2. 督导的作用

心理咨询师和治疗师每天都要面对不同的来访者，倾听和感受他们的痛苦，与他们一起共同面对心理的阴暗面，帮助他们驱散心中的阴霾。当这些负性情绪积累到一定程度时，就会对心理咨询师和治疗师造成影响。如果其不能很好地处理这些情绪，便可能很难再保持健康的心态，进而会影响在心理咨询与治疗过程中对来访者的回应和双方的互动，从而影响咨询和治疗的效果和声誉。为了避免这种情况的发生，心理咨询师和治疗师必须定期接受更高级别的专业人士的督导。

心理咨询与治疗的督导设置不仅可以帮助心理咨询师和治疗师及时清理精神垃圾，使他们拥有一个健康的心态，还可以使他们在定期接受督导时和更高级别的督导师一起研究在心理咨询与治疗中遇到的一些经典案例以及咨询技术方面存在的一些问题，促使心理咨询师和治疗师在各方面得到成长和发展。心理咨询师和治疗师不仅需要具备助人助己的能力，更需要愿意接受别人的帮助和知道怎样去接受别人的帮助，而接受心理督导的设置正是这种能力的一种体现。

**3. 督导的要求**

在心理咨询与治疗比较发达的国家和地区，督导制度是培训合格的心理咨询师和治疗师过程中必不可少的环节。如在美国，社会工作专业的本科生的实习时数和标准为 400 小时（50 天），硕士研究生为 900 小时。学生在取得社会工作专业的硕士学位后，仍需要在督导师的专业指导下学习实践 3000 小时，方可申请独立从业的资格。我国心理学会专业人员注册系统对于申请注册的心理师在督导方面也有非常明确而具体的规定。

**4. 督导的流程**

心理咨询与治疗的技术督导不同于其他行业的技术督导可以手把手地传授技术，而是有严格的设置和正规的流程。首先，接受督导的心理咨询师和治疗师必须提前进行准备，这种准备包括需要督导案例的归纳、总结和记录。其次，督导的过程也有非常严格的设置。心理咨询师和治疗师需要客观地描述其心理咨询与治疗案例的内容和过程、所运用的技术和达到的效果，不做过多的陈述和解释。督导师会根据心理咨询师和治疗师的客观描述，以及其对案例过程和技术的疑问进行分析和澄清，最后进行总结，并就整个过程提出适当的建议。

**5. 督导的种类**

虽然不同的专业人员界定了不同的临床督导模式，但总的来说，有效的督导主要包括以下两类。

（1）侧重专业技术的督导。

侧重专业技术的督导是指督导师对咨询的案例以及心理咨询技术的运用方面的督导，帮助心理咨询师和治疗师更好地掌握心理咨询的理论与技巧，采取不同的方式启发被督导者将心理咨询和治疗的理论运用于临床实践，提高被督导者的咨询技能和助人技巧。

督导师在对心理咨询师和治疗师进行督导的同时，也要保护好被督导者。因为作为被督导的对象，在督导过程中，心理咨询师和治疗师希望自己在专业方面遇到的问题得到处理，所以他们也是一个来访者的角色，非常需要安全和有力量的保护。这里"保护"的含义是广义的，即督导师不仅要关注被督导者需要提升和成长的地方，还要保护其积极性，避免因督导师的做法和态度而产生消极的心理和职业倦怠。其次，督导的目的是帮助心理咨询师和治疗师解决在专业方面遇到的问题，使他们在专业方面和咨询技术方面得以提高和成长，因此，应避免过于空泛的讨论。此外，值得注意的是督导师和被督导者之间的特殊关系——他们既是高级的咨访关系，同时也是师生关系，但不能超越这两种关系之外再建立其他任何关系。

（2）侧重个人成长的督导。

从督导师和被督导者之间的关系来看，个人成长督导更倾向于高级的咨访关系。这种互动过程会促进被督导者的自我认识与个人成长，督导师协助被督导者省察自己的表现、深化自我认识、澄清专业关系和促进个人成长。从本质上说，督导是通过被督导者的职业工作表现来关注被督导者自身的成长，其根本目的在于促进被督导者工作能力的提高。可以这样说，督导师所起的作用，与被督导者在来访者成长过程中所起的作用是同样重要的。

个人成长督导的形式主要是一对一咨询，以被督导者的成长为主要目标。这个目标可分为两点：一是解决被督导者本身存在的心理问题，如自身的心理创伤没有得到修复，在帮助来访者的时候触发了自己的问题，影响了助人的能力，因而需要自我成长；二是被督导者在心理咨询与治疗的过程中累积了太多的负性情绪，因而给自己带来了情绪困扰和心理问题，这是一个卸载精神垃圾、审视自我的过程。有了自我成长督导的设置，被督导者才能够不断地完善自我，保持高度的心理健康水平，使自己的助人能力不断得到提高。

综上所述，不难看出督导是心理咨询与治疗中不可或缺的重要环节，不仅可以更好地帮助心理咨询师和治疗师成长，更重要的是可以使来访者得到更好的服务。

### 6. 督导的方式

督导的形式一般包括个别督导、团体督导、同行小组督导和自我督导。

同行小组督导在形式上区别于个人成长督导，由3～10名心理咨询师和治疗师组成，其目的是促进心理咨询师和治疗师在技术与个人方面的成长。与其他督导方式不同的是，在这个督导小组中，没有一个严格意义上的督导师，只有一个小组带领者带领着小组成员进行自我探索、咨询技术讨论和研究、典型案例的分析和讨论。值得强调的一点是，组员之间是平等和相互促进的。

### 7. 督导的任务

> **案例 10-2**
>
> 关于一个来访者的诊断和治疗计划，你与督导师之间出现了相当大的分歧。经过多次的深入讨论，双方均不能令对方信服，之后督导师说："我认为你在对病例的诊断及制订有效的治疗计划方面有困难，一些个人的因素影响了你的临床判断。我已与临床培训主任探讨过，我们一致认为你需要心理治疗来先解决你个人的问题。"
>
> 请思考：
> - 对此你有什么样的感觉？
> - 你对督导师的评价反应如何？你应该怎样面对这个评价？
> - 如果你是督导师，当你认为被督导者的个人问题影响了临床判断时，你会怎样做？如果你指出了这种问题，将会有什么样的感觉？
> - 如果的确是你的经历影响了临床判断，但自己并没有意识到，你希望他人怎样帮你指出问题？

系统取向督导（system approach supervision，SAS）是一个多元跨理论的督导模式，由美国学者郝洛威（E. L. Holloway）提出，督导是一个动力系统，以督导关系为核心，督导的功能在于探讨被督导者在督导情境中的专业反应能力，具体来说包括以下五点。

（1）检查与评估：包括运用奖赏和批评对被督导者的工作表现给予评价。

（2）教导与建议：包括给被督导者提供专业的意见和建议等。

（3）示范与扮演：督导师要透过隐含的督导关系可直接扮演来访者的角色，以便示范专业技巧和知识。

（4）咨询与探索：督导师处在专家或者更高级别的心理咨询师的位置上提供意见，而不是仅作判断，要提高被督导者的自我评价能力和专业敏感性。

（5）支持与分享：督导师通过理解性倾听、鼓励以及建设性质询，表达对被督导者的支持,并分享督导互动双方的体验和经验。督导者也应常常内省个人的督导风格,以免形成僵化的督导模式,弱化督导的功能与角色。

可以简单地用下述公式来阐明督导任务与功能间的关系:

督导任务+督导功能=督导经历。

而督导任务应该包括:①咨询技巧;②来访者的概念化形成;③专业角色;④情绪觉察;⑤自我评价。

简而言之,督导功能和督导任务有时是一个交互作用的过程,督导师的教学培训和指导策略很大程度上需要根据被督导者的具体情况而定,即根据不同的学习阶段、学习和实践策略、经验等因材施教。

伦理学在界定督导职权范围时,明确规定了督导师需承担对来访者的伦理及法律责任。如果督导师与被督导者双方在治疗计划等方面出现意见不一或矛盾时,应该进行坦诚、全面而深入的沟通,避免和减少因矛盾而对治疗和督导过程产生的不利影响。实际上,出现意见不和或争论并不是不可以的,这也是督导过程的正常组成部分,并不代表治疗被误导或督导师不胜任工作,而是标志着督导师、被督导者与来访者三者之间形成了相互作用的精神动力学关系模式,即类似精神分析中出现的反移情现象。此时,正是督导过程的契机,如果处理得当,督导过程会出现转机,对于被督导者来说,也是获得领悟和成长的难得的机遇;但如果处理不得当,督导过程将陷入困境,督导师和被督导者双方都会因此产生烦躁、沮丧等负性情绪体验和负性心理反应,进而阻碍和干扰对来访者的心理治疗。

8. 督导的功能

**案例 10-3**

你所督导的治疗师是一个富有挑战个性的人,在汇报病史时经常诋毁、贬低、取笑来访者,而且对来访者有攻击性的消极评论,明显地表现出对来访者的不尊重。你曾在督导过程中提出批评,但却没有效果。一天,他对你说:"我已看出你对我不满意,你对我的评语不会很好,但我认为这非常不公平。我已与其他人谈过,他们均表明支持我。所以你要改掉对我不好的考评结果;如果你不改,就会影响我的前途。因此,我警告你好好考虑一下。"

> **请思考：**
> - 对此你有什么样的感觉？
> - 面对不同的性别、籍贯、种族、年龄或有其他特征做被督导者，你的感情和反应会有什么不同？
> - 你愿意做出怎样的反应？你将怎样做出反应？如果对这两个问题的回答不同，原因是什么？
> - 被督导者的这番话会影响或改变你对他的评语吗？你会怎样处理这种棘手的局面？

督导师必须反复不断地评估被督导者是否能胜任临床心理学服务，而且要对其今后的职业发展做出恰当的评价。这项工作很有挑战性，有时很难做到客观、公正和恰当，这使督导师感到非常大的压力。同样，被督导者也会感到不自在和不自由。在国外，许多负责临床注册的机构都要求其成员提供详细的培训、实习和督导的具体时间和评语，以及督导师对被督导者能力、优缺点及具体实习情况等的全面评估报告。这些资料可能会决定被督导者的前途，影响他们今后是否可以继续接受培训或发展事业。因此，督导师与被督导者需要坦诚沟通，评估结果应公开和客观，避免"打闷包"或"做手脚"。

美国心理学会伦理学委员会明确指出："督导的评价对每个学生的进步都有特别的责任，对行为表现有持续、明显异常的学生，以及在学术或人际交往中难以正常表现的学生应该给予的建议是尽早接受心理咨询和治疗帮助，必要时中断培训。"换句话说，督导师必须确保从事心理学临床工作的人是合格、胜任的，以确保来访者不会受到伤害。当然，更重要的是避免对被督导者造成不必要的伤害。当督导师认为被督导者无法胜任临床心理工作时，必须慎重决定并说明理由，如被督导者个人压力过大，或者对其而言工作或环境压力过大，或在治疗或咨询时存在内心冲突，以致其不能胜任治疗工作。在这些情况下，督导师有责任及时终止培训。

## 二、伦理守则的规定

2018年，我国正式发表了《中国心理学会临床与咨询心理学工作伦理守则》(第二版),对于心理咨询与治疗师需要接受的督导进行了明确规定,具体内容如下所示。

> **阅读材料 10-1**
>
> 6.8 担任督导任务的心理师应向被督导者说明督导的目的、过程、评估方式及标准,告知督导过程中可能出现的紧急情况,中断、终止督导关系等的处理方法。心理师应定期评估被督导者的专业表现,并在训练方案中提供反馈,以保障专业服务水准。考评时,心理师应实事求是,诚实、公平、公正地给出评估意见。

## 第二节 督导伦理规范

督导过程与心理咨询和治疗过程一样,也需要在专业的设置下进行才能起到应有的效果,它需要督导师和被督导者双方都非常明确并且自觉遵守其中的伦理规范和责任,才能保证督导过程向着预期理想的方向进行。

### 一、专业胜任力

> **案例 10-4**
>
> 你接诊处理了一例可能存在幻听和联想障碍并有片段的牵连观念的来访者,你拟诊为精神分裂症,但不能排除其他可能的诊断,因此,计划在下次咨询中再鉴别和确诊。与督导师交流汇报时,你陈述了自己的观点并列出了下次会谈的计划。结果督导师评论道:"哦,真的很有必要做精神分裂症的诊断吗?"

> **请思考：**
> - 对此你有什么样的感觉？
> - 你对这个评论有何反应？如果这位督导师非常容易激动，并反对批评，同时对培训有相当大的权利，这些会影响你的情感和行为反应吗？
> - 如果这位督导师是一个没有精神医学背景的人，前面也曾对几个典型的重症精神病人有过误诊，这时你会怎样反应？下一步你会怎样做？

因为督导过程是一个复杂而又意义重大的专业行为，所以要求督导师在临床评估、治疗和咨询方面具有相当的独立工作能力。督导师应受过专业的培训，具有广博的理论知识、娴熟的技能和丰富的实践经验。缺乏理论教育、实践培训与督导经历的督导师是不符合职业伦理道德要求的，当然也是难以胜任工作需要的。再者，督导师的知识结构必须随着时代的发展而不断更新，并熟知国内外研究和理论的进展，做到与时俱进。

除了理论知识的要求之外，督导师必须是胜任心理治疗工作的有经验的治疗师，必须有能力指导被督导者为来访者提供有效的治疗服务。因此，对督导师的选择和认证必须要规范、审慎和小心。督导师需要有教学培训和临床实践经验，能够融会贯通、深入浅出地启发被督导者的思考、理解以及技巧的实际应用等，也是将理论与研究成果转换成实务经验的"翻译者"。督导师应该具有六项特质：①反省能力；②持续开放的学习态度；③以过程为导向；④营造健康和谐的氛围；⑤建立联结的能力；⑥培植内在的自我。

真正的助人在于帮助对方创造内在活跃而非停滞的状态。因此，督导师应该时刻关注如何创建双方都感到自在的心理空间，以便营造良好的督导氛围和关系。同时，督导师应该为被督导者提供机会，使他们从自我资源以及相关的技巧培训中获得自我肯定。综合国内外相关的实践经验，理想的督导师必须具备以下的条件：①有专业教育及培训的背景；②有丰富的实践工作经验；③有教学的意愿与热情；④有教授他人的能力；⑤有成熟的人格和进取的人生态度。

## 二、知情同意

知情同意背后的价值观是认为个体有自我决定的权利即自主权。尊重被督导者的自主权是很重要的伦理原则，尊重这种自主权的一个很重要的体现就是督导的知情同意。督导师有责任保证被督导者理解并知情督导的条件。来访者也有权了解自己的心理咨询师和治疗师是否还是需要督导的受训者，有权拒绝他们的服务。督导师有责任事先征得被督导者和来访者的知情同意。

### 1. 被督导者的知情同意

被督导者的知情同意取决于督导师对督导过程和程序的清晰描述。此部分应该包括督导师关于督导的理论假设，督导师对被督导者的教育，被督导者本人的关注程度，督导的目标，督导过程的潜在风险，对被督导者的绩效预期，评估和审核方法，保密在督导过程中的限制，收费说明，等等。

被督导者有权利知道督导师将用什么标准和什么方式来评估自己，以及督导评价的证据又是什么，必须清楚和理解自己在督导过程中能得到什么样的帮助和提高，知道在什么情况下应该对督导师敞开心扉、暴露内心体验，以及是否可以要求督导师保密等。

### 2. 来访者的知情同意

来访者的知情同意包括：督导师对咨询服务的风险和利益的描述；督导师对咨询涉及过程的简单描述，如问题、反思、团体督导或使用单向玻璃等；关于保密本质及其限制的说明，包括虐待的强制报告和警告职责；关于收费和付款的说明。保密限制部分应该包括督导过程中对具体信息的处理。

来访者有权拒绝督导师的参与。美国心理学会伦理学委员会在1984年便发表了关于督导的伦理学标准正式声明："在专业服务刚开始时，来访者应被告知自己的心理治疗师正同时接受督导师的培训指导，因此病历及其治疗过程的基本内容将会对督导师公开。允许来访者自己做决定，是否理解这种督导关系所带来的保密局限，是否理解这种心理学服务。不通知来访者则违反保密原则"。1992年，《美国心理学工作者的伦理学原则和行为规范》中又明确要求："心理学工作者在接受督导培训期间所诊治的来访者，督导师对其来访者负有法律责任；同时须告知来访者，治疗师是实习生。"

另外，督导双方都有责任确保来访者准确地理解被督导者所拥有的资格及证书。不允许欺骗来访者，即出示伪造的资质证明，特别是名不符实的称谓，如将无医学教育背景和无职业资质的人称为"医生"。

对于督导师而言，规范理解和执行督导的相关原则（如保密、自愿等）是其应尽的责任和义务。如执行保密原则，既是在实践层面，也是在理论层面身体力行地去影响和规范督导的对象，即言传身教地按照督导的若干原则去进行督导工作。如果不遵守保密原则，则督导师的言行就会对被督导者造成消极的影响和后果。当然，在实际工作中，允许自愿原则，即从整体上说，督导对于心理咨询师和治疗师来说是必须的，但是心理咨询师和治疗师是否接受某位督导师或某种督导形式，在某些时间、地点或某些层面上可以是有选择的和自愿的。

### 3. 知情同意的内容

督导知情同意的内容主要有以下七个。

（1）被督导者应明确督导的目的，使自己发展成为具备胜任力的专业人员并保护来访者的福祉。

（2）作为接受专业服务的被督导者，其有权了解督导师的资格、执照、风格以及理论取向。

（3）督导师应让被督导者基本了解督导的要求和执照委员会或者实习所要求的时间、频率、程序及其他工作要求。督导师应该至少提供一名其他专业人员的姓名，以便被督导者遇到危机状况而又无法联系督导师时备用。

（4）被督导者有权了解督导的过程和程序，包括每个人的角色、目的以及责任。通常情况下，督导师会进一步了解被督导者与来访者会面的录音内容，那么此时与来访者之间的知情同意内容应该包括录音程序，以及使用录音设备或者其他电子记录方式的解释。

（5）督导师应该指导被督导者评估自己的表现，这是很关键的一点。督导师应简短地告知被督导者其存在的具体缺陷，以及必须有所提升的方面，督导师的评价旨在发展被督导者准确地自我评估的能力。

（6）关于督导师在实践中对伦理和法律问题的指导，研究生阶段的伦理教育倾向于聚焦更加直观的服务问题，而不是教育和督导问题。因此，谨慎的督导师会提醒被督导者相关的伦理和法律标准，提供被督导者所需的守则和指南。

（7）督导师应使用知情同意的书面文件，内容包括以上六个部分的信息，并与每个共同工作的人签署协议。这样既可以保护双方的法律权力，也可以尊重双方的尊严和自由。这个协议代表了双方对督导过程以及来访者福祉的承诺。

### 4. 督导记录

书面的督导记录应包含五个方面的主题：会面的日期和时间，所讨论案例的清单，来访者进步的记录，给被督导者的建议，未来会面的跟进事宜。

如果被督导者在满足来访者的需要或者学习重要概念方面有明显的困难，记录内容还要包括弥补这些缺陷的计划。这些记录应该被保存在保密的文件夹中，只有督导师和被督导者可以知晓。

## 三、保密原则

**案例 10-5**

你与来访者的关系陷入了僵局，连续几周的治疗会谈毫无进展，但不知道问题出在哪里。在向督导师汇报的过程中，你谈到这个来访者激发起了自己某些强烈的情感，并讲起自己个人经历中感觉惭愧和迷惘的痛苦往事。不过，除了督导师外，你不愿意其他同行知道这些内容。一天，在休息室门前，你无意中听到督导师正与几个同事谈论你的个人问题。

**请思考：**

● 对此你有什么样的感觉？你会采取以下哪种措施：立即离开，希望没有人看到；在门前逗留，希望听到更多内容；进入房间，佯装你什么也没听到；进入房间表明你已听到他们谈话的内容；还是其他的反应？

> - 在什么情况下，你认为临床督导师可以讨论被督导者对他谈及的事情？按照你的经验，督导双方都明确知晓保密原则吗？你的督导师尊重这些原则吗？
> - 哪些伦理、法律或其他因素会影响督导记录的隐私和保密原则？

督导中的保密是指督导师具有双重责任，既要确保被督导者尊重和保护来访者信息的保密性，也要确保督导过程中被督导者透露的来访者信息的保密性。督导师就像一个魔术师，手中同时握着好几个球，每个球都代表一份责任，因而有时两种或多种责任之间会产生冲突。

对于心理咨询师和督导师来说，伦理问题就是一场各种责任的博弈：保护他人不受伤害，遵守保密原则，提供有效治疗以提升来访者福祉，保护个人和家人免受起诉。但如果心理咨询师和治疗师为了保护第三方（如可能受到伤害的个体），对来访者任何形式的愤怒和发泄都做出打破保密协议且告知第三方的反应，那么就无法进行有效的治疗。

督导师的义务是协助被督导者在某些模糊的情境下有效地行使功能，采取合理的而不是极端的措施来维护伦理规范。对于确定对象的明确威胁，要履行明确的警告职责。另外，也有可能出现威胁并不明确的情况，督导师仍然有义务帮助被督导者区分是应该采取治疗措施，还是采取社会功能控制方面的措施。心理治疗和社会功能控制完全不同，理应区分对待。

在心理治疗中，督导师的保护职责不仅体现在警告那些可能受到威胁的第三方，还应该采取迅速的、积极的措施提升来访者的福祉，特别是当来访者面临风险和威胁时。保护职责让督导师有义务帮助被督导者处理来访者的紧急情况，并提前针对各种可能提出应对措施，以防止自杀、药物滥用和忽视等情况的出现。

## 四、督导中的界限与关系

对于被督导者而言，督导过程通常是一个情感的高度卷入过程。他们需要应对临床工作中的大量情感需求，并对未来的工作做出重要决策。当督导师行为不当而被督导者保护自己的能力有限时，督导关系也会使双方卷入强烈的情感联结，这个过程在某种程度上与心理治疗相似。督导关系中也会常常出现类似移情和反移情的情况，督导师也会意识到被督导者的个人问题影响了其与来访者的工作。此外，被督导者也会把督导师视为专业行为的榜样。因此，督导师违背伦理的行为也许正在"教"在他们影响之下的被督导者也采取同样的行为模式。至少可以说，错误地使用自己影响力的督导师正在失去给缺乏经验的同事展示正确职业行为的机会。基于这些原因，可以说督导师的角色具有相当的影响力，这种影响力能帮助被督导者，也能伤害被督导者，因此影响力是在督导过程中需要注意的关键问题。

1. **界限**

在临床督导中，界限是保证督导师不越线、不直接参与到与来访者的关系中的一种方式。督导师直接与被督导者交流，被督导者又直接与来访者交流。界限给督导师和被督导者之间的关系做了一个界定，即这是一种督导关系而不是治疗关系或纯教育关系或会诊关系。

督导师需与被督导者划清彼此的专业、个人和社交关系，并保持清晰的伦理界限，需避免与当前的被督导者建立非专业关系。如果督导师还需承担其他角色，如临床和行政督导、导师，应尽量避免可能会发生的冲突，并向被督导者解释双方在每种角色中的期望和责任，督导师与被督导者不得建立任何可能破坏督导关系的非专业关系。

督导师和被督导者之间关系的界限比其他专业关系中的界限更容易被破坏，所以心理咨询师和治疗师必须保持警惕并规范自身的行为，设置清晰的界限。伦理守则并没有完全禁止督导师和被督导者之间的社会和商业关系，但是强烈建议避免这样的多重关系。若把来访者的福祉置于被督导者的体验之上，就意味着督导师必须能够清晰地看到被督导者与来访者之间所发生的事情，并在需要的时候及时进行干预，而社会和商业关系会损害这种能力。在双重关系中，心理咨询师和治疗师可能会更看重其与被督导者之间的朋友关系或者经济联结，而不是来访者的福祉。如果心理咨询师和治疗师怀疑其与督导师的某段特殊关系是否符合伦理，应该请教同事以获得指导。

2. **来访者的福祉**

督导师的基本责任是对被督导者提供的咨询服务进行监督。督导师要确保来访者的福祉、被督导者的临床表现及其专业发展。为了完成这些责任，督导师要定期约见被督导者，审查他们的个案记录、临床工作的案例或是对他们进行现场督导。

督导师必须在被督导者开始咨询之前就全面评估其技能，并且必须监督其做出改变。新手心理咨询师和治疗师应该得到认真的督导，这样才能避免错误或者在错误发生的时候将其影响最小化。安排给他们的个案的复杂程度应该与其先前的培训、经验相匹配，同时也要告诉来访者所接受的咨询的性质，以及不满意时可寻求其他帮助的资源。这些责任都不能在督导过程中被轻率对待。督导师的目标应该是尽可能地促进被督导者学习和提高相应的专业能力，同时不危及来访者的福祉。

### 3. 利益冲突

督导过程中的利益冲突对应着下一阶段治疗中的利益冲突。在督导中，当督导师陷入了冲突的角色，以至于影响到督导师的真诚和职业判断能力时，就出现了利益冲突。判断利益冲突是否有害的标准是在这种角色和关系中是否存在不当利用，督导师是否因为身负多重角色而对被督导者产生了不当的影响。理想的状态是，当一位督导师在督导关系中充分暴露在权力分歧、利益冲突的潜在情况时，需要不断审视自己是否存在权力滥用的现象。

### 4. 权力的使用

一提到权力问题就会涉及关系伦理，以及什么是考虑其他人利益的道德方式。在传统的公正伦理模型中，临床督导师对被督导者的影响大于被督导者对督导师的影响，所以二者的权力是不对等的，被督导者属于弱势群体。在临床督导中，督导师有义务注意这种权力差异以保护关系中的弱者。

权力和特权往往是紧密联系的。辩证主义的观点认为，只要知道历史上谁是有特权的一方，就能知道谁是没有特权的一方。在督导关系中，督导师有评估的权力，因此督导师的性别、阶层、种族观念在督导中需要被高度重视。就对心理咨询师和治疗师的职业认可、获得从业执照、升职和生涯轨迹中的实际影响而言，评估者的角色可能会构成一种强制的权力。可以说，这段关系从一开始就是不平等的，再加上性别、种族、收入的差异，导致督导师和被督导者的关系上升到了一个更复杂的层面。在督导过程中，说明这种权力差异可以使双方以公开对话的方式讨论，并让被督导者也参与其中，并反思这种督导中的权力差异的意义。

督导师需要意识到自己与被督导者之间存在不平等的权力关系。如果督导师认为自己与被督导者的非专业关系对被督导者有益，则他们必须采取必要的预防措施，正如心理咨询师和治疗师对来访者一样。可能有益的非专业关系如下：共同出席正式典礼；遇到压力事件时提供支持；同为一个专业协会、组织或团体的成员。督导师考虑承担督导、管理者之外的角色之前，要提前与被督导者商量。在建立非专业关系之前，督导师要与被督导者就其进行讨论并将内容记录在案，讨论的内容包括这种关系的合理性、潜在的益处和影响、被督导者的期望结果。

### 5. 督导关系

临床督导关系中至少包括三个人：督导师、被督导者（心理咨询师和治疗师）和来访者，而他们之间的关系和责任有时很容易混淆。督导师有责任确保心理治疗工作的关系、角色和责任分工明确，保证被督导者不被督导师所操纵，不让被督导者变成督导师的来访者。当然，督导关系可能也会带有一些咨询和治疗的性质，因为咨询不仅是助人的过程，也是自助和成长的过程，被督导者可能会在与督导师的沟通中逐渐意识到自己的情感、认知和行为等所存在的问题。但需要注意的是，如果被督导者的问题比较严重，甚至达到需要接受心理治疗的标准，则督导师应该建议由其他治疗师进行心理治疗，督导师不能作为治疗师，因为督导师与被督导者之间不能有双重的治疗关系。

督导师始终要从被督导者受益的角度出发，把来访者的幸福和健康作为终极目标。督导师有责任关心被督导者对来访者的心理咨询与治疗的进展情况及其专业发展，同时要始终将来访者的利益放在首位。督导师有责任协助被督导者了解来访者各方面的问题以及影响治疗的因素，其中包括来访者的年龄、教育程度、性别、人格、社会阶层、家庭背景以及身心状况等。

在培训过程中，督导师必须保证不对来访者造成过分的影响和危害，即不要"越俎代庖"、取代被督导者的心理咨询师或治疗师角色。通常情况下，被督导者是在实习、轮转见习或正在从业中，需要在完成临床咨询工作的同时接受督导培训。因此，如果督导培训的次数太频繁，势必会影响被督导者对来访者的治疗工作，进而影响到来访者的治疗利益。

### 6. 督导中的双重关系

在督导中，界限侵犯是指督导师对被督导者的不当利用、权力滥用、威严压迫、欺骗和不实陈述。咨询关系中的典型案例是心理咨询师与来访者发生性关系，督导关系中也有类似的案例发生，如督导师想与被督导者发生性关系，而此被督导者又想在这段督导中获得积极的评估成绩，那他们就可能发生性关系。在督导过程中，这样的情形是对被督导者的不当利用，是极度的权力不均衡，按照界限侵犯的定义，这对被督导者来说是有害的。界限侵犯包括督导师和被督导者对权力的不当利用，以及他们之间界限感的侵蚀，在督导情景下，这些案例并不是个别事件，而是关于伦理和界限侵蚀的累积事件。就像在药物依赖的治疗方面，督导师往往需要告诉被督导者，病情复发并不仅仅指再次喝酒和吸毒，而是包括想和做这两方面。也就是说，界限侵犯包括思考和做决定的过程，而不只是一个单一事件。

界限跨越被定义为一种偏离，包括情感距离上的、在咨询室的治疗实践中的偏离，它能极大地帮助来访者，也可能帮助被督导者。在督导过程中，界限跨越的一个典型案例就是"反思团队"，其中的督导师故意避开自己在督导中的专家角色，在反思团队中作为与被督导者地位平等的参与者。在作为反思团队成员的情况下，督导师可能会分享一些个人故事、对来访者的故事，产生与被督导者差不多甚至更强烈的反应，展露其人性和脆弱。这种方式可以避开治疗和督导的组织化规则和条例的等级。

### 7. 督导中的性问题

**案例 10-6**

一位来访者描述了生动的性幻觉，你感到有点不舒服。在与督导师的会谈中，你告诉了督导师咨询的情况及自己的体验。督导师说："你对来访者描述的性幻想感到不舒服，那么你对哪一种性幻想感到舒服呢？"

**请思考：**
- 对此你有什么样的感觉？
- 你想对督导师说什么？你应该对督导师说什么？对这两个问题的回答有什么不同，为什么？
- 督导师的性别、性取向、年龄、种族会对你的体验产生影响吗？

心理咨询师和治疗师的人格力量对心理治疗的效果起着至关重要的作用，而督导师的人格魅力和大师风范也将影响心理咨询师和治疗师，并将间接作用到治疗师所治疗的来访者身上。督导师在督导过程中所体现的方法、思路和言语特征等，皆源于督导师本人对心理治疗的理解和其所侧重的心理治疗理论流派，当然也与治疗师的人格特征和生活经历密切相关。在此需要强调的是，不论什么类型和形式的督导，督导师的人格特征都可能是决定对被督导者能否起到督导作用或督导作用大小的重要因素之一。

由于心理治疗是一个逐步深入来访者内心世界的过程，在长期固定而连续的治疗过程中，随着对彼此的了解和关注的加深，在心理治疗或督导过程中很可能产生某种深刻的情感，有时甚至与性有关。

（1）心理咨询与治疗中的性问题。

在心理咨询和治疗中，有时心理咨询师和治疗师可以感受到来访者对其的性吸引。督导师有责任和义务给心理咨询师和治疗师以伦理上的安全和支持，帮助他们学会正确认识和适当处理、控制这种情感。培训的内容应该包括提高对行动的自我意识，增强治疗师的伦理道德感。

（2）督导过程中的性问题。

督导师有责任确保督导双方之间不发生性关系。《美国心理学工作者的伦理学原则和行为规范（2002）》中明确规定："在临床督导师与被督导者之间禁止性的双重关系。在培训中，心理学工作者不能与学生或被督导者发生性关系，因为这样的关系可能损害专业判断或被利用。"

## 五、督导中的多元文化问题

### 1. 督导中的多元文化差异

督导师应保持对文化多样性的敏感度，需要意识到他人的信念和价值观可能会影响督导过程。不同文化背景的督导师应该熟悉与其自身不同的种族文化与职业文化，并且有责任避免对性别、种族、年龄、宗教或者性取向和文化背景的差异产生偏见，或者不公正的行为。督导师要在督导关系中觉察并表现出多元文化的特性。就像心理咨询一样，所有督导过程也都是富有多元文化性质的，这些文化因素持续不断地在咨询过程中起作用，影响着其中的参与者，同时也被参与者们所影响。督导师和被督导者带着个人和文化的历史背景进入督导关系，这些个人和文化的历史背景在督导关系中相互作用，并对一些情景和事件做出带有感情色彩的认知回应。

首先，督导师必须承认文化多样性的现实及其产生的影响。其次，督导师必须清晰地了解自己的世界观，虽然这些观念可能不被他们的被督导者所认同。最后，督导师欣赏督导中的文化多样性，就像他们理解治疗关系中文化多样性的影响一样。督导师必须对其行为进行自我监控，并提高有效的跨文化督导所需要的知识和技能。

如果在督导中遇到多元文化问题，督导师可以用以下这些问题进行自省。

（1）这种信念或价值观是否真的与专业行为有关？
（2）我对待被督导者或者他们的来访者的行为是否公正？
（3）这种行为是否促进了被督导者的成长？
（4）理性客观的同事是否可能会得出同样的结论？
（5）是否有其他能够更好地遵循准则的选择？
（6）督导或者治疗是否帮助我履行了对被督导者的责任？
（7）如果我已经做了不恰当的行为，接下来要怎样最小化或者减轻已经造成的伤害？

所有咨询都是富有多元文化的，文化因素具有普遍影响，多元文化维度需要督导师认识到督导双方的差异，并在督导关系的发展过程中考虑这种差异。这种差异可能反映了年龄、性别、民族、种族、性取向、宗教和信仰，以及文化等方面的不同。督导双方在种族、文化和性别上的差异也反映了他们在权力以及与权威之间的差异。

在督导关系中，个人经历将会影响督导师和被督导者双方，所以如果合适的话，最好可以在督导过程中讨论这些经历。督导协议的形成，为对多元文化具有敏感性的督导师提供了考虑相关背景的机会，他们可以有目的地与被督导者讨论在即将进行的督导中，对他们而言最重要的部分，以及他们愿意如何解决可能出现的差异和文化问题。承认多元文化在督导过程中的重要性，并以一种开放和非防御的方式对这一问题进行公开讨论的督导师更能收获令人满意的督导效果。

作为一位临床督导师，为了更好地进行实践工作，需要思考以下问题。

（1）对于你来说，什么是文化历史背景中的突出之处？为什么？

（2）在你的文化历史背景中，你最熟悉哪一方面的内容？
（3）你所在的机构中有哪些关于行使权威的观念？
（4）你的督导经历如何帮助你理解优秀的督导过程的含义？

**2. 督导理论取向的差异**

督导师应该尊重咨询理论的差异，这样的态度不仅是对他人自主性的尊重，也是与科学证据相一致的。目前，并没有研究显示某种咨询理论取向优于其他取向，因而只要被督导者是具有胜任力的，而且该取向与来访者的问题相关，督导师就不应该因为理论取向的不同而批评被督导者。如果督导师对某种特殊的理论或者方法投入了非常多的精力，则应该在督导关系建立之前便告知被督导者，以便其决定是否要建立这一督导关系。当然，如果被督导者所使用的方法达不到预期目的或者无效，那么督导师有责任建议其做出其他选择。对来访者选择其他策略的建议应该以客观分析为基础，而不是出于个人偏好或者对某一理论的过度认同。

# 六、督导的开始与结束

在督导过程的起始阶段，被督导者必须清楚在什么情况下可以得到督导师的帮助。如果来访者需要紧急救援，被督导者应该知道如何迅速地通知督导师；除预约会谈时间之外，是否可以与督导师进行电话沟通？当紧急情况发生在深夜、周末或假日时，督导师能否及时赶到现场？在来访者处于危机或紧急状态但督导师不能亲临现场时，被督导者是否有充分的准备和安排以保证对来访者施以有效的帮助？

当督导过程进入尾声时，如果处理不当很可能会引出许多问题和情感反应。如果督导过程并非如期望中的顺利，督导双方可能都会有挫折、难过和愤怒的感觉，甚至感到失望；此时，双方应开诚布公地讨论问题产生的症结及有效解决的可能途径。同样地，如果督导过程过于顺利，结束时双方皆大欢喜，则会有丧失感和"依依不舍"的体验。这些反应不应该被简单地否定或忽视，因为督导的过程也是双方教与学相互促进与提高的一个重要过程。

值得提倡的是，当督导结束时，如果双方都能诚实地面对工作的反馈：反思彼此从对方那里收获了什么？什么反应会使对方感到吃惊、失望、愤怒或受伤害？什么方式让彼此间的关系更亲近及具有创造性？什么方式引起了被督导者的背叛及顽固抵抗？有哪些因素会影响相互间的关系？权利、信任和关心是如何体现在督导双方关系之中的？只有这样坦诚地面对督导过程出现的问题，才能真实地认识问题，才能真正取得督导的效果与作用。虽然心理咨询师和治疗师接受督导的过程结束了，但其心理成长和职业发展仍将继续，仍将不断地继续学习和接受督导实践指导，以提高其专业咨询与治疗的技能。

## 本章要点

（1）督导是指在一定的可控情形下与心理咨询师和治疗师进行实践、观察、讨论并给予监督和指导的活动。心理咨询与治疗培训过程中的督导制度，是指学习者在有经验的督导师的指导帮助下，实践咨询过程、改进咨询技巧、提高自身专业水平的过程。

（2）心理咨询与治疗的督导设置不仅可以帮助心理咨询师和治疗师及时清理精神垃圾，使他们拥有一个健康的心态，还可以使他们在定期接受督导时和更高级别的督导老师一起研究在咨询与治疗中遇到的一些经典案例以及咨询技术方面存在的一些问题，促使心理咨询师和治疗师在各方面得到成长和发展。

（3）督导一般包括两类，一是侧重专业技术的督导，是指督导师对心理咨询师和治疗师的案例以及心理咨询技术的运用方面的督导，帮助心理咨询师和治疗师更好地掌握心理咨询的理论与技巧；二是侧重个人成长的督导，从督导师和被督导者之间的关系来看，其更倾向于高级的咨访关系。这种互动过程可以促进被督导者的自我认识与个人成长，督导师协助被督导者省察自己的表现、深化自我认识、澄清专业关系和促进个人成长。

（4）督导的形式一般包括：个别督导、团体督导、同行小组督导和自我督导。

（5）督导的任务内容包括：①咨询技巧；②来访者的概念化形成；③专业角色；④情绪觉察；⑤自我评价。

（6）担任督导工作任务的心理咨询师和治疗师应向被督导者说明督导的目的、过程、评估方式及标准，告知督导过程中可能出现的紧急情况，告知中断、终止督导关系等的处理方法。心理咨询师和治疗师应定期评估被督导者的专业表现,并在训练方案中提供反馈意见,避免因被督导者的限制而影响寻求专业服务者的福祉。在考评过程中,心理咨询师和治疗师应采取实事求是的态度,诚实、公平、公正地给出评估意见。

(7) 理想的督导师必须具备以下条件:①有专业教育及培训的背景;②有丰富的实践工作经验;③有教学的意愿与热情;④有教授他人的能力;⑤有成熟的人格和进取的人生态度。

**思考题**

1. 什么是心理咨询与治疗中的专业督导?
2. 在督导过程中,如果你觉得督导师提供的建议不合适,你会怎么做?
3. 心理咨询与治疗的专业督导包括哪几种类型?
4. 在什么情况下,与你的督导师进行社交是恰当的?
5. 你认为一个理想的督导师应该具备什么品质?

# 第十一章　心理学研究和教学的伦理

**学习目标**
1. 熟悉并掌握心理学研究和教学中的伦理规范。
2. 了解并思考在心理学研究和教学中可能发生的伦理问题。

**关键词**

　　心理学研究者（psychological researchers）；心理学教师（psychological teachers）；尊重（respect for persons）；行善（beneficence）；公正（justice）；最小风险（minimal risk）；被试特征（subject characteristics）；风险收益比（risk/benefit ratio）；欺骗（deception）；抄袭（plagiarism）；福祉（welfare）；助教（teaching assistant）；个人成长体验（personal growth exploration）；指导关系（guidance relationship）；滥用权力（abuse of power）

　　心理咨询师和临床心理学家同时肩负心理学研究者（psychological researchers）和心理学教师（psychological teachers）的身份，担负培养新一代的心理学专业人才的责任。如果培养成功，新一代的心理咨询师和治疗师便能继承前辈的智慧和才能，为公众提供更好的心理服务。因此，重视心理学研究者和心理学教师在培养新一代心理专业人员过程中的伦理问题，对促进培养的有效性和规范性非常重要。本章主要介绍心理学研究和教学过程中应该遵守的伦理和应履行的职责。

# 第一节 心理学研究的伦理

心理学的道德和伦理问题贯穿于研究的全过程，科研工作者需要谨慎、小心地思考其中的伦理问题，并在相应的道德和伦理原则的指导下进行科学研究。

## 一、科研道德的基本准则

美国国家保护生物医学和行为研究人类受试者委员会于1978年提出了科研伦理三原则：①尊重（respect for persons），即尊重受试的自主性，获得知情同意；②行善（beneficence），即确保被试最大的利益和对其造成最小的伤害；③公正（justice），即对被试进行科学的选择。

心理学研究的对象是人和动物，在研究过程中可能会使被试受到某种身心伤害。如津巴多等人在1973年曾经做了一个模拟监狱的研究。研究者在斯坦福大学心理学楼地下室设立了一间模拟监狱，招聘了24名大学生参加研究，实验过程中被试的情感和行为发生了巨大变化。被试因实验而感到抑郁、无能为力、极度沮丧和愤怒，其中有一半的"囚犯"要求被释放，而且精神几乎达到崩溃的边缘。可见，这样的研究是不被提倡的，因为它给被试的心理带来了较大伤害。

## 二、心理学研究前的伦理问题

在开始一项研究之前，研究者首先要考虑与伦理相关的问题。不符合伦理标准的研究会危及科学的进程、阻碍知识的进步，进而损害公众对科学和学术团体的尊重，还可能导致个体或机构受到法律的严惩和严重的经济损失。

### 1. 合理设计研究

研究者在进行研究之前，必须明确研究可能涉及的伦理问题，以及自己所肩负的伦理责任，要关心和保护被试的利益，同时更要确保自己具有操纵实验的能力，避免在研究中出现错误。在进行研究设计时，要考虑自己的研究能力、价值倾向等是否会给被试带来伤害，并充分考虑研究设计的伦理可接受性，尽量避免那些需要使用欺骗，或者可能引起被试较大的不安和痛苦等会带来较多伦理问题的设计方案。

### 2. 风险判定

心理学研究中的潜在风险包括身体伤害、社会伤害及心理或情绪压力等。风险判定必须以被试的日常行为、身体和心理健康状况及其能力为依据。最小风险（minimal risk）是指：当研究过程和研究内容与被试的日常生活经历相似时，该研究的风险最小。最小风险意味着被试在研究中所体验到的伤害或不适的程度，没有超过他们在日常生活中，或者在常规的生理与心理测验中所体验到的伤害或不适。以心理学研究中的纸笔测验为例，纸笔测验旨在评价各种心理能力，它要求被试快速完成测验并接受成绩反馈。尽管此种情境也可能会产生压力，然而心理伤害的风险仅相当于一名学生参加考试所面临的风险。因此，此类研究对大学生来讲，仅具有最小的风险。而当伤害超过最小限度时，则认为被试处于风险中。如果研究使被试处于风险中，那么研究者所承担的保护被试安全的责任随之增加。

在心理研究中，一般都会尽量避免身体伤害，而心理伤害和社会伤害是被试经常会面临的风险。被试的隐私信息被泄露给他人就是潜在的社会风险之一。心理学研究中收集的个人信息，包括智力、人格特质、政治信仰、社会信念或者宗教信仰等，不应该把这些个人信息透露给同事、朋友等。如果研究者不能很好地保护被试的隐私，那就会增加这些被试的社会风险。在心理学研究中，被试如果体验到强烈的心理或情绪压力，说明这样的研究存在一定的心理风险。

判定风险应考虑被试特征（subject characteristics）。某类行为对一些人来说可能具有严重风险，而对其他人来说则没有风险。例如，爬一段台阶或许会有引发老年人犯心脏病的风险，但对青年人来说则没有风险；同样地，容易抑郁或焦虑的被试对某些心理任务的反应或许比其他人更强烈。因此，当考虑风险问题时，研究者必须考虑参加研究的被试群体或个体的特征。

### 3. 风险收益比评估

研究的风险收益比（risk/benefit ratio）评估是指，判断某个研究是否值得尝试，研究者首先应该认真考察该研究可能给被试带来多大的伤害，以及这些危害是否在伦理尚可接受的范围内。同时，要认真考察研究结果潜在的科学价值，进而来判断研究是否有必要进行，是否值得冒这样的风险。总之，必须要有充分的证据表明，研究中的风险是难以避免的，且研究带来的效益远大于潜在的危害，该研究才是可以进行的。

#### 4. 风险应对

被试无论是"处于风险中"还是"处于最小风险中"都必须得到保护。风险越大，其需要的保护就越多。为避免被试面临社会风险，应该让其匿名参与研究；如果做不到匿名处理，则研究者应为其信息保密。保护被试是指，研究者应该为参加研究的被试提供保护措施，防止被试在研究中受到身心伤害。在研究设计、研究过程和研究结束后的阶段，研究者都必须特别注意被试的身心健康与安全问题。虽然绝大多数心理学研究对被试不会有任何伤害，但研究者还是不能对此掉以轻心。研究者应该注意观察被试在研究中的反应，询问有关情况，并且在研究结束后向被试提供联系方式，以便被试在出现问题时能够获得研究者的建议和帮助。一般来说，多数研究者都会比较注意研究对被试身体造成伤害的问题，而对心理伤害，包括对被试情绪的不良影响、自尊的伤害等问题较容易被忽视。因此，在研究过程中和研究结束后，研究者应该注意关注被试的心理感受，并提供帮助。

研究者必须确保被试的安全，保护被试身体和精神不受伤害是基本的道德原则。但是，这一原则有时候也很难被绝对遵守。例如，对耐痛阈限的研究就是以引起一定的疼痛为基础的；涉及挫折反应的实验研究需要引发被试的挫折感；对恐怖症的研究可能需要被试面对所恐惧的事物。有时候，研究对被试产生的伤害可能是研究者在事前无法预料的。如果在研究中确实对被试造成了严重的后果，那么研究者必须要消除这些影响。

## 三、心理学研究过程中的伦理问题

心理学的主要研究对象是人，在研究过程中，研究者必须确保来参加研究的人即被试的权益不受侵犯，这就涉及许多伦理问题。最常见也是最主要的伦理规范包括知情同意、保密、欺骗以及事后解释。

**1. 保护研究被试的权利**

为了防止损害被试权利的不当行为的发生,应遵守如下伦理规定。

(1) 选取被试时要遵守公正、自愿的原则,并尊重被试。

(2) 负责、合理地利用奖励机制招募被试。

(3) 用被试能理解的语言表达知情同意的内容。

(4) 如果要用儿童当被试,不仅需要得到其父母或其他监护人的正式同意,也要征求儿童本人的同意。

(5) 不可向被试隐瞒研究的详细情况,除非这种欺骗是为了保证研究的科学性,而且没有其他选择。

(6) 如果被试有要求,则要告知他们研究的结果。

(7) 做研究时要隐去被试的姓名,保护他们的信息不被泄漏,除非被试明确表示同意公开自己的个人信息。

(8) 要督促参与研究的其他人员,如研究生和技术人员等,避免他们损害被试的权利。

**2. 知情同意**

在心理学或临床医学研究中,伦理委员会非常关注知情同意程序的完整性和详尽程度。所有心理学研究者在开展研究前,都必须得到委员会的批准。知情同意是双方互动的结果,研究者和被试经常通过知情同意程序来达成一种社会契约。研究者的伦理责任包括:清楚地描述研究程序,明确地澄清可能影响到被试的任何潜在风险,解答被试对研究的任何疑问。被试的伦理责任包括:在研究中不撒谎、不欺骗、不进行其他欺诈行为,以恰当的行为方式做出反应。

(1) 研究者应告知被试:①研究的目的、时间和程序;②研究开始后,被试有权退出或中断研究;③可预见的退出或中断研究的结果;④可能影响参与意愿的重要因素,如潜在的风险、不愉快或不良作用等等;⑤参与研究的好处;⑥保密的局限;⑦研究的动机;⑧研究被试的权利,并提供可以保证被试提问和得到回答的机会。

(2) 从事干预研究(包括治疗实验)的心理学研究者在开始治疗前要向被试说明:①治疗的实验性质;②研究是否需要控制组;③治疗组和控制组的分配原则;④如果个体不愿参加研究或中途退出研究,可能选择的治疗方式;⑤参与研究的补偿或费用,如果可能,是否返还给被试或是由第三方付费。

(3) 研究音像记录的知情同意。在进行任何形式的录像或记录之前，心理学研究者要征得被试的知情同意，除非研究是在公共场所的自然观察，并可预见记录不会被利用并且不会因此伤害到当事人。

(4) 研究不必获得的知情同意包括两类情况。其一，研究不会造成痛苦或伤害。①正常的教学实践、课程或课堂安排；②仅仅是匿名问卷调查、自然观察或某种记录性研究，结果的公布不会使被试负刑事或民事责任、不会损害他们的财产安全、工作能力以及名誉，而且可以做到保密。其二，被法律或管理机构同意的研究。知情同意书如下所示。

> **阅读材料 11-1**
>
> **一份质性研究的知情同意书**
>
> 本研究的对象是在高校心理危机干预过程中可能出现的伦理两难困境，并据此提出伦理决策，这对于挽救大学生的生命、保障校园的安全与稳定有着重要的意义。您是在高校心理危机干预方面的资深专家，我们将对您进行访谈，访谈时间约1.5小时左右。为便于准确地整理资料，我们将对访谈过程进行录音，资料仅作研究之用，绝对保密。
>
> 参与本研究没有任何潜在的危险，如果您有任何疑问或顾虑，请和我联系。
>
> 联系方式：××××
>
> 当整个研究完成之后，您是否希望得到结果的简短小结：①是；②否。
>
> 我已经阅读了高校心理危机干预中伦理困境研究的计划书，我自愿参加。我知道自己可以在任何时候退出研究而不会被惩罚，我的参与会被严格保密，这个研究对我几乎没有任何危害。我知道自己需要做的事情：接受研究者的访谈，如实回答一系列问题。
>
> 被试签名_____ 日期_____

### 3. 保密

研究者应对所获得的被试的资料进行保密，这是研究者的基本义务和责任。首先，被试的大量个人信息涉及其隐私，应该受到保护。其次，信息泄露可能会给被试的生活带来困扰。如被试智力测验的分数被公开，可能导致老师对学生的态度发生变化，以及其他学生对低智力分数者的嘲笑。因此，在研究开始时，研究者就应该明确地告诉被试哪些人可能会接触到相关资料，并确保其他人不能随便接触这些资料，以对被试的隐私进行保护。

为了确保保密原则的施行，还应该采取一些必要的措施：①不要求被试署名，不采集与被试身份有关的信息；②不直接将被试与有关资料联系起来，为此可以采用代码或化名的方式；③如果在研究报告中需要出现某些被试信息，则必须做技术处理；④在研究结束后的规定时间内消除敏感的资料。当然，为被试保密的原则也不是绝对的，如果研究中确实发现被试存在严重的心理问题、犯罪行为等情况，还是应该根据具体情况向有关部门反映。

### 4. 欺骗

心理学研究的欺骗（deception）是指研究者故意隐瞒信息或有意误导被试，使其对实验产生错误的理解和认识。在研究中使用欺骗策略的例子——著名的阿希实验，研究者就利用了"假被试"做同谋，这些假被试在比较线条的任务中都将明显不相等的线条说成相等，这导致许多真实被试也做出了同样的回答。通过这个实验，阿希获得了关于人们从众行为的许多宝贵的结论。很明显，研究中的真被试被"欺骗"了，但是如果不进行这样的研究设计，就难以观察到真实的从众行为特点。

对于使用了欺骗策略的研究，应该在研究结束后及时告知被试研究中存在的欺骗以及这样做的目的和价值，并及时消除由于欺骗给被试带来的潜在影响。如果为了研究挫折感而故意让被试做了根本无解的测试题后，则应该在研究结束后向被试解释清楚，以免给被试的自尊和学习动机等带来消极影响；如果由于欺骗而诱导出了一些违反社会一般道德的行为或反常行为，则还应该进一步向被试说明，他们的行为是由于研究情境所造成的，不是由于他们自身的问题或缺陷导致，并进一步指出他们的行为不是反常行为，大多数人在类似情境中也会有类似的反应，以使被试能够接受有关事实，进而消除心理负担，避免助长其不良行为。

### 5. 事后解释

研究结束后，研究者仍担负着使被试受益的伦理责任。实现此目标的最佳途径之一就是给被试提供完整的事后解释。事后解释既有益于被试又有益于研究者，可以使被试了解研究性质、自身在研究中的作用及研究过程。事后解释的首要目的是使被试对自己的参与过程感受良好，使研究者了解被试对研究过程的想法，从而对研究结果更具洞察力，并对未来的研究产生新的思路。被试有时会觉察出研究材料中的错误，如有遗漏信息或者指导语含糊不清，他们也可以在事后解释中报告给研究者。事后解释对研究的讨论部分也很有价值，它能帮助获悉被试如何看待研究程序，帮助提供未来研究的线索，以及帮助识别当前程序中的问题。研究发现，得到彻底事后解释的被试对研究的评价会更积极。

### 6. 以动物为被试的伦理要求

虽然心理学研究的主要关注对象是人，但不少研究还是会使用动物作为被试，特别是动物可以替代人进行一些不能用人类被试完成的重要研究，以发现重要的科学事实。虽然使用动物被试的研究伦理问题不会像使用人类被试那样敏感和复杂，但是动物的权益仍然应该受到保护。研究对动物的使用和操纵也应该是必要的、恰当的和道德的，研究者不能虐待动物，同时要适当地饲养和照顾动物。

在研究中，动物使用和人道关怀的伦理标准如下所示。

（1）获取、使用及处置动物都要符合相关的法律、法规及专业标准的要求。

（2）需要有相关资质的研究机构对动物研究过程进行督导，确保动物研究者得到研究方法、动物照顾、动物保护等方面的指导，以促使研究者尽其责任，使动物得到舒适、健康和人道的对待。

（3）应努力使受试动物的不适、感染、疾病和疼痛最小化。

（4）只有在没有可替代程序，而且证明研究具有可预期的科学的、教育的或实用的价值时，才可应用会给动物带来疼痛、压力或有剥夺感的实验程序。

（5）实施程序前要对动物进行麻醉处理，应遵循技术要求，避免传染并在术中及术后使疼痛最小化。

（6）需要结束动物的生命时，动作要迅速，努力使疼痛最小化并符合程序。

## 四、报告心理学研究结果的伦理问题

科学的根本目标在于发现知识和揭示真理,因此,欺诈行为和不实事求是的研究报告必然有害于科学,给人们带来误会和伤害,必然会成为科学研究之劲敌。研究者的研究成果具有公开性,研究者应发表相关的研究结果。研究论文或研究报告将为人们了解前沿咨讯,或者在此基础上开展进一步深入研究发挥作用。因此,在科学研究的这一阶段也存在伦理道德问题。

### 1. 欺诈

数据的真实性是心理学研究的基础。科学知识建立在从研究中获得的知识的基础上,如果数据错误,会给科学研究带来非常消极的结果。数据篡改有多种形式,最极端的一种是研究者没有收集任何数据,而是编造数据;另一种形式是修改或忽略某些收集到的数据,使结果符合预先设想的趋势;数据篡改形式还包括猜测或编造缺失数据,以产生完整的数据集合。以上每种形式都包含有意欺骗,它们都违背了"正直"等伦理原则。

### 2. 抄袭或剽窃

在以自己名义发表的研究报告或学术论文中,窃取他人研究成果,或照搬别人的学术思想和语言,谓之抄袭(plagiarism)。抄袭与欺诈一样,也是一种严重的伦理道德错误。最严重的抄袭方式是将别人一篇完整论文逐字逐句地复制下来,然后以自己的名义发表,这是一种完全有意识的故意行为。但在更多的情况下,抄袭往往有一定的隐蔽性,有时是在无意之中进行的。如直接使用他人的语句和思想、不加修改地变成自己的表述,而又没有适当的引用说明时,便出现了抄袭。

引用第二手材料时不标明出处也会产生学术剽窃的行为。第二手材料是指讨论原创的研究文献,包括教科书以及发表在专业杂志上的研究综述或评论。如果作者的观点或研究结果来源于第二手材料,那么从要求查阅原始著作上来说,发表这些信息是不符合职业道德的。查找和阅读原始材料远好于引用第二手材料。如果不得不这样做,且当涉及原始著作时,你必须用类似"如在……中引用的"这样的短语,告知读者该作者并没有阅读原始资料。通过第二手材料的引用说明,可以告诉读者是作者在呈现另一个人对原始材料的解释。

### 3. 研究结果报告的伦理标准

（1）报告研究结果：心理学工作者不得伪造数据；如果发现作者发表的数据中有明显错误，要通过合理的步骤，采用修正、收回、勘误或其他适当的方式来更正错误。

（2）学术剽窃：即使他人的作品和数据可以被引用，也不得将他人的研究或数据中的任何部分作为自己的成果展示或提交发表。

（3）发表署名：真正从事或做出充分贡献的研究者拥有署名权，并承担责任。主要作者和参与人员的署名应准确反映每个人的专业贡献，而不应只考虑他们的地位；如果部门领导没有参与研究，仅仅拥有一个机构内的相关职位，则不应是原创作者；可适当地对为研究和论文撰写做过较少贡献的人表示答谢，如在脚注或介绍性的综述中进行答谢。主要内容产出于学生且包括多位作者的论文，要把该学生列为主要作者；指导老师应尽早与学生讨论发表的署名问题，这样的讨论应贯穿在整个研究和发表过程中。

（4）复制发表数据：不得将已发表过的数据再次作为原始数据发表。

（5）分享研究数据以作为验证：研究结果发表后，当其他有能力的专业人员需通过数据再分析来验证其主要观点，且仅为该目的所需而使用这些数据时，在被试的隐私能得到保护且法律许可的情况下，研究者不得隐藏数据；从他处索求数据来证明自己的观点时，必须对数据重新进行分析，且只能用于澄清观点，并须事先获得书面同意。

（6）尊重隐私：审阅提交上来的出版物、认证材料应尊重提交者的隐私和材料的所有权。

## 第二节　心理学教学的伦理

### 一、心理学教学方面的伦理

心理学教师必须精通所教授的科目，为工作做好充分准备。心理学教学的伦理包含以下四个方面。

1. 优先考虑学生的福祉

心理学教师在对学生的教育和临床培训中,应当将学生的福祉(welfare)作为首要因素考虑。《美国心理咨询师协会守则》对学生的福祉有详细描述,具体内容如下。

> 阅读材料 11-2
>
> **《美国心理咨询师协会守则》**
>
> F.7:学生的福祉
>
> 教师要认识到,引导在学生的教育和临床培训中是一个不断发展的过程。教师要为将来的学生提供心理咨询师教育的培训目标:
>
> (1) 顺利完成培训要拥有的知识以及需要达到的技能水平;
> (2) 项目培训的目标、目的和任务以及培训的主题;
> (3) 评估依据;
> (4) 鼓励自我成长和自我表露,将其作为培训内容的一部分;
> (5) 督导环境的设置和进行临床实践的环境要求;
> (6) 学生和被督导者的评估、劝退政策和程序;
> (7) 毕业后的就业前景。

2. 具备胜任力

(1) 教授胜任的课程。

从事心理咨询与治疗教学工作的人员首先应该是具有胜任力的实践者。学校应该要求心理学教师教授与自己研究和专长相关的课程。在教授课程前,教师必须评估自己是否能胜任该科目的教学,正如实践者需要考虑某个特定的任务是否在自己的能力范围内一样,如果认为自己无法胜任某门课程的教学,则教师必须拒绝授课安排,或在教学之前接受继续教育培训。伦理守则中有关量力而行的规定同样适用于心理学科目的教学工作。

(2) 保证教学内容的科学性。

教学内容应与当今迅速变化的学科知识保持同步,如果所教授的内容缺乏科学支持,那么教师应清楚地说明其局限性,确保所呈现的心理学知识准确无误。教师应采取合理步骤,确保学生了解课程目的、评估过程、课程时间等内容。当教师出于教学的需要,且学生能理解该修改有助于其完成课程时,可以修改相应的课程内容。

(3) 客观呈现教学信息。

心理学教师在教学时,需要澄清正在教授的理论和研究是主流思想还是仍有争议的新创造的理论。如果知识是前沿性的,还没有得到定论,则应当客观、全面地呈现教学信息。例如,在介绍眼动脱敏再加工疗法等较新的治疗技术时,教师应该让学生知道该技术的研究述评,及其优势和不足。

如果学术界对于某种治疗理论和技术仍存在争议,则教师应该把各种观点都呈现给学生。教师可以阐明自己对此问题的看法,让学生从多个角度了解一个尚存在争议的问题。这样的教学过程有助于学生思考,并做出自己的判断。反之,在教学中贬低他人的观点或故意歪曲他人有价值的观点是不符合伦理标准的。

(4) 对助教进行培训和监督。

在很多高校中,心理学教师会招募心理学专业的研究生担任课程的助教(teaching assistant)。在使用助教之前,应该对助教进行有效的培训,尤其是教学伦理和职业伦理培训,并在教学过程中定期监督助教的行为是否符合规范。

### 3. 知情同意应完备

在临床心理学的学习和实践中,有一个重要的环节是个人成长体验(personal growth exploration)。个人成长体验是指学生以来访者的身份接受心理方面的个人成长体验。这往往发生在心理咨询实务课程、团体辅导课程或心理测量课程中,如在心理咨询实务课堂上,学生之间经常互相练习咨询技巧,或由教师对学生进行心理咨询模拟;在团体辅导课程上,学生作为团体成员参与体验;在心理测量课程中,学生填写或完成正在学习的心理测验,教师和其他同学可能会在心理测验中看到学生的成长经历、个人隐私等。在教学过程中,让学生站在来访者的角度参与体验式学习,一方面能增加学生对来访者的共情,另一方面也能帮助学生在体验中意识到自己的情绪、防御和应对措施,并且可以反思这是否会是影响自己将来与来访者有效工作的因素。

在学生的自我成长体验中,教师可能会演示或跟进学生的自我暴露,因此，要让学生在成长体验开始之前就了解教师的做法。同时，学生应该要明确知晓保密例外的情况，学生必须被事先告知自我暴露的含义。参与学生自我成长体验的教师须以书面的形式向即将进行个人成长体验的学生呈现知情同意，使学生更清晰和明确地了解个人成长体验过程。

**4. 慎重对待多重关系**

### 案例 11-1

#### 师生间的多重关系

案例一：有位研究生打算在暑假期间打工——做粉刷房屋的工作，她要用挣到的钱完成自己的博士学位。一位教师在公告板上注意到她贴的传单，于是联系她让其在今年暑假帮自己粉刷房屋，而在秋季开学后，这位学生将参加她的团体治疗课程。

案例二：一位教师从事兼职的心理治疗实践工作，她邀请一位最近刚刚毕业、才能出众的学生和她一起开工作室。

案例三：在一场飓风中，一位学生的家被席卷一空，上学的费用也捉襟见肘。她担心下学期无法继续学业，于是申请了财政资助，但是，在开学报名时她可能还拿不到这笔钱。她的导师知道这个情况后，给她一张支票以支付学费，让她得到资助后再还给自己。

案例四：一位教授的车坏了，班上的一个学生正好住在他家附近，于是他叫这个学生第二天送自己去学校。

案例五：一位教授目前的一位研究助手是她心理案例督导会的被督导者，同时也是她筹备书稿的合作者。在此之前，此研究助手一直在选修这位教授的理论和临床实践课，并经常就课程问题请教这位教授。

**请思考：**

上述的这些情况符合伦理吗？

专家研讨会的结论认为，上述这些多重互动关系中不存在伦理问题。很多情况下，教授与学生之间存在持续的多重关系，但这其实也是指导关系（guidance relationship）的一种，是很受师生欢迎的。在心理学研究生学习阶段，这种指导关系非常普遍。教师和学生经常会有不同类型的接触，如学生可能是教师课堂上的学生，也是教师的研究助手，或书稿的合作者，或心理督导中的被督导者。

在学生和教师的多重关系中，涉及伦理问题的关系一般为社交关系、金钱关系、指导关系和性关系等。教师要与学生发展教学、督导之外的关系时，需与学生进行公开讨论，讨论与学生进行这种互动的合理性、潜在的益处和风险。教师在与学生建立非专业关系之前，要澄清自己所额外承担的角色，并应该事先征得学生的同意。

师生之间的多重关系之所以需要符合伦理要求，原因在于：其一，在教师与学生的多重关系中，教师可能会向学生吐露自己的个人问题，或与学生来往密切，或忘记专业关系和个人关系的区别。当学生更像是教师的朋友而不是学生时，教师可能很难维持自己作为专业者的权威。其二，在大多数情况下，教师比学生更能自由地表达情感，或要求学生提供帮助，或寻求情感支持。而学生在某种程度上会意识到，教师对自己的未来会有很大的影响，所以他们会尽量满足教师相应的要求，以至于突破师生间原本应遵守的界限。

就师生关系而言，遵守界限包含以下八个方面的内容。

（1）不要向学生吐露个人问题或是与同事之间发生的不愉快事件。

（2）学生与教师互动的最主要目的是学习。与学生在一起时，教师应该与学生保持友好的互动，确保主要讨论的是与专业有关的问题，而非个人问题。

（3）在探讨学生的个人压力或两难问题时，要设定界限，避免深入探讨，或者可以将学生转介给其他心理学老师。

（4）拒绝指导亲戚，或之前以及现在有私人关系的学生。

（5）要事先澄清双方的关系和角色的界限，让教师和学生都明白互动关系的性质以及伦理守则中的相关规定。

（6）让所有有资格的学生都得到应有的指导，尤其是来自多元文化背景的学生。

（7）定期与同事讨论指导学生方面存在的问题，并收集他人的反馈。

（8）尊重学生，允许不想继续参与指导关系的学生退出，并不采取任何报复行为。

## 二、心理学教学中违反伦理的表现

在课程教学中，教师处于拥有权力的优势地位，相对来说，学生处于劣势地位。教师要清楚地意识到自己的决定将影响学生或同事的未来，这更加要求心理学教师要负责任地使用权力，而不是滥用权力（abuse of power）。例如，在面向研究生的心理学实务课程中，教师不得对学生做出性骚扰、性剥削以及其他方式的性虐待等严重违反伦理规范的行为。心理学教师不能利用学生来达到自己的专业目的，或满足自己临床和研究的需要；心理学教师对学生进行成绩评价时，要基于其学业成绩或表现，而不是性别、性格以及为自己做出贡献的大小等因素。

### 1. 师生间的性行为

教师对学生的性骚扰行为或师生之间的性关系一旦发生或者被揭露，教师将因此名誉扫地，甚至可能失去工作、背负法律责任；学生则可能承担更多的负面心理反应。有时，教师认为自己的行为对学生是友好的和提供支持的，但学生可能认为这种行为就是性骚扰，从而产生了严重的心理创伤；有时，由于双方共同的专业兴趣、学生个人的不安全感、教学人员未解决的个人问题以及性角色社会化等因素，教师和学生都愿意与对方发生性关系。但是，当回顾这些事件时，教师和学生往往都认为发生性关系不是其自愿的选择，也认为这对双方的专业和个人发展都没有益处。因此，教师需要与学生设置清晰的界限，如果有越界的想法，则必须寻求专业帮助。

### 2. 利用学生

学生在师生关系中处于权力的劣势地位，心理学教师在临床实践、科研及教学过程中，容易利用学生使其以便利的方式或义务劳动为教师做事情、满足个人的私欲。如果事前没有征得学生的知情同意，则是不尊重学生的自主性和自愿性，那么该行为便是不妥当的。

> **案例 11-2**
>
> ### 利用学生
>
> 叶教授是一名心理咨询师，同时也是一名心理学专职教师。目前，她在写一本名为《人格心理学》的著作。她根据著作的内容拟出一些主题作业布置给学生。虽然有些主题与课程内容关系不大，但学生没有其他选择。学生提交论文后，她只看重参考文献的数量和质量，而不是论文中的分析，而且根据学生的论文对书籍的有用性来评定分数。同时，叶教授利用班上的学生，让他们收集著作中所需的案例，而且事先没有公开说明。她没有给学生任何选择是否愿意参加案例收集的权利。

叶教授作为心理学专任教师，其行为与伦理守则中的"善行原则"和"自主原则"相违背。同时，她的行为还违反了伦理守则中的"教学人员要以符合伦理的方式进行培训，而且要为学生树立专业行为的角色榜样"。叶教授的伦理问题不止于此，她的行为还触犯了伦理守则中要求"教师评分时必须客观"的规定。

毋庸置疑，叶教授必须停止该行为，并给学生布置与课程内容直接相关的题目，同时采用客观、公正的评分标准。如果她需要助手进行著作撰写，则应该另外聘请相关人士。如果学生选择义务参与她的著作编撰过程以积累经验，则她应该认可学生为此付出的努力。她目前的行为显然与一个专业角色榜样应有的表现背道而驰。

3. 不公平地对待学生

> **案例 11-3**
>
> ### 陆教授的课堂风格
>
> 陆教授鼓励学生在他的课上进行讨论。但是，当学生举手回答问题时，他总是优先让男生回答，也喜欢给男生更多的时间阐述想法以及不同的观点。他与女学生的互动一般都很简短，并表现得没有耐心。

显然，陆教授存在性别偏见，这种行为是不恰当的。因为陆教授根据性别而不是表现来评价学生，使得学生无法得到公平的待遇。这违反了伦理守则中禁止教师歧视学生的规定。陆教授也许没有意识到自己的行为带有偏见，学生也很可能因为害怕得到不好的成绩评价而不敢指出陆教授的偏差行为。同时，陆教授的行为可能会对学生有持续的影响。

4. **剥削学生**

> **案例 11-4**
>
> ### 张教授的研究项目
>
> 张教授带的博士研究生很早就知道，如果想在毕业后得到他的推荐信，就必须积极主动地帮他做课题或其他工作。如果他们因为参与其他教师的课题而没有时间为导师干活的话，他们就得更换导师，因为不管他们的能力有多强、经验有多丰富，张教授都不会支持他们。

张教授的伦理问题是他把自己为学生写推荐信这一基本义务当成"有偿服务"，只有为自己做课题的博士研究生才能够得到推荐信。对于那些愿意为他工作以换取正向评价的学生，张教授没有考虑他们是否有能力成为合格的心理咨询师和治疗师就为其撰写正向评价的推荐信。这种行为不仅利用了学生，也没有尽到教师的责任，即没能确保学生全神贯注地投入学习中，确保有能力的学生才有资格获得推荐信。

张教授的行为除了违反伦理外，更重要的是对以下人群造成了伤害：那些拒绝参与他研究项目的博士研究生受到不公正的评价，这可能会使他们受到伤害。张教授的行为会对那些得到推荐信的博士研究生造成伤害。从长远来看，如果学生得到了推荐信，却没有与之相匹配的专业胜任力，那么他们将来从事咨询工作时则可能会因玩忽职守或能力不足而影响工作。而张教授让专业胜任力不够的学生从事咨询工作，也会对公众造成伤害。

对于张教授的问题有哪些解决方法？首先，张教授必须停止目前的行为，聘用研究助手，并根据学生的真实表现来写推荐信。其次，他应该及时纠正自己过去写推荐信时犯的错误，重新撰写推荐信并寄给学生，以备学生未来发展之需。

**5. 对违规或作弊学生处理不当**

> **案例 11-5**
>
> **李博士的两难境地**
>
> 李博士是一位外聘教师，他希望在几年后成为正式教师。他所在的大学聘用教师的标准是优秀的教学能力和良好的师生关系。李博士教授的"心理咨询实务"课程有位学生的成绩不理想。他一心想帮助这位学生提高成绩，结果却徒劳无功。这个学生没有意识到自己能力有限，总希望负责超出自己能力范围的个案。李博士认为该学生的"心理咨询实务"课程的成绩不合格，但是，他担心这位说话直接、有钱有势的学生不认可这样的评价，进而向校领导打小报告，如果这样，自己可能升迁无望。考虑到判定这位学生不合格会给自己带来诸多麻烦，李博士决定让其通过课程考核。

这个案例告诉我们，对能否被聘任的担心让李博士失去了对伦理标准和现实情况的判断能力。李博士也许会因如实打分而陷入麻烦，但是按照伦理守则的标准，他应该客观地记录该学生的分数。如果他公平打分，让该学生知道自己的表现不佳，同时记录自己不断帮助学生改正问题的过程，那么，即使学生质疑，处理起来也不会很困难。李博士的行事不是专业心理学教师该有的作风。

心理咨询师和治疗师应考虑来访者的福祉，避免伤害来访者。心理学教师作为教育者，同样要避免伤害学生。但是，当学生的作业不合格或学业态度不认真时，教师在担心伤害学生的同时，也必须明白教师需要为学生的未来、学生将来可能服务的来访者负责，以及为咨询行业的声誉负责。因此，心理学教师的目标是帮助所有学生达到从事咨询工作的标准，但是如果学生尚未合格，则需要客观评定，拒绝让学生现阶段"冒充"合格者进入咨询行业。在这种情况下，如果补救无效，心理学教师需要帮助学生调整自己的职业目标。

## 本章要点

（1）科研伦理三原则：①尊重，即尊重被试的自主性，获得知情同意；②行善，即确保被试最大的利益和对其造成最小的伤害；③公正，即对被试进行科学的选择。

（2）开展心理学研究前需要考虑的伦理问题：①合理设计研究计划；②风险判定；③风险收益比评估；④风险应对。

（3）为了防止损害被试权利的不当行为发生，应遵守如下伦理规定：选取被试时要遵守公正、自愿的原则，尊重被试；负责、合理地利用奖励机制招募被试；用被试能理解的语言表达知情同意的内容；如果要用儿童当被试，不仅需要得到其父母或其他监护人的正式同意，也要征求儿童本人的同意；避免向被试隐瞒有关研究的详情情况，除非这种欺骗是为了保证研究的科学性，而且没有其他选择；如果被试要求了解研究结果，则要告知他们研究的结果；做研究时要隐去被试的姓名，保护他们的信息不被泄漏，除非被试明确表示同意公开自己的个人信息；要督促参与研究的其他人员，如研究生和技术人员等，不让他们损害被试的权利。

（4）心理学研究需要知情同意，应告知被试：①研究的目的、时间和程序；②研究开始后，被试有权退出或中断研究；③可预见的退出或中断治疗的结果；④可能影响参与意愿的重要因素，如潜在的风险、不愉快或不良作用等等；⑤参与研究的好处；⑥保密的局限；⑦研究的动机；⑧研究和研究被试的权利。提供机会保证研究被试提问和得到回答的机会。

（5）研究中的动物使用和人道关怀的伦理标准：①获取、使用及处置动物都要符合相关的法律、法规及专业标准的要求；②有资质的研究者应该对动物研究过程进行督导，确保动物研究者得到研究方法、动物照顾、动物保养等方面的指导，以促使研究者尽其责任，使动物得到舒适、健康和人道的对待；③应努力使受试动物的不适、感染、疾病和疼痛最小化；④只有在没有可替代程序且证明研究具有可预期的科学的、教育的或实用的价值时，才可启动给动物带来疼痛、有压力或剥夺感的实验程序；⑤实施程序前要对动物进行适当麻醉，遵循技术要求，避免传染并在术中及术后使疼痛最小化；⑥需要结束动物的生命时，动作要迅速，努力使疼痛最小化并符合程序。

（6）心理学教学要求教师具备的胜任力：①教授胜任的课程；②保证教学内容的科学性；③客观呈现教学信息；④对助教进行培训和监督。

（7）心理学教学的师生关系应遵守的界限：①不要向学生吐露个人问题或是与同事之间发生的不愉快事件；②学生与教师互动的最主要目的是学习，与学生在一起时，教师应该与学生保持友好的互动，确保主要讨论的是与专业有关的问题，而非个人问题；③在探讨学生的个人压力或两难问题时，要设定界限，避免深入探讨，或者可以将学生转介给其他心理咨询师或和治疗师；④拒绝为亲戚或之前以及现在有私人关系的学生提供指导；⑤要事先澄清双方的关系和角色的界限，让教师和学生都明白互动关系的性质以及伦理守则中的相关规定；⑥让所有有资格的学生都得到应有的指导，尤其是来自多元文化背景的学生；⑦定期与同事讨论指导学生方面存在的问题，并寻求他人的反馈；⑧尊重学生，允许不想继续参与指导关系的学生的退出，并不采取任何报复行为。

**思考题**

1. 科研伦理三原则指的是什么？
2. 心理学研究的参与者具有哪些权利？
3. 心理学研究需要的知情同意具体有哪些内容？
4. 如果研究者发现研究结果与自己的期望不符，该如何在符合伦理的情况下有效地处理这个问题？
5. 心理学教学中的师生关系应该遵守哪些界限？

# 参考文献

[1] 陈红，赵艳丽，高笑，等. 我国高校对心理咨询与治疗人才的培养现状调查[J]. 心理科学, 2009, 32（3）: 697-699.

[2] 季建林，赵静波. 心理咨询和心理治疗的伦理学问题[M]. 上海: 复旦大学出版社, 2006.

[3] 莱恩·斯佩里. 心理咨询的伦理与实践[M]. 侯志瑾, 译. 北京: 中国人民大学出版社, 2012.

[4] 汤芳，赵静波. 心理咨询与治疗中双重关系的实然现状与应然追求（综述）[J]. 中国心理卫生杂志, 2013, 27（7）: 523-528.

[5] 伊丽莎白·雷诺兹·维尔福. 心理咨询与治疗伦理[M]. 3版. 侯志瑾, 译. 北京: 世界图书出版社, 2010.

[6] 中国心理学会. 中国心理学会临床与咨询心理学工作伦理守则（第二版）[J]. 心理学报, 2018（50）: 1314-1322.

[7] American Counseling Association. Codes of Ethics and Standards of Practice. https://www.counseling.org/knowledge-center/ethics, 2014.

[8] American Psychological Association. Ethical Principles of Psychologists and Code of Conduct, APA. https://www.apa.org/ethics/code/index, 2002.

[9] Pope K S, Vetter V A. Ethical Dilemmas Encountered by Members of the American Psychological Association: A National Survey[J]. Am Psycho. 1992, 47(3): 397-411.

[10] Burian B K, Slimp A O C. Social Dual-Role Relationships During Internship: A Decision-Making Model[M]. American Psychological Association, 2000.